未来学校丛书

丛书主编 王素

丛书副主编 袁野 李佳

U0602071

语文思维发展型课堂

主　编　李佩宁

副主编　孙　明　张海宏　王　韦　蒲儒剡

中国人民大学出版社

·北京·

图书在版编目（CIP）数据

语文思维发展型课堂/李佩宁主编；孙明等副主编
. -- 北京：中国人民大学出版社，2022.5
（未来学校丛书/王素主编）
ISBN 978-7-300-30588-2

Ⅰ. ①语⋯ Ⅱ. ①李⋯ ②孙⋯ Ⅲ. ①中学语文课-
课堂教学-教学研究-高中 Ⅳ. ①G633.302

中国版本图书馆 CIP 数据核字（2022）第 071342 号

未来学校丛书
丛书主编 王 素
丛书副主编 袁 野 李 佳
语文思维发展型课堂
主 编 李佩宁
副主编 孙 明 张海宏 王 韦 蒲儒劝
Yuwen Siwei Fazhanxing Ketang

出版发行	中国人民大学出版社			
社 址	北京中关村大街 31 号		**邮政编码**	100080
电 话	010 - 62511242（总编室）		010 - 62511770（质管部）	
	010 - 82501766（邮购部）		010 - 62514148（门市部）	
	010 - 62515195（发行公司）		010 - 62515275（盗版举报）	
网 址	http://www.crup.com.cn			
经 销	新华书店			
印 刷	天津中印联印务有限公司			
规 格	170 mm×240 mm 16 开本		**版 次**	2022 年 5 月第 1 版
印 张	18.75		**印 次**	2022 年 5 月第 1 次印刷
字 数	336 000		**定 价**	88.00 元

本书编委会

总 序

　　当今，新科技革命方兴未艾，世界处于百年未有之大变局。科技的迅猛发展改变了生产方式，使社会和产业结构也发生了巨大的变化，未来的社会是一个人机共存的社会，是一个充满不确定性的社会。在这样的时代，教育要培养什么人、给学生提供什么样的教育内容、什么样的学习方式才能适合新的教育需求，这些是全球共同关注探索的问题。教育已经进入技术支撑的教育 4.0 时代。世界经济论坛（WEF）在 2020 年发布了《未来学校：为第四次工业革命定义新的教育模式》报告，经合组织（OECD）发布了《面向未来教育：经合组织关于未来学校教育的四种图景》报告，这些报告描绘了未来教育的可能形态和发展方向。从国际组织的报告到各国教育实践的探索，我们可以看出未来教育聚焦于人的核心素养的培养，知识的内涵扩大了，不仅有学科知识，还有跨学科知识、经验性知识、程序性知识；不仅要发展认知能力，还要发展元认知能力和社会情感能力。为此，课程的结构、内容和学习方式都将发生改变。技术赋能教育，个性化学习、混合式学习、项目式学习、思维发展型学习是未来主流的学习方式。

　　2014 年，中国教育科学研究院成立了未来学校实验室，致力于未来学校的理论与实践探索。2016 年，发布了《中国未来学校白皮书》，系统地阐述了对未来学校的认识。2018 年，发布了《中国未来学校 2.0：概念框架》。2020 年，聚焦于未来教师的专业发展方向，制定了未来教师能力等级框架。未来学校实验室根据教育部课程改革的方向和学校发展的实际需求设计了有关未来学校教学的五个主题：数学建模、语文思维发展型课堂、混合式学习、大概念大单元教学、项目式学习。围绕以上主题，经过四个月的在线学习，三轮迭代，最终涌现出很多优秀的教师和教学设计案例。

　　这套丛书就是在主题研修的基础上，由各主题的导师团对本主题的理论进行阐述，并对精选的一些主题案例进行深度修改，最终形成的。这套丛书选择的五个主题非常符合当前教改的方向，也是我们很多教师在实际工作中存在迷茫和困惑的部分。丛书中的每本书都由两部分内容构成，第一部分内容是理论阐述，从学理的角度论述相关主题的概念、基本理论框架，以及如何进行相关主题的教学设计；第二部分内容给出了相对成熟的示范案例，并且每个案例都有专家点评，让读者能更好地理解这个案例可以学习到什么、还有哪些方面可以进一步提升。这种实操性的指导会对教师的教学实践起到很好的引导作用。

王 素

2022 年 4 月 12 日

在注重提升学生核心素养的时代，旨在促进学生思维能力发展的思维发展型课堂正受到越来越多的关注。基于此，第六届中国未来学校大会面向全国中小学语文教师，组织了"思维发展型课堂教学设计"系列挑战活动，希望依托挑战活动任务，既开创以赛代培的自主的继续教育模式，又让广大语文教师结合本主题导师团提供的学习资料，积极探索思维发展型课堂的内涵、目标及要素，关注语文学科核心知识，注重言语思维的教学和学生言语思维的培养，关注语文学科核心素养中的思维发展与提升。

本书就是在这样的大背景下，结合第六届中国未来学校大会"语文思维发展型课堂教学设计"主题挑战的理念、实践和所遴选的 TOP20 选手的教学设计编写而成的。

语文思维发展型课堂，以促进言语思维为核心的各类思维能力发展为核心目标，担负着深入掌握知识与发展思维的双重使命。在语文思维发展型课堂中，丰富多彩而又真实的问题情境是思维发展的平台，有深度、有挑战性的问题与认知冲突是思维发展的根本原因，可视化工具是思维过程、思维层级和思维结果的显性载体，问题解决方案及变式运用是实现思维迁移的有效手段。它们共同构成了语文思维发展型课堂的四大核心要素。

本书分为上下两篇，上篇主要阐述语文思维发展型课堂的理念和实践经验，并解析挑战题目中的核心——语文学科基本知识；下篇分小学、初中、高中三个学段解析 TOP20 选手在第二轮中各自的课堂教学设计挑战题目，并结合参赛作品及专家点评，让广大读者一窥语文思维发展型课堂的真容。本书的主编团队特别说明如下：

第一，本书收录的教学设计为挑战赛中脱颖而出的课例，由于需要保留和呈现选手原汁原味的设计思路而未进行过多改编，限于本书的篇幅，也进行了一定的内容压缩，因此并非完美无缺的范例，读者可学习借鉴其优点，亦可分析评判其缺点。读者与选手面临的学情不同、教学目标不同，切不可生搬硬套。

第二，本书提及的语文学科基本知识是统称，其构成比较复杂，既包含了部编版教材中明确提出的语文要素，还包含了语文学科中的语言学、文章学、阅读学的知识，以及语文学科关键能力等。这些学科基本知识并非全部学科知识，只是经过调研挑选后确定的一部分知识而已。希望阅读本书的语文教师能够认真对待语文学科中的每一个学科知识，厘清概念，深挖其与文本的关系，这样才能更大限度地助力教学质量的提升。

第三，语文学科知识博大精深，各类文本浩如烟海，解读起来仁者见仁，智者见智。尽信书不如无书，读者不必奉本书中的观点为圭臬，我们只是希望为语文学科教学做一些实实在在的探索，若有疏漏，恳请读者指正。

第四，语文教学中的问题很多，有的是真问题，有的是假问题。"语文思维发展型课堂教学设计"主题的两轮挑战题目（参见《附录》）就是基于语文学科基本知识，结合语文教学的课前、课中、课后三个阶段的真实问题，让选手们综合考量，拿出合适的教学设计方案。赛题筹备时间有限，题目中一些内容设定相对宽泛，我们将原貌呈现给大家，也是希望他日回首语文思维发展型课堂的发展历程时，清楚地知道曾经有这样的起点。

第五，选手解题的基本落脚点是语文学科基本知识，而不在于选取哪个篇目。语文教学不能只见内容理解，不见学科基本知识。在用什么材料解决挑战问题上，给了选手充足的自主权，希望以此突破"教语文就是教课文"的固化思维，建立同一个学科知识/能力可以用不同课文解决，甚至提倡不限定用教材中的课文来解决问题的观念。因此，读者会发现，下篇中有的题目是通过 2～3 个教学设计来诠释的。

一路走来，多轮挑战，千言万语，感慨颇多。感谢中国教育科学研究院国际与比较教育研究所所长、中国未来学校实验室主任王素老师的领导；感谢北京师范大学文学院语文教育研究所张秋玲教授的悉心指导与教诲；感谢北京师范大学教育学部教育技术学院赵国庆教授在"思维发展型课堂"领域的研究和引领；感谢北京市语文学科带头人、国家级骨干教师、清华大学附属中学语文特级教师崔琪老师，以及佛山市教师教育发展促进会副会长、思维发展型学校联盟联合发起人、广东省特级教师张东升校长在主题挑战及本书编辑过程中的大力协助；感谢本书的主编团队、评审专家和所有参编人员的通力合作与付出。

　　指向中国学生发展核心素养、学科素养的教育教学探索精彩纷呈，愿本书和第六届中国未来学校大会一起，是这些精彩中的美丽一笔。

全体主编
2021 年 9 月 27 日

下　篇
语文思维发展型课堂教学设计案例评析

语文思维发展型课堂的理念
及挑战题目解析

思维才是力量：语文思维发展型课堂的理论与实践

四川省成都市郫都区第一中学　蒲儒刿

一、语文思维发展型课堂的学理阐释

（一）思维与思想

"思想"与"思维"，虽一字之差，但内涵差异却大。思想，英语里通常表达为"thought"；在汉语中虽可作动词，用"思"和"想"分而释其义，表达"思考""思索"等意，但多数语境下用的是其名词意义，指客观存在在人的认识中经过思维活动加工而产生的结果。

思维，英语中一般对应为"thinking"。"维"的英语释义有：（1）tie up、hold together；（2）maintain、safeguard、preserve；（3）thinking、thought；（4）dimension。汉语中，"思维"主要与"思考""思索"同义或近义。"维"在《说文解字》里释为"车盖维也"，即系车盖的绳索。在《辞海》中有如下义项：（1）系物的大绳。出自《楚辞·天问》中的"斡维焉系？"亦比喻一切事物赖以固定的东西。词语"纲维""四维"用的就是这一意义。（2）联结；系。如："维舟""维絷"。（3）通"惟"。考虑；计度。《史记·秦楚之际月表》中有"维万世之安"的表述。

通过中英文比较我们发现，思维所指有两点值得关注：一是表达用连接物来建立框架、维系整体以及维度、角度之意；二是前述的动词意义，一般指人接收信息、存储信息、加工信息，以及输出信息的活动过程，是概括反映客观现实的过程。

略探二词语义便可以看出，思维表达的是过程、途径、手段、方式、方法，它是动态的、具体的和生动的；思想则表达的是结果、结论、成效、收益、回馈，它是静态的、凝固的和固化的。

区分思想与思维的教育教学意义在于，实现从思想结论传输式的僵化的传统模式转向思维过程还原的动态生成模式，即由传统僵硬的知识教学转向素质教育，进而实现教育教学的革命性的根本变革——由"知识就是力量"转向"思维才是力量"。

（二）想象与思辨

思维这一概念有大与小、广义与狭义之分。所谓"大思维"，即广义思维，指人面对对象世界引发的思考活动，包括形象思维和抽象思维两大形式。而所谓小思维，即狭义思维，也就是"理性思辨"。长期以来，思维概念的使用很混乱，我们在后一意义上使用思维这一概念，使之与联想、想象、直觉等形象思维形式相对举，二者复（融）合而成为广义的大思维概念。

观察人的生活，现实的人其实更多生活在"别处"，而较少时间活在真正的"当下"。这个"别处"包括过去的世界、将来的世界以及"别的"诸多不属于当下（现实）的世界。比如：孩童对于成人世界等未知世界的向往，青年人对于事业前景的拟想，老年人对于自己往昔的温暖记忆。没有这种向往、拟想和记忆，人的生活便黯然失色，没有光亮。

同样，一个国家对于本民族的发展蓝图和愿景的绘就，其实就是要激发国民对于未来的想象力，进而导引自己的民族走向"别处"，奔往辉煌的愿景和理想！人类"上天入地"，对宇宙、海洋等宏观世界和中微粒子等微观世界的探索，无一不是其想象力天性的展现。而个体确立人生理想、职业生涯规划，究其实质都是现实的人们畅想未来、预测明天并以之激励自身的举动。

而我们的教育对象——孩子们——之所以对网络、游戏等虚拟世界如痴如醉，是因为在一定程度上，虚拟世界满足了他们"生活在别处"的欲求，亦即正好满足了天赋——想象力的需要；而我们常常见到的孩子学业成绩不佳、学习状态不好等问题，相当程度上不是因为其基础、智力有问题，而恰恰因为他们动力不够，兴趣不浓，说到底，是对学业前景、学习目标乃至人生归宿缺乏想象力。

可以说，想象力无处不在。没有想象力就没有人生。张世英说：人天生都是诗人，每个人都有诗兴。因为，想象力是诗、诗人的特质。

人是理性的动物。人的理性体现在思维上：一是其逻辑思辨力；二是其哲理思辨力。前者属于"工具理性"；换句话说，它保证了人的思维路向正确、缜密，以及人与人之间的交流顺畅。后者属于"价值理性"，可以满足人对人生意义与价值的追问，保证人之为人，给活着一个理由。

想象力和思辨力从属于人的智力系统，是思维的两大"主脉"，二者既相融相洽，又相克相生。两者一感性（非理性），一理性；一抽象，一具体。其背后对应非智力系统的情感和理智，复合生长而形成情感与理智健全、和谐发展的人格。

大致说来，以孔子"诗教"传统为起点，开始想象力的自发性开发，时断时续，大体得到延续，而思辨力的开发和关注，虽有墨子的"三表""七式"发端，但之后却乏善可陈。西方人早就认定想象力是人类的基本属性。亚里士多德说："要不断地通过使我们的思想从已存在的一点出发，或从与已知条件的相似点、相近点、相反点出发，来不断寻求系列的设想。"他早早地梳理出了想象和联想的三种基本模式，至今被人们引用。

至于思辨，则是西方哲人的强项，从苏格拉底到柏拉图、亚里士多德、康德、黑格尔、海德格尔、伽达默尔等等，每一个思想家，都极力构建自己的思辨体系，都有一个属于自己的思维王国，可以说，整个西方的文化史就是一部思辨史。

更引人注目的是，西方人较早研究想象力和思辨力的相互关系。以美国人奥斯本（Osborn）为例，他不仅注意到想象力因不同职业、不同地域、不同处境而不同，而且注意到妨碍想象力的诸多因素，他还说："分析可以提供一些增加设想、提高想象力的线索。相反，在进行分析的时候，想象又对分析起着指导作用。"显然，他已经注意到二者的互动作用。

大家容易认同的是，进行文学教育必然要培养学生的想象力。因为想象是文学的生命，想象既是文学的手段也是其目的，按艺术学论者贺志朴的观点，文学其实就是想象艺术。但我们往往忽略了思辨在文学教育中的重要性。事实上，思辨在文学中通常是与想象融合在一起的：一是为想象勾勒轨迹；二是以哲思的形式参与想象，深置于形象的内里。

由于想象通常由人的情感驱动，而思辨则由人的意志或理性驱动，二者相辅相成、互联（生）互动，共同构成人的心理人格，如果它们协调发展，便形成良好的个性、健全和完善的自我人格，以及创造性人格。"想象"与"思辨"融合的教育具有切合人性的本质意义，值得高度重视。

（三）以思维训练为中介的语文教育

回望过去，语文学科曾经把语（法）、修（辞）、逻（辑）、文（学）和字、词、句、篇等系统语文知识作为学科追求目标，号称语文的"八字宪法"；其后，针对实际情况，增加了能力训练，合称"双基"，于是基本知识和基本能力成为语文的学科基本定位，其实际影响是"学生在学校受益最多的是知识，能力次之，至于思维、情感、责任心等明显欠缺，甚至缺失"（于漪，2018）。进入 21 世纪，"三维目标"成为学科热词，表明我们的教育观念由关注语文知识、语文技术、文本特点向学生、学情转移，向教育的本原和本体转移和回归。随着语文四大核心素养的正式提出，语文学科本位观念真正被学生本位替代，语文教育眼中真正有"人"了——这既是语文学科走过的符合其内在逻辑的历史轨迹，更是语文学科观念取得的划时代的历史性突破。

语文的四大核心素养中，语言、思维、审美、文化四者的地位并不是平等分列的。语言无疑是语文学科最基础的要素，换句话说，它是语文学科所独有的、标志其学科身份的要素；而思维、审美、文化三者渗透在语言建构和运用中发挥作用。其中，思维较之于语言、审美、文化，又有其独特的角色地位和功能定位，即作为"中介"的它，具备自身独特而关键的力量。

（1）思维是思想、情感和语言、言语的桥梁。

语言既是思想的直接现实，又是思维的物质外壳，它是思想的物化成果的存在形态，同时这一物化成果（或物质外壳）又是经由思维过程、思维操作获得的，故思维是介于思想、情感和语言、言语中间的桥梁。语文教育中，要把揣摩、品味、选择、打磨语言作为第一要务，围绕这一任务，语文教师可以设计多种多样的言语活动，可以是诵读、品读、对话交流、辩论表演等等，换句话说，真正有语文味的语文课，一定是基于语用学理论基础的言语活动课。

进一步讲，真正高质量的语文课必然是有一定思维含量的思维教育课。教学目标的设定、教学程序的设计、教学活动的展开、教学效果的测评都必须将"思维训练"作为一根贯穿始终的红线。比如：上文学鉴赏和创作课，就是要以培养联想与想象、直觉和悟性为主要任务，目标在于提升学生的思维灵活性、敏捷性以及独创性；上论述文阅读和写作课，则要以培养逻辑理性能力、批判性思维能力、哲理思辨能力为主要任务，目标在于提升学生思维的深刻性和批判性；其他各类文体的阅读和写作课，虽然具体教学目标各异，但都要以培养学生的形象思维能力、抽象思维能力、辩证思维能力和直觉（感）悟性思维等为基本教学价值取向来做设计和落实操作。大量教学实践证明，有思维含量的语文思维教育课，既能赢得考试、满足学生的升学需求，同时又是名副其实的育人课堂，即满足学生成人的课，这样"双赢"或"多赢"的语文课，才是真正好的语文课。因此，好的语文课是以"思维训练"为主线、为媒介的课。

观察实际语文教学活动，如果是平庸或糟糕的语文课，一般都会是缺乏言语活动的所谓知识传授传输课或所谓传授方法、技能讲解课，说到底，是因为缺乏课程内在思维含量。

（2）思维训练与语文知识。

我们并不是一味反对知识。相反，思维发展型语文教学需要以必备的语文知识——字、词、句、篇的知识和语、修、逻、文的知识为支撑，否则语文思维训练就会因难以为继而落空。以语文学科思维的两大主脉——想象、联想能力和逻辑、哲理思辨能力为例，如果没有大量表象、意象的积累，训练形象思维能力就会是一句空话，而要达成其目标就必须在有关以表象、意象为中心的理论知识指导下，开展阅读实践和实际生活感悟，进而实现教育目标；同样，逻辑、哲理思辨能力的培养，务必以有关概念、判断、推理的基本知识为指导，才有可能顺利实现相关语文教育目标。

就目前中小学语文教育的实际情况看，2000 年前后推动的课改一方面片面强调所谓"能力定位""三维目标"，另一方面矫枉过正，过分忽视语文知识的支撑作用，一定程度上使"能力"和"三维目标"成为空中楼阁；到高中阶段，逻辑知识、文化知识的缺失，使不少学生在语文学习上步履维艰、效率低下。

因此，当务之急是全面而系统地补上"知识"这一块，所谓"全面"是指要涉及各类相关必备语文知识，所谓"系统"则指从小学到初中、高中，要系统设计、有体系地补上。

（3）思维训练与关键能力。

按照传统心理学观点，思维力与想象力、创造力、观察力、注意力和记忆力等并列，这里的思维力准确来讲，是指理性或抽象思维能力，通俗来说，是指思辨力。传统心理学所说的狭义思维力一方面作为智力系统构成要素的核心，贯穿和渗透在本系统内的其他五要素之中，而在美国哈佛大学教授加德纳（Gardner）多元智能理论的要素中，构成智力包括以下八种能力：语言智能、数学逻辑智能、空间智能、身体运动智能、音乐智能、人际智能、自我认知智能、自然认知智能，其中的"自我认知智能"即是指自我反思和自我批判的理性思维能力，渗透在各项要素中，一样举足轻重。2012 年，联合国教科文组织在其《全民教育全球监测报告》中，把批判性思维看作一种贯通性基本能力，是基本技能、可转移技能以及技术职业能力三类能力的核心。经合组织（OECD）则强调 21 世纪的核心能力包括互动性使用工具、自主行动和异质群体互动，而批判性反思则是三者的基础。

限于篇幅，这里主要谈谈在中学语文教育中创造性思维能力的两翼：想象、联想能力和思辨力，特别是批判性思维能力。我们都知道好奇心和想象力之所以弥足珍贵，就在于它们都使我们的头脑"放得开"——发现若干问题和产生无穷多的新的想法，即胡适所说的"大胆假设"，歌德所说的"我向梦想追寻"。但仅仅是"放得开"不行，还得"收得拢"，即胡适和歌德的下半句话"小心求证"和"我向现实猛进"。用独立思考，用经过聚合的、严密的思辨，用符合逻辑的推论，使好奇心和想象力开放的花朵结出丰硕的创造性思维之果。

语文教育中的文学教育主要肩负的是"放得开"的任务，而"收得拢"的任务则主要靠逻辑理性思维训练、哲理（学）思辨训练来完成，后者是我们的弱项，需要进行及时而全面的"补课"；但需要注意的是，切莫再犯顾此失彼的错误，也就是说，我们需要在语文教育中强化后者，同时要双管齐下——既要训练以联想、想象力为核心的形象思维能力，又要训练以思辨力、批判性思维能力为核心的抽象思维能力，语文教育在这一点上有得天独厚的优势，只要我们努力去做，必将大有可为。

（4）思维训练与必备品格。

著名作家狄马先生说："一个人如果真的养成了独立、自主、理性和思辨的习惯，那他已经是个现代公民了，语文教育的任务也就完成了大半，甚至是最重要的部分，知识的多少和观点的对错反而不那么重要了。"这句话清晰表达了思维、思辨对于个体品格建构的价值。

逻辑作为思维里最重要的工具，不仅具有工具理性价值，更具有价值理性意义。我们知道，遵循人类共同的逻辑法则，只有经过论证的思想、有理由的思想才是可信的，这是人类文化最基本的价值坐标。因此，逻辑不仅是知识和能力，是过程和方法，而且具有价值观的意义。逻辑思维不仅能够提高智商，而且能够提高情商。逻辑思维涵养的是对于真理的追求和最高尚的人格。

语文思维训练对于中学生核心素养中的必备品格（主要指帮助学生形成正确的世界观、人生观、价值观，未来成为具有社会适应力和道德责任感的公民）的培养具有独到的作用。道理十分明显，作为人文学科，语文课文中的经典篇目，特别是中国传统文化经典文本，之所以堪称经典，除了因为它们是母语言语的典范外，更为重要的是，它是我们中华民族子子孙孙做人的范本，是中华民族的精神底色——这正是语文作为基础学科的根本之所在。从人格角度说，成体系的语文思维训练，可以造就健全的心理人格、道德人格与审美人格。

著名教育家于漪说，语文课改空间很大，根据自己所能与学生学习需求做一点小实验，是十分有意义也是十分有趣的事。天下大事，必作于细。摆在语文教师以及相关人士面前最重要的任务是做些助推语文课改行稳致远的实实在在的建设性的"小事"。

二、语文思维发展型课堂的实践维度

(一) 语文思维发展型课堂的教学要素与结构

区别于一般的传统课堂，语文思维发展型课堂教学一般应包括以下要素与结构：

(1) 学情分析。包括一般规律与个性化学情，具体是：一是学段分析，包括学生生理、心理特点分析和课程标准关于学段能力要求的分析；二是学生已有知识积累分析和学生学习能力分析（含单元学习者分析和课时学习者分析），甚至要设计课时前测以了解学情。基于这些问题分析，确定解决课堂问题的思路。

(2) 教学内容的确定。基于学情分析与教材分析，确定课堂的教学内容。

(3) 学习目标的确定。主要包括语言目标、思维目标和价值目标。

(4) 教学重点和难点的确定。

(5) 课时安排的预测。依据教学目标及教学内容确定课时数。

(6) 教学过程设计。主要包括教学导入和学习活动的设计。在学习活动中要突出学与教的策略和设置认知冲突，每个教学活动都要求设计者给出"设计意图"，以突出设计感。

(7) 作业布置设计。

(8) 设计反思。既有对课堂教学实际优势的总结，也有对课堂教学不足的反思。

(9) 强调对课堂教学涉及的基本概念、主要训练能力的解释与文本解读。

(10) 鼓励课堂设计的创新性。

上述要素与结构突显出如下特征：

一是特别突出课前学情分析，宏观与微观分析结合，突出微观分析，强调针对学生的认知结构和水平开展精准教学，把有效教学建立在学生的"最近发展区"。

二是在学习目标、内容、教学重难点的确定以及教学活动的设计中聚焦语言、思维和价值三者，突出思维教学，彰显思维课堂特色。

三是在学情分析、作业布置和设计反思三个环节的贯通呼应中，突出"发展"型课堂特质。学情分析是摸清基底，作业布置用来检验课堂所学或提升状况，设计反思意在推动下一步课堂教学的改进和可持续、累进发展与提升。

四是强调对有关基本概念和能力的解释以及文本解读，这是为思维发展型课堂托底，使之"既上得了厅堂又下得了厨房"。

五是在课时安排、活动设计中体现出一定弹性并鼓励有关创新，不仅紧扣"发展"二字，更是把课堂活动当作创造性活动，鼓励活动主体开展创造性活动，显示出思维发展型课堂的强大生命力。

（二）语文思维发展型课堂实践的文体教学维度

通常所谓记叙文、说明文、议论文和抒情文等文体分类是以语言表达方式为标准的，它的划分标准是"语言"；以"思维"为标准就没有这么复杂了，我们认为只需分为"思辨类或论述类"与"描述类或抒情类"即可，对于听说读写等语文活动操作训练均简单易行。

以"思辨类或论述类"与"描述类或抒情类"为文体的思维分类，正好对应思辨（力）与想象（力）。

在以议论文为代表的思辨类或论述类文本的听说读写中，我们着力训练学生的理性思辨能力，主要包括逻辑思维能力和哲理（学）思辨力，以概念为原点，着力于观念清晰、判断准确、推理合理，从低阶（识记、理解、应用）到高阶（批判性思维、系统思维、创造性思维），形成序列；在描述类或抒情类文章的听说读写中，我们着力训练学生的想象、联想能力，主要包括以意象或表象为核心，着力训练学生对意象的感知，对表象的积累，对象征、隐喻、类比的领悟，等等。当然，必须指出的是，思辨（力）与想象（力）虽二分但实际又是兼容的，换句话说，在训练学生的理性思辨能力时，要兼及对学生想象、联想能力的训练，在训练学生的想象、联想能力时，要兼顾理性思辨能力的训练。简单来说，在写作议论文"晓之以理"的同时要顾及读者的接受心理或情绪，即兼顾"动之以情"；在鉴赏诗歌等抒情作品时，也要注意做有关逻辑理性的思考训练。只是要注意各自的思维边界，即思辨训练不得滥情，抒情描述不可一味板起面孔说理。

思辨（力）与想象（力）二者既有区别又相互渗透，源于人性的情理二端，或曰人之共性——同情心与同理心。

（三）语文思维发展型课堂实践的学段教学维度

张世英说，个体的精神发展经历了"人-世界合一""主体-客体二分""高级的天人合一"三个阶段，与此对应，其思维上的三个层次分别是"想象"、"思辨"和"想象与思辨融合"。我们开展思维教育，可通过以下方法：

第一，从学龄前儿童到小学、初中、高中等全部基础教育阶段，要按"由想象力到思辨力—先想象力后思辨力—想象与思辨融合"的基本原则来设计思维教育课程。具体来讲，就是学段越低越要以开发想象力、联想力为主，学段越高越要以开发思辨力为主，学龄前儿童到小学、初中的低学段在开发想象力、联想力时，要渗入记忆、理解、应用、概括、分类等低阶思维能力训练，高中特别是高二以后的高学段则要进一步渗入分析、综合、评价、判断、推理等高阶思维能力训练。

第二，各个学段的语文阅读课特别是文学阅读课，要按"感受感知—品读品味—探究思考"的基本逻辑线推进课文或课堂教学。这个技术路线简化一下，就是先通过联想、想象，先感性进入再理性思辨，二者之间虽相互渗透，但前者是后者的基础和依托，后者是前者的深化与提升，顺序不可颠倒。

第三，各个学段的语文写作课，总体上按"从说话到写作、从描述记叙到议论论证"的顺序安排。从思维训练角度看，与阅读教学相一致，"想象"与"思辨"虽各有侧重，但总体呈互渗状态；进入高中特别是高二之后，重点在"思"的训练——写作"理性思辨"议论文。

（四）语文思维发展型课堂实践的课型教学维度

我们所谓的课型，主要指思维学科融合课和直接思维训练专题课。

前者是语文思维发展型课堂的主要课型，本书主要呈现的就是这一类课型，它们虽教学对象有差，题材各异，教学内容不同，但在前期学情分析、教学目标设定、教学活动设计、教学反思等整个课堂结构中，无不包含着对学生认知水准的把握、认知冲突的设计、思维工具的运用、思维能力的提升等内容，一句话，"思维训练"的红线贯穿始终。

后者指直接把"思维训练"的系列训练点作为课堂教学主题，选择相应教学资源和素材，设计相关任务展开训练。比如以"概括"和"联想与想象"为教学主题开展课堂教学，就分别属于训练逻辑思维技能和形象思维技能的思维教育专题课。

语文思维发展型课堂既要以思维教学学科融合课为主阵地，也要适当穿插直接思维训练专题课。二者的结合点以及成序列设计值得进一步研究。

（五）语文思维发展型课堂实践的资源开发教学维度

目前值得关注的是中华优秀传统文化经典教学资源的开发。以《论语》为例，我们认为孔子运用的一些思维策略值得研究，如：直观直觉思维策略、人文道德思维策略、整体辩证思维策略、中庸之道思维策略和由己及人思维策略。简单举几例："逝者如斯夫，不舍昼夜"，用浩荡奔腾的江水来描述时间的流逝不停；"岁寒，然后知松柏之后凋也"，指人的坚韧品性；"君子不器"，用直观的表述从反面给"君子"划出界线；"为政以德，譬如北辰，居其所而众星共之"，强调德治有凝聚人心的效能；"质胜文则野，文胜质则史。文质彬彬，然后君子"，勾画出内外兼修的君子品质；如此等等。这些思维方式或策略都沉淀为中华民族的思维方式特征。

《道德经》和《庄子》中的思维教育资源一样值得关注。以庄子的代表作《逍遥游》为例，他表达的观点是"绝对自由"或"无待"——"思"，而采用的表述策略却是想象的或"诗"化的，即围绕"大鹏"构建起庞大的意象群。《道德经》面对论道、治国、修身、养生、砭时与议兵等严肃议题，表达的是理性观点，但其形象的或"诗"的话语形式比比皆是，比如"复归于婴儿""治大国如烹小鲜""小国寡民""和光同尘"等等，不一而足。

三、语文思维发展型课堂的研究期待

（一）"六化"：语文思维发展型课堂基本特征研究

活动化。主要指思维活动化，即在语文思维发展型课堂中的教学活动一定是思维技能训练的活动，否则就不是真正的语文思维发展型课堂。

结构化。一是语文思维发展型课堂的各教学环节，从前期学情分析到教学反思、核心概念能力分析、文本解读等十个环节必须完备；二是各个环节特别是主要教学环节间必须体现出严密的、不可或缺的或不可互换的逻辑性。

情境化。语文思维发展型课堂必须以学习者真实生活体验为基础，设置真实问题情境和认知冲突，并以使学生的人格修养提升与"三观"培育为根本旨归。

可视化，即思维可视化。语文思维发展型课堂强调在教学设计中，在必要之处，通过使用思维导图（mind map）、概念图（concept map）等思维可视化工具，让思维显性化，以实现思维方式在师生之间、生生之间的有效传递和进阶发展。

艺术化。语文学科是人文学科，以文学作品为主要教学素材，因此语文教育一定意义上就是文学艺术教育，笼统来讲，语文思维发展型课堂要以审美教育为特色。基于此，它应该与诸如绘画、音乐、舞蹈、建筑等艺术形式相结合来开展教学活动，而联结它们的桥梁便是想象力与联想力。

游戏化。游戏不是儿童的专利，也是成人的钟爱，换句话说，游戏是人的天性。作为人文学科的语文思维发展型课堂要走向游戏化，开展有趣且有意义的游戏活动是我们努力的方向。

（二）"融合"：语文思维发展型课堂创新特征研究

诗与思的融合。诗，表征以想象力为代表的形象思维能力；思，表征以思辨力为代表的理性思维能力。二者融合是思维训练的主脉，也是创造性思维生成的双轨或路径。对二者融合生长的训练，值得我们进一步探索。

科学思维与人文思维的融合。以概念为起点的科学思维，以"概念—判断—推理"为基本形式，旨在求同，特征是严谨缜密，为西方人所擅长；以表象或意象为起点的人文思维，以"隐喻""象征""类比"为基本形式，旨在求异，特色是快捷灵活，为中国人所擅长。二者结合功莫大焉，值得探究。

儒与道的融合。儒道互补已是定论，儒道融合更富创意。二者融合是思维方式的相反相成——进与退、社会与自然、审美与功利、刚与柔……诸多对立范畴融合，结合人文主题和认知冲突，势必产生"悖论张力"，给人生带来和谐与平衡，犹如人的动静二脉，不仅适合于成人，也有益于学生——未成年的人。

国家颁布的语文课标，使思维教育成为语文教育共识，语文思维发展型课堂理据充分，在实际课堂教学中对于学生创造性思维能力的形成、创造性人格的塑造，对于培养具有民族品格、全面发展的人等影响深远，可谓利在当下，惠泽久远。

挑战题目中的核心：语文学科基本知识解析

学科基本知识之一：复述

一、什么是复述？

复述一词并非源自现代文，古已有之（见表 2-1）。

表 2-1　古文中的"复述"含义

出处	成书年代	引文	含义
《越绝书》	有争议，但不晚于东汉	孔子怀圣承弊，无尺土所有，一民所子，睹麟垂涕，伤民不得其所，非圣人孰能痛世若此。万代不灭，无能复述。	再说、用语言表达
《魏书》列传卷六十	北齐	（思同）卒后，魏郡姚文安、乐陵秦道静复述思同意。冀隆亦寻物故，浮阳刘休和又持冀隆说。至今未能裁正焉。	重复陈述
《隋书》列传卷二十六	唐初	（炀帝）至东都，除（宇文述）名为民。明年，帝有事辽东，复述官爵，待之如初。	官复原职
《资治通鉴》	北宋	初，（东）晋庾冰议使沙门敬王者，桓玄复述其议，并不果行。	再次提出，重复陈述
《新唐书》	北宋	皋以五宫异用，独唱殊音，复述《五均谱》，分金石之节奏。	重复陈述他人之作
《东周列国志》	明朝	姊复述其言于华阳夫人。	重复陈述他人之言
《狄公案》	清朝	你且将当日临死时，是何景象，复述一遍，以便向周氏质证。	重复陈述他人之事
《中国文化要义》	1949 年	前后四本书，在内容上不少重见或复述之处。	重复叙述

唐宋以后,"复述"的含义逐渐固定,为重复陈述他人之言、他人之作或他人之事的意思。根据《现代汉语词典》,复述有两个含义,一是把别人说过的话或自己说过的话重复一遍。二是指在语文教学上,学生把读物的内容用自己的话说出来,是教学方法之一。在《义务教育语文课程标准(2011年版)》(简称"义务教育语文课程标准")的第二学段阅读目标的第5条中也提到复述:能复述叙事性作品的大意,初步感受作品中生动的形象和优美的语言,关心作品中人物的命运和喜怒哀乐,与他人交流自己的阅读感受。

综合以上对复述词义的挖掘,以及在不同语境中的解释,我们可以结合语文学习下这样一个定义。复述是指学生在学习完文章之后,用自己的话将原课文内容说出或者写出。复述不要求和原文语句相同,但是要求在理解文章的基础上,将文章原意和重要细节表述清楚。复述可以在一些层面带有创造性,但不能更改文章原意和重要细节,此外,复述可以根据一定的提示来完成,如图片、关键词或者关键句等,随着学生能力的提高,复述将不再借助外部提示。

复述一般有详细复述、简要复述和创造性复述三种形式(见图2-1)。

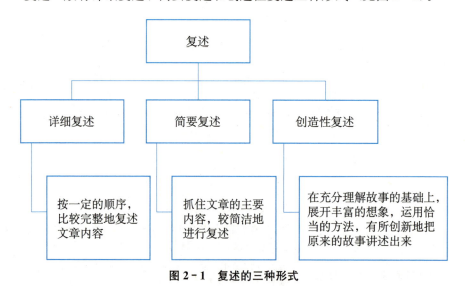

图 2-1 复述的三种形式

二、复述的教材编排

复述是积累语言、发展口语和思维能力的重要路径之一。统编版教材按照"阅读与表达并重"的思路,统筹规划了"复述"的训练序列目标,具体如表 2-2 所示:

表2-2 "复述"的训练序列目标

册序	单元	阅读训练要素	年级进阶
二上	第一单元	借助图片，讲述课文内容	借助外部提示，如图片、词句、提示、示意图等进行复述
二上	第三单元	借助词句，尝试讲述课文内容	
二上	第六单元	借助词句，讲述课文内容	
二上	第八单元	借助提示，复述课文	
二下	第七单元	借助提示（示意图），讲述故事	
三下	第八单元	了解故事主要内容，复述故事	不借助外部提示，仅基于对文章内容的充分了解和把握进行复述，是内化课文语言、学习表达的过程
四上	第八单元	了解故事情节，简要复述课文	学习简要复述，提升学生的阅读理解能力，为学习概括打基础
五上	第三单元	了解故事内容，创造性地复述故事	学习创造性复述，体现创造性和合理性，对学生整体把握文章内容和发展思维能力提出了更高层次的要求

第一学段的二年级是"复述"能力培养的起步阶段，教材借助童话、寓言、神话、历史故事等不同体裁的文章，引导学生紧紧依托课文插图、关键词语或提示表格等形式进行复述，一是让学生感受到复述的乐趣；二是能够借助支架，降低复述的难度，让学生对复述形成结构和框架意识，从而较为完整地复述故事。

第二学段作为承前启后的学段，复述练习的形式更加丰富：三年级在第一学段讲故事的基础上，学习借助有效支架来详细复述课文；四年级在学习概括的基础上，引导学生抓住课文主要内容，按事情发展顺序学习简要复述。可以看出，复述的内容由全面具体走向关键情节，由关注经过到关注准确的时序，用到了更具思维含量的概括和归纳能力，学生复述课文的训练目标在逐渐攀升。

第三学段，复述的要求突出"创造性"：变换角色，以故事中人物的口吻来讲故事；展开想象，把简略的情节讲具体；变换情节顺序，设置悬念。这鼓励学生在尊重课文情节的基础上，大胆、合理地想象细节，对文本进行更加个性化的演绎和阐释。此时，复述由故事的完整性和准确性走向了创造性和合理性，对学生整体把握文章内容和发展思维能力提出了更高的要求。

综上，从借助提示进行复述、详细复述、简要复述，再到创造性复述，体现出了统编版教材对复述训练目标的层次性、连续性和发展性，符合儿童思维发展特点。

学科基本知识之二：概括

一、什么是概括?

《现代汉语词典》中对概括有两个解释：一是作动词，指把事物的共同特点归结在一起；二是作形容词，指简单扼要。不难看出，概括需要对文章的要点进行求同与整理，对文章的内容进行凝练和浓缩。这个过程需要抽象思维、逻辑思维的加持，是一个由感性上升到理性和抽象的过程。概括的背后包括但不限于"下定义、排序、分类、比较、因果"等基础思维过程，还在此基础上伴有分析和归纳，由此可见概括的复杂性。

什么是概括？从语言组织的角度，是通过"下定义、排序、分类、比较、因果"等思维过程对原文进行整理、凝练、归纳，进而用语言表达出来；从逻辑思维的角度来看，概括就是，经过一系列基础的思维过程处理，把从具体的原文内容中抽象出来的事物的共同本质特征综合起来，并推广到同类事物上去的过程；从口头表达的角度来看，概括就是化繁为简地运用语言的过程。

二、概括的教材编排

义务教育语文课程标准中提出：小学第二学段"能初步把握文章的主要内容"，第三学段"阅读说明性文章，能抓住要点""阅读叙事性作品，了解事件梗概""阅读诗歌，大体把握诗意"。可见，概括能力的培养贯穿整个小学阶段，是发展语文能力的一个重要内容。部编版语文教材对概括能力的培养进行了螺旋式上升的序列编排，始于二年级，历经三个学段，以求逐步提升学生的概括能力（见图2-2）。

从图2-2可以看出，部编版语文教材对概括能力的培养主要集中在第二学段。第二学段的学生有了一定的认读能力和理解能力，这为概括能力的训练打下了基础，因此，第二学段是学生概括能力形成的关键期。

关于概括能力训练的着力点，三个学段层次分明。第一学段，学生了解课文内容的着力点是词句，到了第二学段逐渐从句子向段落转变，第三学段则是篇章。这是一个从词句到段再到篇章的过程，这个过程符合学生的认知发展规律。

随着年级的升高，语文学习中对小学生概括能力的要求越来越高。很多学生因为概括能力较差而对语文学习丧失兴趣。要想概括得好，需要学生整合语言组

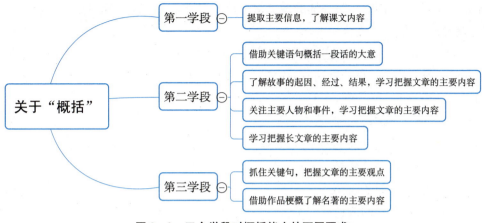

图2-2　三个学段对概括能力的不同要求

织能力、逻辑思维能力和口头表达能力。学生的概括能力在语文学习中是一块难啃的骨头，因此，语文教师必须重视学生概括能力的培养。概括能力既有利于发展学生的语言理解能力，又能助推学生的思维向"更深处漫溯"。

学科基本知识之三：改写

与"写"有关系的学科基本知识很多，如说写、仿写、改写、缩写、扩写、续写、编写等。你对这些学科基本知识了解吗？本小节，我们主要来谈谈改写。

一、什么是改写？

根据《现代汉语词典》，改写意为修改，根据原著重写。改写一词在古籍中也有出现。如南宋政治家江万里《题黄鹤楼》一诗中写有"良工改写归图画，俯仰令人一慨然"。又如《清史稿》记载："（康熙）十五年，大学士熊赐履票本有误，改写草签，既又毁去。"从中可见，改写一词的含义并无明显古今变化。

苏州大学王家伦教授在《改写训练，提高写作能力的有效途径（之一）》中认为"改写，就是对原材料的再创作。改写可以对原作做较大的改变，但一般应'就地取材'，改写可以展开联想与想象，但展开的联想与想象必须符合人物的性格，符合原作精神，不能丢掉原作另起炉灶。"

二、改写的形式

对小学语文教师来说，这是一个小有争议的领域。由于对改写一词解释得比较粗略，所以我们对改写一词的理解往往较为宽泛，也因此，教师在改写教学中处理得较为随意。

在部编版教材之前，苏州大学王家伦教授对改写的理解非常有代表性，在《改写训练，提高写作能力的有效途径（之一）》中，王家伦教授认为改写包括以下方面：

（1）缩写、扩写和续写；

（2）文章主人公的更换与人物描写角度的更换；

（3）记叙顺序的变换；

（4）文章体裁的改换；

（5）语言形式的改换。

2018 年部编版九年级上册语文教材中是这样定义"改写"的："改写，就是在忠于原作内容的基础上，通过改变文体、语体和叙述角度等，进行'再创作'，以服务于特定的需要。改写有助于培养文体意识，提高写作能力，还有助于更深入地把握原作。"显然，改写不包含缩写、扩写和续写。但由于很多小学语文教师并不了解初中语文课本中的最新界定，结果改写教学仅仅变换为缩写、扩写和续写训练。

根据部编版教材的界定，改写作为习作训练的一部分，主要包含以下形式：

第一，改变文体，如将剧本改写为小说，散文改写为诗歌等。部编版五年级上册第五单元《交流平台 初试身手》中"试着将课文《白鹭》第 2～5 自然段改写成一段说明性文字"就是指改变文体的改写。

第二，改变语体，如将文言文改写为白话文，把口语改写为书面语。

第三，改变叙述角度，如将第三人称改写为第一人称，将插叙改为顺叙等。部编版五年级上册语文第 8 课《猎人海力布》的课后第二题（"试着以海力布或乡亲们的口吻，讲一讲海力布劝说乡亲们赶快搬家的部分。"）就属于改变叙述角度的改写。

改写能够有效提高学生的读写能力，促进学生对语用规律的感悟领会，并能从文体、谋篇布局、表达方法等多方面提升学生习作能力，体现语用基本规律、语言文字运用能力等。更重要的是，改写训练是适合中小学生的习作训练方式，对思维的发展有很大价值，值得语文教师潜心研究。

学科基本知识之四：梳理情节

根据《现代汉语词典》，"情节"一词的解释为：（1）事情的变化和经过；

（2）指犯罪或犯错误的具体情况。

高尔基曾说："文学的第三个要素是情节，即人物之间的联系、矛盾、同情、反感和一般的相互关系——某种性格、典型的成长和构成的历史。"情节属于写作学的范畴，是叙事性文学作品的必备要素，在记叙文、叙事说理散文、小说、戏剧等体裁中不可或缺。情节所展现的是叙事作品中一系列具体事件的发展过程，而这些具体事件又包含人物性格、人物之间的关系、人物与环境之间的关系。

一、什么是梳理情节？

情节在叙事性作品中承载了事件、人物和场景，进而展现了人物性格、人物之间的关系、人与事件及环境的关系。当文章出现多个事件或场景时，一般以一个完整的事件或场景为一个情节。但情节不是孤立存在的，情节的发展也会展现人物的性格发展、关系变化和事件变迁，因此，情节是一个动态的概念，更强调因果关系在故事中的作用。英国作家福斯特（Forster）曾举过一个例子来强调情节的动态性："国王死了，后来王后也死了"，这只是个按时间顺序发生的故事；国王死了，不久王后也因伤心而死，这才是按因果关系发生的情节。

在基础教育阶段，学生阅读的文学作品大都以记叙文、叙事说理散文、小说等为体裁，因此对语文学习而言，抓住情节以及情节之间的关系，抓住情节变化中所蕴含的人的变化、关系的变化、事件的变化、环境的变化、人事环境的相互关系变化以及作者的情感变化，对于理解文章内涵很重要，而这个抓取变化的过程就是梳理情节。

简而言之，在叙事性作品的阅读教学中，通过对情节发展的梳理，按照起因、经过、结果的顺序，从情节入手，梳理事件的脉络，剖析作品中的人物关系、人物性格、人物命运等行为，就是梳理情节。梳理情节的水平决定了学生对文章的理解程度。

二、与梳理情节相关的教材编排

"情节"的概念首次出现在四年级上册第八单元的语文要素"了解故事情节，简要复述课文"之中（见表2-3）。在教师教学用书中，这个单元要求教师在教学时"要着重引导学生关注课文中的主要人物和事件，学会抓住文章主要内容进行详细讲述，次要内容则应该简略"。由此可见，叙事性作品中的"情节"在这一阶段主要是指文章中的主要人物和事件，即文章的主要内容。

之后，在六年级上册第四单元，安排了小说学习，语文要素是"读小说，关注情节、环境，感受人物形象"。这是部编版语文教材第一次以单元的方式引导学生接触小说，在小说这一类叙事性文学作品中，情节是主要的要素，小说主要是通过故事情节来展现人物性格、表现中心思想的，因此这一单元的语文要素旨在引导学生理解情节推进和环境描写对塑造人物形象的作用。

表 2-3　教材中与梳理情节相关的单元

年级	册序	单元	语文要素
四年级	上册	第四单元	了解故事的起因、经过、结果，学习把握文章的主要内容
		第七单元	关注主要人物和事件，学习把握文章的主要内容
		第八单元	了解故事情节，简要复述课文
	下册	第六单元	学习怎样把握长文章的主要内容
五年级	上册	第六单元	注意体会作者描写的场景、细节中蕴含的感情
	下册	第六单元	梳理故事的起因、发展、高潮和结局，了解人物的思维过程
六年级	上册	第四单元	读小说，关注情节、环境，感受人物形象
	下册	第二单元	了解作品梗概，把握名著的主要内容，就印象深刻的任务和情节交流感受

　　义务教育语文课程标准要求第二学段（3～4 年级）学生"能初步把握文章的主要内容，体会文章表达的思想感情"，"能复述叙事性作品的大意，初步感受作品中生动的形象和优美的语言，关心作品中人物的命运和喜怒哀乐，与他人交流自己的阅读感受"；并在此基础上进一步要求第三学段（5～6 年级）学生"阅读叙事性作品，了解事件梗概，能简单描述自己印象最深的场景、人物、细节，说出自己的喜爱、憎恶、崇敬、向往、同情等感受"。根据以上分析，在小学语文教学中，有关"梳理情节"的要求，基本建立在我们常说的"把握文章主要内容""了解事件梗概，能简单描述自己印象最深的场景、人物、细节"的要求上，也可以说在平时的阅读教学中，它们是基本等同的。同时，在有关情节的阅读教学和学习过程中，需要使学生清楚一点，那就是对情节的梳理，是为更深入地理解文章，理解事件的前后逻辑，以及理解人物关系和人物形象服务的。

学科基本知识之五：批注

一、概念界定

　　批注，是指加批评和注解（《现代汉语词典》）。中国古代便有注书、评书、评点等形式，这是批注的早期存在形式。《国学基本知识现代诠释词典》提道，评点是文学评论家通过在文本中批注评语或勾画精妙语句来表达自己意见、抒发感想的一种方式，属于文学范畴（谢谦，1998）。而如今的批注，逐渐演变成一种阅读方法，属于语文教学范畴。

批注式阅读是古今中外通用的一种简便易行的读书方法，在我国有悠久的传统，我国古代学者中有不少人的著作就是通过对他人的文章进行批注而形成的。可见，批注式阅读对我们的学习与思考来说很重要。

1999 年，孙立权提出批注式阅读这一概念，他提出，在连续的读文过程中，读者不断变换切入点，把自己的阅读所得、所感、所疑批注于文本处，从而唤醒学生个体互动性的一种"意随文生"的阅读方法（孙立权，2005）。徐特立先生也提出，不动笔墨不读书，这句话强调了批注式阅读的重要性。批注式阅读的研究开始兴起，国内许多研究者在小、中、高语文阅读教学领域对其加以实践，取得了很多成果。由此可见，部编版教材所提出的"批注"，指向的是批注式阅读方法。

二、学段进阶

1. 小学阶段

统编版教材为了落实"学会用批注的方法阅读"这一语文要素，从阅读和写作两方面分别呈现出清晰的训练脉络（见表 2-4）。

表 2-4 统编版教材"学会用批注的方法阅读"训练要素梯度

板块	册次	课文	形式	训练要素	特点
阅读	三年级上册	《总也倒不了的老屋》	学习伙伴	在预测处进行批注	分散呈现初步感知
	四年级上册	《夜间飞行的密秘》	学习伙伴	在疑问处进行批注	集中学习训练技巧
		《呼风唤雨的世纪》	学习伙伴		
		《牛和鹅》	学习伙伴	直观认识批注，从多角度做批注	
		《一只窝囊的大老虎》	留白	在不理解的地方做批注	
		《陀螺》	留白	在体会比较深的地方做批注	
	六年级上册	《花之歌》	留白	自读自悟花的形象，并自主批注	迁移运用自主批注
		《开国大典》	课后习题	批注自己的感受	
		《宇宙生命之谜》	学习伙伴	运用批注法进行有目的的阅读	

续表

板块	册次	课文	形式	训练要素	特点
习作例文	三年级上册	《我家的小狗》《我爱故乡的杨梅》	旁批	解析篇章结构、关键词句、写作技巧及表达效果等	螺旋式上升
	三年级下册	《一支铅笔的梦想》《尾巴它有一只猫》	旁批		
	四年级上册	《我家的杏熟了》	旁批		
		《小木船》			
	四年级下册	《颐和园》《七月的天山》	旁批		
	五年级上册	《鲸》《风向袋的制作》	旁批		
	五年级下册	《我的朋友容容》《小守门员和他的观众们》	旁批		
	六年级上册	《爸爸的计划》《小站》	旁批		
	六年级下册	《别了，语文课》《阳光的两种用法》	旁批		

2. 初中阶段

教育部组织编写的义务教育语文教科书很重视对学生自主阅读批注习惯与能力的培养。七年级下册第二单元的导读部分提到"本单元继续学习精读，应注重涵泳品味，尽量把自己'浸泡'在作品的氛围之中，调动起体验与想象。要把握课文的抒情方式，体会作品的情境，感受作者的情怀。还要学习做批注，记下自己的点滴体会"。

另外，本书在《骆驼祥子》读书方法指导部分（下篇的案例分析部分）详细为我们介绍了圈点批注法。圈点，即圈出要点，读者根据习惯，用自己熟悉的或规定的某个符号，在书页上圈出文章的重点、难点、疑点等的阅读方法。圈点批注法勾画内容应该是文章的重点、难点、疑点，或者是自己深有体会之处。批注角度应为作品的内容、结构、写作手法、语言特色等。批注内容应为心得体会、独到见解、原文内容的补充等。批注原则为由易到难，从字词到重点语句，再到全篇内容。

信息技术迅猛发展，对我们的阅读能力的要求也越来越高。教师在阅读教学中对学生进行批注式指导是阅读教学中的新型教育模式，对改善学生语文学习情况、提升学生的语言实践应用能力具有重要的意义。

学科基本知识之六：点评

点评通常是指对作品的立意选材、布局谋篇、遣词造句、技法风格进行言简意赅、一语破的式的评论、指点。《现代汉语词典》将"点评"释义为"评点，评论"，我们可以将其理解为在整体文本中聚焦，从"小切口"入手，表达个人对文学作品的发现、探究及鉴赏，是阅读时的思维轨迹、个人阅读结果和思维结果的记录。

点评是古人品析诗文普遍使用的方法，用于诗歌品读而产生了"诗话""词话"，如《沧浪诗话》《人间词话》等；用于小说阅读则产生了名著"批评本"这种独特的著作，如《脂砚斋重评石头记》《毛批〈三国〉》等。

金圣叹批评《水浒传》可视为学习"点评"文学作品的示范。试看下面一段：

> 两个公人那里敢再开口。【夹批：陡然起，陡然倒，直至后文，方乃陡然而合，笔力奇拗之极。】吃了些酒肉，收拾了行李，还了酒钱，出离了村口。林冲问道："师兄今投那里去？"【夹批：急语可怜，正如渴乳之儿，见母远行，写得令人堕泪。】鲁智深道："'杀人须见血，救人须救彻'，洒家放你不下，直送兄弟到沧州。"【夹批：天雨血，鬼夜哭，尽此二十一字。】两个公人听了，暗暗地道："苦也！却是坏了我们的勾当！转去时，怎回话！"且只得随顺他一处行路。
>
> （第七回《柴进门招天下客 林冲棒打洪教头》）

这段文字中的"夹批"（在作品行文中插入点评文字），分别从作品的布局谋篇、创作手法及读者感想角度对作品进行了点评，既有感性认识，又有理性的提炼与分析。

在《普通高中语文课程标准（2017 年版，2020 年修订）》（简称"高中课程标准"）中"学习任务群 1　整本书阅读与研讨""学习任务群 5　文学阅读与写作""学习任务群 8　中华传统文化经典研习"都指出：教师应从阅读方法上指导学生，通过读书笔记、杂感、评点、随笔、评论、研究论文等作业，使学生在阅读感受和体验的基础上对作品进行理性分析，或者对自己的阅读感受进行提炼，使其上升为理性认识，久而久之就可能变为宝贵的阅读图式，进而把阅读方式转化为习惯，迁移到课外独立自主的阅读中，形成独立阅读能力。在部编版普通高中语文教科书中，都明确提出了对作品进行"点评"的要求。

依托前人点评对学生文学作品赏析的思维能力考查屡见不鲜。如 2018 年全国高考北京卷第 16 题引用清人陈廷焯《白雨斋词话》中的点评，考查学生对辛弃疾《满江红·送李止之提刑入蜀》的艺术特色的理解分析。

在语文学科核心素养中，"审美鉴赏与创作"强调学生在语文学习中，通过审美体验、评价等活动形成正确的审美意识、健康向上的审美情趣与鉴赏品味，并在此过程中逐步掌握表现美、创造美的方法。而"点评"是形成审美评价的重要过程性方法。通过日常教学评价可以发现，学生普遍存在名著内容记不住、古诗散文"读不懂"等问题。这些"难题"的实质，是学生学习语文的方法不够准确，重输入而轻输出乃至"怕"输出。长此以往，一是学习过程中某些时刻迸发的、有价值的感受与体验无法复现于头脑，二是无法形成独立面对文本的阅读鉴赏及写作能力。相对短小的"点评"就是一个提升学生相关思维能力的必由之路。

在进行整本书阅读与研讨、各类文学作品阅读、中国传统文化经典研习的教学过程中，教师都应指导学生写旁批、点评，贯彻"不动笔墨不读书"的原则，这样才能引发学生对作品的真实体验，加深对作品的理解，并用语言将自己体验到的美感表达出来。坚持贯彻"点评"的学习方法，可以积累、丰富、提升高中学生的文学鉴赏经验，再由"点"到"面"，完成各类作品的读书笔记及评论，形成正确的价值观、高尚的审美情趣和审美品位。

学科基本知识之七：朗读

一、概念界定

朗，是说声音的清澈、响亮；读，就是读书、念文章。因此，朗读二字连在一起，就是指看着文字清晰、明亮地念出声音。这和《现代汉语词典》中朗读的意思"清晰响亮地把文章念出来"是一致的。我国著名的语音学家、普通话教学专家徐世荣将朗读诠释为，"出声将书面语言转化为口头语言，将无声语言（文字、文章、文学作品）转化为声音语言，是一种更有表现力的口头语言"。这说明朗读是一种基于书面文本的有声语言的创造性活动，也是小学生、初中生要掌握的一项重要的基本功，是阅读教学的重要组成部分。

科学的朗读训练能够推进学生语言和思维的发展。因此，教师要发挥朗读的作用，发展学生的思维，丰富学生的想象，进而帮助学生形成语感，并在此基础上激发学生的情感，提高学生的语文素养。

二、学段进阶

1. 小学阶段

"能用普通话正确流利有感情地朗读课文"，是义务教育语文课程标准小学阶段总体的朗读要求。纵向梳理部编版教材各年级各单元的语文要素发现，部编版教材中朗读要求的进阶集中在一、二年级，这也为学生正确、流利、有感情地朗读课文打下了扎实的基础（见图 2-3）。

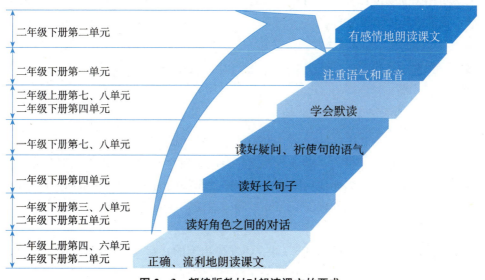

图 2-3 部编版教材对朗读课文的要求

2. 初中阶段

部编版语文教材七年级上册第一单元提示：学习本单元，要重视朗读课文，想象文中描绘的情景，领略景物之美；把握好重音和停连，感受汉语声韵之美。

重音是指朗读时需要强调或突出的音节或词语。朗读中的重音如果表达准确、恰当，语意就会鲜明，语言的节奏感和表现力就会增强，感情的起伏就能恰到好处地表达出来。重音可根据朗读作品的中心、表情达意的需要来选定。一个独立完整的句子，通常只有一个主要的重音。我们在朗读时，要注意重音的表达方式，切不可以"加重声音"来代替重音。重音的表达方式可以是"加强音量"，把要强调的词或短语读得重一些、响一些。

停连是指在有声语言的流动过程中声音的中断和连续。语音上的间歇叫停顿，不中断的地方叫连接。停连有时是朗读者调节气息的需要，有时是句子结构上的需要，有时是为表达思想感情的需要，有时为了满足听者思考、理解和接受也是需要停连的。停连一般包括区分性停顿、呼应性停顿、并列性停顿、强调性停顿、转换性停顿、生理性停顿。

总之，语文阅读教学的核心应该是"读"，朗读应贯穿整个语文教学活动。朗读教学是语文教学的一个重要环节和重要方式。因此，在教师层面应该提升对朗读教学重要性的认识，教师也应提高自身的朗读素养，阅读相关书籍，掌握朗读的方法和技巧，不断地在实践操练中将理论应用于实践。还应在教学中设定具体细化、有层次的朗读目标，在进行教学设计时充分考虑通过怎样的任务或活动来落实相应的朗读目标，从而发挥朗读的功效，培养学生的语感，发展学生的思维，提高学生的语文素养。

学科基本知识之八：默读与速读

一、概念界定

阅读有两种基本模式，朗读与默读。在广义理解中，把"是否出声"作为分界点区分这两种阅读。而说到默读，在一些关于阅读的研究中，默读存在着几种情况，比如"静读"（subvocalization）和"速读"（speed/rapid reading）。

（1）静读。

静读也被称作"传统默读"（注：本文中出现的"默读"均指传统默读），即嘴唇不动，不发出声音，但本质还是在按朗读的方式进行阅读——输入视觉信号后转化成语音信号，由器官发声。只不过在读的时候，声音小到几乎听不到，有的只是嘴唇或舌尖的轻微震颤，有的是喉部发出声响——这些行为看似是默读，实则都是带着声音的"讲话"。

默读是从朗读到快速默读过渡时期的必然存在，读者目光在每个字与字之间不断转换，传统默读速度通常都在 200 字/分钟以下，这个速度相对稳定而且很难提升。

（2）速读。

义务教育语文课程标准中明确量化的阅读速度是 5～6 年级达到 300 字/分钟以上，7～9 年级达到 500 字/分钟以上，这是全国平均水准，也是成人的阅读速度。

二、学段进阶

1. 小学阶段

在义务教育语文课程标准的总体课程目标与内容中，明确要求具有独立阅读的能力，学会运用多种阅读方法。细分到不同学段，要求为：

第一学段（1~2 年级）：学习用普通话正确、流利、有感情地朗读课文。学习默读。

第二学段（3~4 年级）：初步学会默读，做到不出声、不指读。学习略读，粗知文章大意。

第三学段（5~6 年级）：默读有一定的速度，默读一般读物每分钟不少于 300 字。学习浏览，扩大知识面，根据需要搜集信息。

在关于阅读教学的具体建议中，义务教育语文课程标准强调"各个学段的阅读教学都要重视朗读和默读"。

"默读"是义务教育语文课程标准第二学段（3~4 年级）的要求（"初步学会默读，做到不出声，不指读"），在课文中首次出现是在二年级上册第七单元《雪孩子》课后的"默读课文，试着不出声"，从该课起，"默读"便以大约每单元 1 篇的频率逐渐出现在课后习题里。

而"速读"是义务教育语文课程标准第三学段（5~6 年级）的要求（"默读有一定的速度，默读一般读物每分钟不少于 300 字"），所以在五年级上册第二单元第五课的引导语中，出现"用较快的速度默读课文，记下所用的时间。读的时候集中注意力……不要回读"，并首次要求记录阅读时间。

2. 初中阶段

义务教育语文课程标准对学生默读能力分阶段提出明确要求：

第四学段（7~9 年级）：养成默读习惯，有一定的速度，阅读一般的现代文，每分钟不少于 500 字。能较熟练地运用略读和浏览的方法，扩大阅读范围。

进行默读训练，可以专门训练浏览语段，提取主要信息，概括大意。通过课上速读训练来提高，且多次反复训练。根据阅读的需要来选择合适的方法达到快速默读获取信息的目的。也可以随课文学习训练提高默读能力，教材中每一篇现代文，都是默读训练的好材料。默读作为课文学习的一个环节出现，长期坚持，日积月累，也会取得很好的效果。

学科基本知识之九：联想与想象

一、概念界定

联想和想象是人类特有的思维活动。联想是一种心理活动方式，也是重要的构思方式。它的特点是由某一事物想到与之有一定联系的或者相同的、类似的另一事物。按其规律一般可划分为相似联想、接近联想、对比联想和因果联想。想象是一种特殊的思维形式，是人在头脑里对已存储的表象信息进行加工、改造，形成新形象的心理过程，在教学活动中常用的有再造想象和创造想象。联想和想象既有区别，又有一定联系，联想是一种特殊的再造想象，它是想象的初级形态和基础，想象是联想的继续和深入。

二、学段进阶

1. 小学阶段

阅读与习作两大板块是语文教材的重要组成部分。于联想和想象而言，阅读主要培养再造想象力，以童话、诗歌、神话等虚构叙事体裁为主，习作主要培养创造想象力。

（1）阅读。

童话是部编版教材低龄学生阅读的重要体裁，童话中的想象世界对儿童的想象力发展具有很大促进作用。学生在阅读童话的过程中锻炼了想象能力，而这些想象能力又能够极大地促进创造能力。

义务教育语文课程标准第一学段的阅读目标中指出"诵读儿歌、儿童诗和浅近的古诗，展开想象，获得初步的情感体验，感受语言的优美"。第三学段则为"阅读诗歌，大体把握诗意，想象诗歌描述的情境，体会作品的情感"。由此可见，想象在诗歌教学中的重要性，通过想象，进入诗的"境"，还原诗歌描绘的形象画面。

部编版教材四年级上册第四单元为"神话故事"单元，在神话文本教学中应将培养儿童想象力放在教学重难点的位置上，利用文本特色着重培养儿童的想象能力。

（2）习作。

义务教育语文课程标准中，从低年级"写想象中的事物"，到中高年级"能写想象性作文"，且要"内容具体，感情真实"，同时建议教师要"激发学生展开想象和幻想，鼓励写想象中的事物"，"为学生的自主习作提供有利条件和广阔空间，减少对学生习作的束缚，鼓励自由表达和创意表达"。这其中有一个明晰的脉络和坡度，就是发展儿童的创造性。

学习诗歌时，引导学生填补诗歌的空白，挖掘其更深刻的意义，能够活跃学生的思维，培养创造性想象力。在学习童话和神话故事时，可以通过抓住形象、场景、情节三个关键点来培养学生的想象力。

无论是低年段的看图写话，还是中高年段的想象作文，可以结合学生已有的生活体验，选取美好的事物作为想象的客体，创编故事；创设充满幻想的情境，运用夸张、拟人的手法激发学生的想象；选取适当的阅读材料进行改写、续写，进行多种题材想象作文等。

2. 初中阶段

初中阶段"联想与想象"语文要素在初中教材阅读、写作部分的呈现见表 2-5、表 2-6。

表 2-5 "联想与想象"语文要素在初中教材阅读部分的呈现

年级	单元人文主题	要素呈现
七年级上	第一单元：四时之景	边读边想象，领略景物之美
	第六单元：想象之翼	发挥联想和想象，把握作者思路，深入理解课文
七年级下	第二单元：祖国之恋	调动体验和想象，体会作品情境，感受作者情怀
	第四单元：科幻探险	激发探索自然世界和科学领域的兴趣与想象力，对内容和表达有所思考和质疑
八年级上	第三单元：山川美景	借助联想和想象，进入诗文意境，感受山川风物，体会作者寄寓其中的情怀
八年级下	第五单元：江山多娇	随作品去想象和遨游世界，丰富见闻，增长知识，开阔眼界
九年级上	第四单元：青春年少	展开联想，结合自己的生活体验理解小说主题
九年级下	第六单元：责任担当	展开联想，回顾学过的文言文，积累常见的文言词语，理解词语古今意义的差异，提高阅读文言文的能力

表 2-6 "联想与想象"语文要素在初中教材写作部分的呈现

年级	写作话题	要素呈现
七年级上	发挥联想和想象	联想要自然恰切，想象要合情合理，联想和想象要有新意
七年级下	语言简明	展开想象，写科幻故事
八年级上	学写传记	发挥想象，填补传记事实空隙，生动传神地表现人物
八年级下	学写读后感	联系阅读积累及生活经验，学写读后感
	学写故事	借助联想和想象丰富细节，使情节更曲折，人物更生动
九年级上	创作诗歌	发挥想象，借助意象，表达情思
	学习改写	适当发挥想象，增添细节
九年级下	学习扩写	忠于原文，发散思维，大胆创造
	有创意地表达	展开联想与想象，使选材、角度、语言新颖

综观以上阅读与写作序列，可以发现"联想与想象"语文要素在初中教材中出现频率较高，且一般相伴出现。此外，教材对联想与想象能力的培养，主要聚

焦两个核心：阅读须借助联想和想象，加深对文学形象的理解；写作要通过联想和想象，进行有创意的表达。再结合联想、想象的概念及联系，可得出结论：联想、想象是学生在初中阶段的阅读和写作学习中需要掌握的重要语文要素。考虑到教材的要求和学情，不必将联想和想象分割开来进行教学，二者同步训练即可。

学科基本知识之十：非连续性文本阅读

一、概念界定

非连续性文本作为文本的一种类型，它具备文本的基本共性，但在语言和结构的组合上又区别于其他文本形式。国际学生评价项目（PISA）把阅读素养测评选文分为连续文本、非连续文本、混合文本、多重文本四种类型。其中非连续文本是由表、单构成的文本，具体包括清单、表格、图表、图示、广告、时间表、目录、索引等。非连续性文本阅读让学生从多元材料中提取信息、分析信息和组合应用信息，注重提高学生的思考和判断能力，鼓励他们提出自己的观点，着重培养学生在实际生活中解决问题的能力，具有很高的社会实用价值。信息时代，信息的载体多元化，阅读非连续性文本是现代公民应具备的基本素质，提高非连续性文本的阅读能力，是适应当代现实生活和学生自我发展的需要。

二、学段进阶

义务教育语文课程标准在小学第三学段要求："阅读简单的非连续性文本，能从图文等组合材料中找出有价值的信息"；在初中学段要求"阅读由多种材料组合、较为复杂的非连续性文本，能领会文本的意思，得出有意义的结论"；高中课程标准"必修课程学习要求"中，提出"阅读实用类文本，能准确、迅速地把握主要内容和关键信息，对文本所涉及的材料有自己的思考和评判。阅读论述类文本，能准确把握和评价作者的观点与态度，辨析观点与材料（道理、事实、数据、图表等）之间的联系"。

1. 小学阶段

通过分析小学第三学段四册课本，发现部编版教材中非连续性文本的编排能够彰显循序渐进、衔接发展的特点，其阅读难度螺旋式上升，贴合学生的认知特点。

非连续性文本主要分为图表类、图文组合类及纯文字组合类三类，在小学教材中的分布较为分散，大多出现在课后练习题、阅读链接、口语交际、习作训练和语文园地中的词句段运用，涵盖说读写多个方面，课文中出现得较少，其中最为典型的是六年级上册第 11 课《故宫博物院》。

小学教材中，运用非连续性文本来锻炼学生的阅读能力，其难度也是逐级递增的，如提取信息、分析解释、评价反思等。提取信息的能力在教材中相对来说要求偏低，学生也最容易掌握，在每册书的非连续性文本中都有展现。五年级下册开始部分运用非连续性文本培养学生分析信息的能力，六年级有较为复杂的非连续性文本，需要学生基于个人经验和储备知识进行信息解释。而指向高层次的评价反思能力的阅读，由于小学生身心发展的局限性，在教科书中只是偶有提及。

2. 初中阶段

部编版教材七年级上册的"有朋自远方来""少年正是读书时"，七年级下册的"天下国家""孝亲敬老""我的语文生活"，八年级上册的"人无信不立""我们的互联网时代""身边的文化遗产"，八年级下册的"倡导低碳生活"，九年级上册的"君子自强不息""岁月如歌——我们的初中生活"等主题，充分利用各种教学资源、形式，引导学生关注身边的人和事，关注社会发展，传承历史文化，激发爱国情怀……丰富的内容拓宽了学生的视野，挖掘了学生思维的深度。这些内容在非连续性文本阅读中的考查，把语文的工具性和人文性落到了实处。

由于非连续性文本在结构和语言上不具有完整的故事性，因此它比叙事性文本更能直观地表达编者传递的基本信息，具有概括性强、醒目、简洁等特点。

初中语文非连续性文本阅读考查的主要内容为：（1）阅读图表、图标、漫画、文字等内容并提取有价值的信息；（2）指出材料之间的关联性；（3）根据多则材料，得出结论、提出建议等。这要求学生通过认真阅读、分析、比较图表和多段文本，同中求异，异中求同，抓住文中具有总括性或总结性的语句，表明逻辑关系的关联词语等有效信息，找出材料的内在联系，从而发现规律，得出结论，加以整合，从中筛选、概括最主要的信息，并用简洁明了的语言表达出来。

3. 高中阶段

高中课程标准虽然没有直接用"非连续性文本"一词，但在第五部分的"学业质量水平"中提出相应要求：能比较多个文本或材料，能在各部分信息之间建立联系，把握主要信息，分析、说明复杂信息中可能存在的多种关系；能比较、概括多个文本的信息，发现其内容、观点、情感、材料组织与使用等方面的异同，尝试提出需要深入探究的问题；能从多篇文本或一组信息材料中发现新的关联，推断、整合出新的信息或解决问题的策略、程序和方法，并运用于解决自己学习和生活中遇到的相关问题。

2017 年非连续性文本阅读首次进入高考，目前主要有两种文本类型：一类是以图文结合的方式呈现，图文互补，图是对文本直观、形象的补充，包括一切图画、图形、数字、视频、列表等；另一类是为了更清楚地说明某一主题，而选自不同材料的纯文本信息组合。这些不同来源的文本可以彼此独立，甚至可以相互矛盾，需要读者对来自不同材料的文本进行综合分析和整合，全面阐述自己的观点。

阅读非连续性文本，要从整体上把握材料的"关联性"。一方面是多则材料间的"关联性"：与传统的阅读文段相比，非连续性文本是由多种形式构成的组合材料，材料之间似断实连，存在一定的逻辑。这就要求学生能够对各部分的关联性进行分析，对文中的图表、图画和其他元素所包含的信息进行提炼，从而从整体上把握多个文本涉及的中心话题、各自侧重，明确材料的组合目的。一方面是其中每一则材料的整体性，高中非连续性文本每一则的篇幅都比较长，这就要求学生能够根据文本结构和段落结构，迅速厘清思路，概括要点，理解文本所表达的思想、观点和感情。

信息提取的速度与准确性也是非连续性文本考查的重要内容。很多非连续性文本信息量较大，但并不是所有的数据都是我们需要的。学生必须将自己需要寻找的信息，与阅读文本中原始（或同义）的信息相联系，以快速得到所需要的结果。这些信息往往处于句子或段落中，或隐藏在两个或两个以上的句子或段落里。学生需要通过信息的特征、时间、背景等基本元素，迅速找到所需信息。因而，在阅读中要灵活运用精读、略读、浏览等方法。例如，一些"分段落主题型"的非连续性阅读材料，篇幅较长，分成几个独立段落，不同段落的内容要点也不一样，我们可以根据题目给的问题来进行定位，找到信息源，再进行信息的提取、分析、整合。

另外，语文学科中的非连续性文本阅读，还需要与其他学科建立横向关联。一方面由于非连续性文本取材的多样性，另一方面由于非连续性文本利用多种元素来进行材料重构，其中包含类似图表、走向图以及图画等元素，这就需要学生不能仅仅站在语文的角度来进行阅读练习，还需要利用其他学科的知识来进行文本解读。

学科基本知识之十一：提取或筛选主要信息

一、概念界定

阅读文本过程中的信息提取、筛选，是指学生能够从文本中提取、筛选出主要信息、次要信息，区分观点信息和论据型信息。在当代生活中，每个人都需要面对大量来自各类载体的信息，所以阅读文本时筛选、提取信息的能力就显得尤为重要，学生需要具备足够的信息筛选能力和提取信息的能力，以排除无效信息，占有真正有价值的信息，为后续学习归纳概括能力奠定基础，从而解决真实情境中所遇到的实际问题，提升自身实践能力。

二、学段进阶

义务教育语文课程标准提出："阅读是运用语言文字获取信息、认识世界、发展思维、获得审美体验的重要途径。"高中课程标准提出，语文课程应该把握信息时代的特点，使学生的语文素养的发展与提升能够适应社会进步新形势的需要，语文学习不仅仅是为了提升学生对语言文字的理解运用，也是为了丰富学生的生活经验与情感体验，在阅读的过程中找寻有价值的信息以帮助自身适应社会生活、服务社会发展。

1. 小学阶段

小学阅读教学中的信息提取，就是培养学生从文本中提取、概括、分析词句的能力，从而梳理文章脉络，提取重要信息，更深入理解文本背后的深层含义。使学生具备信息提取的能力，并将其运用于课内外的其他文本阅读上，成为现代学习能力的重要组成部分之一。

第一学段，一年级要求"能从浅近的诗歌、童话、寓言、故事中，提取时间、地点、人物（事物）、起因、结果等较为明显的信息"。二年级则在此基础上，提出能"按照规定要求进行信息提取"，对信息提取的精准度做了更高要求。

第二学段，信息提取已关注到了除"时间、地点、人物"等外的非重要信息。三年级要求"能根据需要提取文本中的基本要素；能关注自然段中句与句间的关系，提取关键语句形成解释"。四年级则在更多关注细节的同时，扩大学生视野，不局限于语句之间的关系，而更注重篇章意识。要求学生"能根据需要提取文本中的基本要素和重要细节；能关注结构段中自然段与自然段间的关系，提取关键语段"。

第三学段，五年级要求"能提取基本要素、重要细节和关键语句；能对多个信息进行筛选，准确选择关键性信息；能根据需要初步整合相关信息"。六年级要求"能提取基本要素、重要细节和关键语句，能捕捉重要的隐性信息，能根据需要筛选、整理相关信息"。这又对学生精准提取、整合信息，了解文章深层含义，提升自主思考能力提出了更高的要求。

如何培养小学生的信息提取能力呢？

首先，在阅读文章前，教师应明确信息涉及的内容和范围，可以向学生提出与信息主体有关的问题，让学生带着问题阅读文章，相关信息就会更具有明显性，学生的目标便更加明确。另外，教师也可以帮助学生树立主动提取关键信息的意识。在学习以小说为体裁的长文章时，有意识地关注事件发生的时间、地点、人物等，有助于学生精简长文章，把握文章内容，更快获取关键信息。合理的阅读方法也有助于学生更快速、清晰地提取信息。教师可培养学生用不同标记圈画关键词句、旁批、小标题等方式，将脑中的思考过程具象化，以此加快信息提取速度。这样，所获得的信息更具直观性，可为后续信息整合过程打下良好基础。

2. 初中阶段

七年级注重一般阅读能力的培养，学生通过提取或筛选主要信息（主要是关键句、中心句、重点词语等），整体感知课文内容，概括段落大意，划分层次，厘清作者思路，体会作者情感，理解文章中心，品析语言。尤其是在七年级上学习快速阅读时，要求学生尽量增加一次性进入视野的文字数量，寻找关键词语以带动整体阅读，提高阅读速度。七年级下开始学习浏览，更是要求学生一目十行地看文段，迅速提取字里行间的主要信息。

八年级开始以文体阅读为核心，重在训练学生文体阅读能力。各类散文阅读仍然延续七年级的要求，即通过提取或筛选主要信息理解主要内容，品析语言，领悟作品内涵，体会作者情感。八年级上的事物说明文和八年级下的事理说明文侧重通过提取或筛选主要信息厘清说明顺序或层次，把握说明对象的特征或事理，准确判断说明方法，并结合语境分析其作用，体会说明文语言准确严谨的特点。

九年级主要是小说、戏剧和议论性文章的阅读。小说阅读侧重通过提取或筛选主要信息抓住主要线索，梳理小说情节，从不同角度分析人物形象，理解小说主题；结合具体描写了解古代白话小说的艺术特点，欣赏小说语言，了解小说多样化的风格。在学习戏剧时，重点通过提取或筛选主要信息把握戏剧冲突，理解人物形象，品味戏剧台词。议论性文章的阅读要通过提取或筛选主要信息，准确把握论点和分论点，厘清论证思路，区分观点与材料，掌握论证方法，并能结合具体语境分析其作用。

我们要有意识地培养学生圈画出各段的总起句、总结句、观点句、抒情议论句、过渡句等关键性语句，以及复现词语、富有表现力的词语、带有总结性或表转折的词语，还要重视图文结合类提取或筛选信息的训练。关注表头、表题、图表变化趋势并与相关文段对照，判断是印证还是补充。

3. 高中阶段

学生在提取和概括文本主要信息时，能够在区分事实和观点的基础上，从多角度、多方面获得信息理解文本，有效地筛选信息，比较和分析其异同，最终运用于解决自己学习和生活中遇到的相关问题。提取、筛选文本中的主要信息，是贯穿所有文本阅读过程的重要能力。高中阶段，在学生原有相关能力水平基础上，特别将提取或筛选主要信息能力与具体的学习任务关联起来，引导学生在真实情境中运用相关能力。必修上册第二单元的单元研习任务指导学生在关注阅读人物通讯时，通过信息的筛选与梳理来理解具体事件、人物精神和作者立场；选择性必修中册第三单元的单元研习任务指导学生从课文中提取有效信息，为历史人物整理人物年表或者朝代兴亡简史；选择性必修下册第四单元的单元研习任务中指导学生在阅读专业性很强的自然科学论著时，采用合适的阅读策略抓住文中的基本概念，把握概念之间的联系。

学科基本知识之十二：品味、欣赏文学作品语言

一、概念界定

作为语文课程教学的组成部分，文学作品的单元教学也应以语言文字为主要教学对象，而品味欣赏则是针对文学作品语言而采取的重要教学方式。因此，"品味、欣赏文学作品语言"的关键概念，是指在文学作品阅读教学中，通过仔细体会富于表现力的语言，从中领悟语言规律，获得言语智慧，提高文学阅读素养。

二、学段进阶

义务教育语文课程标准中提及品味语言的有三处：

第一，欣赏文学作品，有自己的情感体验，初步领悟作品的内涵，从中获得对自然、社会、人生的有益启示。对作品中感人的情境和形象，能说出自己的体验；品味作品中富于表现力的语言。

第二，各个学段的阅读教学都要重视朗读和默读。各学段关于朗读的目标中都要求"有感情地朗读"，这是指，要让学生在朗读中通过品味语言，体会作者

及其作品中的情感态度，学习用恰当的语气语调朗读，表现自己对作者及其作品情感态度的理解。朗读要提倡自然，要摒弃矫情做作的腔调。

第三，文学作品阅读的评价，着重考查学生感受形象、体验情感、品味语言的水平，对学生独特的感受和体验应加以鼓励。第一学段侧重考查学生能通过朗读和想象等手段，大体感受作品的情境、节奏和韵味；第二学段侧重考查在阅读全文基础上对重要段落和语句的细致阅读，具体感受作品的形象和语言；第三、第四学段，可通过考查学生对形象、情感、语言的领悟程度，以及自己的体验，来评价学生初步鉴赏文学作品的水平。

基于以上表述，品味、欣赏文学作品语言，可有以下理解：

一是作为阅读教学的课程目标与内容之一，应不断提高学生品味语言的水平。

二是应有所选择，着力抓住富于表现力的语言，而不是浅尝辄止或泛泛而品。

三是要重视通过朗读或默读，体会作者及作品表达的情感态度，从而表现自己的理解。

四是学生对语言的感受、领悟以及体验的程度，是评价其文学作品鉴赏水平的依据之一。

以上四点，分别从为何品、品什么、怎么品、怎么评的角度，回答了应如何品味、欣赏文学作品语言。

梳理部编版初中语文六册教材，品味、欣赏文学作品语言的要求主要体现在单元导语中，摘要如下：

七年级：体会比喻拟人等修辞手法的表达效果，从字里行间体会作者的思想感情，从标题、开头结尾及文段中的关键语句中把握基本内容，厘清作者思路；把握关键语句及段落，字斟句酌，品味其含义及妙处；涵泳品味，从文中反复及特别之处发现关键语句，感受文章意蕴；体会运用生动形象的语言写景状物，寄寓情思抒发感悟。

八年级：品味风格多样的语言，提高文学鉴赏能力；反复品味欣赏语言，体会理解作者对生活的感受与思考；品味作品中富于表现力的语言，欣赏、积累精彩语句。

九年级：从不同角度分析人物形象；结合具体描写，了解古代白话小说的艺术特点；反复朗读感受诗歌韵律，把握意象、体会情感、理解哲理；欣赏小说语言，了解小说多样化的风格。

进一步梳理，可以发现不同学段的进阶要求：

七年级着重体会修辞句、关键语句的含义及表达效果，进而把握文章内容与思路、形象及情思；八年级着重品味风格多样、富于表现力的语言，进而理解作者的情感态度；九年级要求通过语言学习分析人物形象，把握诗歌意象，体会小说特点及多样化的风格。

在品味、欣赏文学作品的语言教学中，往往容易出现以下几个问题：首先是每课必品，即任何一篇课文或一节阅读课，都会设置品味语言的教学环节，以致走向每文必品、每课必品的极端。其次，角度单一，集中在对修辞手法或关键词，如动词、形容词、副词等的关注上，不能多维度、立体化地赏析。最后，模式僵化，常按"采用了什么、写出了什么、表达了什么"的模式刻意评价，僵化了思维。

基于以上问题，教学中可采取以下方式：一是提高品味、欣赏文学作品语言的针对性。二是多维度、立体化地品味和欣赏文学作品语言。富于表现力的语言，往往具有立体饱满的美感，只有多维度、立体化地品味与欣赏，才能全方位体会汉语言的独特魅力。三是创设生动的情境来品味、欣赏文学作品语言。文学作品有利于创设情境，在情境中感受、领悟、体验，更有利于学生感知作品的生动形象，领会语言的丰富内涵，获得自己独特的情感体验和审美感受。

学科基本知识之十三：多角度欣赏小说作品

一、概念界定

小说是以塑造人物形象为中心，通过完整故事情节的叙述和具体的环境描写反映社会生活的一种文学体裁，它是拥有完整布局、发展及主题的文学作品。小说的三要素是人物、情节、环境。按篇幅及容量，小说可分为长篇小说、中篇小说、短篇小说、小小说（微型小说）等。在表现社会生活与心灵世界方面，小说比其他文学样式表现得更广泛、复杂，艺术手法也十分丰富，因此欣赏小说的角度十分多元。可以从小说的要素入手，理解主旨，欣赏艺术手法。三要素还可以做更细致的拆分：人物从肖像描写、行动描写、语言描写、心理描写、侧面描写等形象塑造的手法切入来欣赏，环境则可以细拆成自然时空、社会场所和时代条件等，情节则可以从线索、事件、冲突、顺序、开头、结尾等角度来分析。近年来，随着文艺理论与小说研究的推进，出现了叙事技巧、模式类型、精神分析、语用分析等具备理论高度的欣赏角度。

二、学段进阶

1. 初中阶段

义务教育语文课程标准第四学段提出这样的要求："能够区分写实作品与虚构作品，了解诗歌、散文、小说、戏剧等文学样式"，"欣赏文学作品，有自己的情感体验，初步领悟作品的内涵，从中获得对自然、社会、人生的有益启示。对作品中感人的情境和形象，能说出自己的体验；品味作品中富于表现力的语言"。

部编版七年级、八年级语文教材不设独立小说单元，分散于不同人文主题单元之下，内容较易、中心明确，着眼拓宽小说阅读的广度，提升一般语言能力，积累普适性阅读方法，如圈点批注、精读与跳读，并由单篇小说课文的学习迁移到大部头小说作品，如《西游记》《骆驼祥子》《海底两万里》《钢铁是怎样炼成的》等。九年级语文教材中有独立的小说单元，既有"明清经典"单元，了解古代生活；也通过《变色龙》《孔乙己》等小说作品，感受"世态人情"的复杂，解析时代与人物的关系。九年级名著阅读同样有小说的重要一席，如《水浒传》《格列佛游记》《简·爱》《儒林外史》等。

从语文要素来看，七、八年级小说教学重点在于准确把握小说的三要素：梳理故事情节，准确分析文中描写人物的语句，解读人物形象；梳理故事情节，概括各部分内容，掌握倒叙、插叙、设悬念等写作手法；分析作品中自然环境和社会环境描写的作用。九年级小说教学重点则倾向于提升学生深度思维能力和鉴赏能力，如：把握小说中典型人物形象及其性格成因；联系生活体验理解小说主题，对小说主旨有自己的看法，理解小说的社会意义；感受古代白话小说艺术魅力，欣赏小说语言。

教材中小说作品的安排呈现由易到难的特点，梯度明显，注重层级，随着学生年龄和阅读能力的提升，学习内容逐渐趋于丰富广博。名著阅读小说作品的安排，也是由浅入深，注重整本书阅读兴趣的培养、小说阅读方法的渗透、解读人物和文本能力的提升。

2. 高中阶段

高中语文学科核心素养包括"思维发展与提升"与"审美鉴赏与创造"，在思维方面，学生需要丰富对文学形象的感受与理解，增强形象思维能力；探究和发现文学现象，形成自己对文学的认识。在审美方面，学生需要能够欣赏、鉴别和评价不同时代、不同风格的作品，培养高尚的审美情趣和审美品位，并具有独创性。学生要达成理解深入、探究评价、独创性等学习目标，了解小说的要素与艺术手法，从不同角度欣赏小说是十分必要的。在高中课程标准中明确指出必修课程学生要"努力从不同的角度和层面进行阐发、评价和质疑，对文本做出自己的分析判断"，在选修课程中"学习多角度、多层次地阅读，对优秀作品能够常读常新，获得新的体验和发现"，可以说多角度、多层次地阅读欣赏小说，既是学习的目标，也是获得独立认识与独特创见的方法。

当然，中学生阅读欣赏小说既不必机械地按三要素逐个拆解每一篇小说，也不必求新求难，套用理论来欣赏评价小说。高中课程标准中"学习任务群1　整本书阅读与研讨"中针对长篇小说，指出学生要"从最使自己感动的故事、人物、场景、语言等方面入手，反复阅读品味，深入探究，欣赏语言表达的精彩之处，梳理小说的感人场景乃至整体的艺术架构，厘清人物关系，感受、欣赏人物形象，探究人物的精神世界，体会小说的主旨，研究小说的艺术价值"，可以看出，高中生阅读欣赏小说，要重视自己的阅读感受，从印象最深的部分入手，可以从故事、人物形象、场景细节、语言等不同角度切入。学生还要在此基础上，厘清小说整体艺术架构，完整把握人物形象，理解主旨，研究小说的艺术价值，那么从纵向上来说，从细节入手（无论这些细节属于小说的哪一要素）即为欣赏小说的第一层级；而整体的艺术构架、人物形象、主旨等则是欣赏小说的第二层级；研究小说的艺术价值、发现作者独特的艺术创造，则可以说是欣赏小说的第三层级。

应当注意多角度欣赏小说不是为了欣赏而欣赏，而是要理解小说、发现其独特的艺术价值。吴欣歆在《小说教学内容研究四十年：审辨思考与多元对话》一文中指出，近年来学者们提出"要规避'三要素'形成的僵化教学内容，改变关注'教'，不关注'学'的局面，以文学价值挖掘为基础，依据课标、教材的要求，立足学情分析、确定教学内容"。这种方向引领，在教科书中也有明确体现，如在部编版高一必修上册第一单元有《百合花》《哦，香雪》两篇"诗化小说"，导读则指出要"把握小说叙事和抒情的特点"，把握小说的"抒情的特点"这一学习要求正是基于这两篇小说独特艺术价值而确定的，"学习提示"则强调从细节、场景、语言等角度去体会小说抒情化、诗化的艺术特征。高一必修下册第六单元则针对《祝福》《林教头风雪山神庙》《装在套子里的人》等几篇小说的共性特征，提示学生要在人物与社会环境共生、互动的关系中认识人物性格的形成和发展，不是把小说要素拆分开来，而是关注其相互作用，进而理解书写典型环境中的典型人物这类小说的特点。

在对学生学业水平的各级各类评价中，从不同角度、不同层面鉴赏小说的能力一直是小说阅读考查的重点，近几年全国Ⅰ卷小说阅读通常既会从人物语言、形象塑造、情节设计、结构布局等角度考查学生对小说基本要素或普遍艺术手法的赏析能力，也会结合具体文本特征考查学生研究小说的独特艺术价值的能力，如 2021 年考查卞之琳《石门阵》的反复手法，2020 年考查海明威《越野滑雪》的"冰山"艺术特点，2019 年考查鲁迅《理水》的"故事"与"新编"特征，2018 年考查阿成《赵一曼女士》的历史与现实交织的叙述方式。因此，教师在小说教学时，要充分考虑到具体小说文本的特点和艺术价值，还要关注学生的需求，调研学生阅读的直观感受与困惑，找到共同关注的细节，以此作为杠杆打开小说的艺术世界。

学科基本知识之十四：写作中综合运用多种表达方式

义务教育语文课程标准对作文的要求是"多角度观察生活，发现生活的丰富多彩，能抓住事物特征，有自己的感受和认识，表达力求有创意"，"根据表达的需要，围绕表达中心，选择恰当的表达方式"。记叙、描写、抒情、议论和说明是常用的五种表达方式。在写作行文上这五种表达方式常常交叉使用。在常见的几种文体中，说明文以说明为主要表达方式，议论文以议论为主要表达方式。初中阶段，综合运用多种表达方式比较多地体现在记叙文的写作中。

记叙是写作中最基本、最常见的一种表达方式，它是作者对人物经历和事件发展变化过程以及场景、空间的转换所做的叙说和交代，在写事文章中应用较为广泛。描写是通过一定的写作手段，把人物或景物的状态具体形象地描绘出来的表达方式。描写的作用是再现自然景色、事物情状，描绘人物的形貌及内心世界，使人物活动的环境具体化，给人以栩栩如生、身临其境之感。它是一种"形神兼备"的表达方式，是记人、叙事、写景类文章的主要表达方式之一。记叙文中常常穿插景物描写，以加强现场感。其中细节刻画往往对作品中的人物、环境或事件的某一局部、某一特征、某一细微事实做具体、细致、深入的描写，能增强情绪力度。著名文艺批评家兰色姆指出，使文学成为文学的东西不在于文学作品的框架结构、中心逻辑，而在于作品的细节描写，只有细节才属于艺术，也只有细节的表现力最强。所谓抒情，就是作者通过一定的方式表露和抒发自己的感情。抒情常被分为直接抒情和间接抒情两种。直接抒情，就是在比较详尽的叙事或写景基础上，直接表露作者执着的情感，以增强感染力；间接抒情，是一种寓情于事、寓情于理、寓情于景的比较隐曲的抒情方式。同直接抒情相比较，间接抒情的优势就是它能将事与情、理与情、景与情融为一体。议论是指作者对客观事物做深入、细致的剖析后生发的精辟见解和评论。记叙文中的议论，能使思想更加深刻，主题更加突出。

部编版教材七年级上册第一单元的"写作"练习中提道，写作可以写人、记事、描摹万物，还可以抒发感情，表明观点。写作能训练人的思维，让你变得更睿智。七年级下册第一单元写作实践中要求用精彩的抒情和议论升华文章的主旨，第三单元写作实践部分主要讲解了细节描写。八年级上册的写作实践部分提到了学习描写景物，八年级下册提到了学写游记与学写故事。九年级的写作实践部分则涉及尝试创作诗歌，观点要明确，议论要言之有据，论证要合理等等。综上可见，初中语文写作教学中，很注重各种表达方式的分段训练和综合运用意识的培养，教师可以在教学中遵循教材思路，进阶式地提升学生对表达方式的认知和驾驭能力。

学科基本知识之十五：纪实作品阅读

纪实文学与虚构文学相对，是纪实性叙事文体的总称。纪实作品具体的表现形式可以是指借助个人体验方式（亲历、采访等）或使用历史文献（日记、书信、档案、新闻报道等），也可以是以非虚构方式反映现实生活或历史中的真实人物与真实事件的文学作品，包括报告文学、历史纪实、回忆录、传记等。

部编版教材将纪实文学的整本书阅读放入八年级上册的课外阅读中，这是纪实文学首次进入初中语文教材。教材提到"纪实作品，是记录人与事真实情况的作品，其基本特点是用事实说话。这类作品，或是记录历史，或是叙写现实，其内容必须是真实的，不能凭空虚构"。叶圣陶曾说过："国文教学的目标，在养成阅读书籍的习惯，培植欣赏文学的能力，训练写作文字的技能。"我们以《红星照耀中国》为例，整本书阅读教学一定是有计划、有策略、有目标的。教材强调阅读纪实作品要弄清楚作品所写的事实。首先，利用序言、目录等，迅速获得对作品的整体印象。其次，边读边注意梳理作品中事实的前因后果、发展线索。再次，把握作品中的"事实"后，还要读明白作者想用事实说明什么"话"，体会作者对事件的感受、立场、观点和态度。最后，阅读纪实作品还要从中获得启迪，以指导自己的学习与生活。同时，语文核心素养"语言建构与运用""思维发展与提升""审美鉴赏与创造""文化传承与理解"也是设置整本书阅读学习目标的重要参考。此外，教材还推荐了自主阅读篇目：王树增的《长征》（纪实文学）、李鸣生的《飞向太空港》（报告文学）等。

纪实作品的教学，可以采用专题探究等方法，让学生在了解事实的基础上，有自己的独特收获与感悟。以《红星照耀中国》为例，有老师用"红军将领的革命之路""关于长征""信仰与精神"几个专题串起了对整本书的探究，下设不同层级的交流题目，以提升学生梳理、认知、思考、探究等思维品质。

学科基本知识之十六：分析人物形象

一、概念界定

人物形象指文学作品中生动具体、能激发人思想情感的形象，它广泛存在于诗歌、散文、小说和戏剧等不同文体的作品中。一个富有艺术魅力的人物形象，其外在形象是生动、具体、独特的，而通过外在形象所表现的内在本质又是极其深刻和丰富的。诗歌和散文可以写人物，也可以不写人物，小说则必须写人物。董学文等编著的《文学原理》对小说人物做过定位："在小说中，人物是灵魂，只有扣紧灵魂才能制服小说庞大有力的文本，产生更为有效的解读。把握住人物，小说复杂的语境、结构和作为对象的丰富的生活内容就开始变得清晰……"在理解小说人物形象时，要区分"扁平人物"与"圆形人物"。"扁平人物"的形象鲜明单纯，性格一成不变，容易识别记忆，比如《三国演义》中关羽、张飞、诸葛亮等带有类型化特征的人物。"圆形人物"的形象具有典型的艺术魅力，性格复杂多面，有发展变化，不能简单归类。《红楼梦》中贾宝玉、林黛玉、薛宝钗、王熙凤等主角大多如此。小说中的人物形象具有鲜明的个性特征，也更为复杂而丰富，显示出斑斓的生命色彩和永恒的艺术魅力。

二、学段进阶

1. 初中阶段

准确分析人物形象是学生应具备的基本能力，这种能力的训练贯穿不同学段，相互衔接，由简入繁，由浅入深，由易到难。

七年级上注重整体把握课文内容，引导学生通过把握人物形象理解作者从人物身上获得的人生思考，从而汲取人生智慧，获得人生启迪。七年级下则要求在通览全篇、了解大意的基础上，加强文本细读，注意透过细节描写，结合人物生平及其所处时代，把握人物形象特点，理解人物思想感情。

八年级开始以文体阅读为核心，要求学生具有初步的文体意识，力求培养学生对某一类文体的阅读能力。在分析人物形象时，引导学生关注人物富有特色的细微之处，体会人物的内心世界，感受其细微复杂的感情。有些课文涉及深广的人文、社会背景，教学时应有所拓展，联系时代背景和有关作品，帮助学生加深理解。

九年级集中学习小说，培养学生初步欣赏文学作品的能力。教学时，注意探讨人物形象性格形成的原因，还要引导学生结合写作背景和自己的经验与认识，尝试从文化、社会、人性、人情等不同角度分析人物形象。在此基础上，对作品的内容、主题有自己的看法，理解小说的社会意义，从而加深学生对社会和人生的理解。比如《孔乙己》，以前学习这篇课文，往往多从封建科举制度如何毒害人的角度来讲解，但实际上，这种理解是有偏颇的。在谈到创作这篇小说的缘由时，鲁迅先生就曾经说过，是要通过这样一个故事揭示"苦人的凉薄"，也就是说，这篇小说同样符合他"批判国民性"的一贯主题。

对人物形象的理解和分析是考查的热点。常见的考试题型有：概括人物的性格特征或分析人物形象，分析人物的心理特点，探究并确认小说所描绘的主要人物，探究人物形象的意义等。

在具体分析人物形象时要注意以下几点：

（1）品味作家笔下最能体现人物个性特征的外貌、语言、行动和心理等各方面描写，把握人物性格特点，深刻理解文章。

（2）结合具体环境尤其是社会环境来理解人物思想，是鉴赏人物形象的重要一环。

（3）分析情节发展，概括人物性格。

（4）运用比较方法，加深对人物的理解。

（5）体悟作者创作意图，从作者揭示的作品主题和情感倾向中去认识人物形象的意义和作用。

2. 高中阶段

"审美鉴赏与创造"作为四大核心素养之一，旨在"通过审美体验、评价等活动形成正确的审美意识、健康向上的审美情趣与鉴赏品位"。人物形象的感知与阐释在培养"审美鉴赏与创造"上有突出的优势。学生在阅读文学作品时，经过想象和联想在头脑中唤起具体可感的人物，知其鲜明的个性特征，感其生命的斑斓色彩，悟其灵魂的深度，评其艺术的魅力，在此过程中，不但可以达成"增强形象思维能力，丰富对文学形象的感受与理解"的目标，还可以"感受和体验文学作品的形象和情感之美，能欣赏、鉴别和评价不同时代、不同风格的作品，具有正确的价值观、高尚的审美情趣和审美品位"。(引自高中课程标准)。在具体的任务群实施中,"学习任务群 1 整本书阅读与研讨""学习任务群 5 文学阅读与写作""学习任务群 9 中国革命传统作品研习""学习任务群 10 中国现当代作家作品研习""学习任务群 11 外国作家作品研习""学习任务群 15 中国革命传统作品专题研习""学习任务群 16 中国现当代作家作品专题研讨"等7个任务群都注重"人物形象"的感受与欣赏:"学习从最使自己感动的人物入手,反复阅读品味",进而"感受、欣赏人物形象,探究人物的精神世界,体会小说的主旨"。不仅小说,在阅读古今中外诗歌、散文、剧本等其他体裁的优秀文学作品时,包括革命传统作品、现当代作家作品、外国作家作品等多种类型作品时,都要使"学生在感受形象、品味语言、体验感情的过程中提升文学欣赏能力"。可以说,人物形象既是通往文学语言丛林的捷径,亦是聚焦丛林之美的镜头。挖掘人物形象的多重教学价值,在一线教学中多有成功示范,而注重人物形象的评价与考查,在各级考试中也是屡见不鲜。

需要补充的是,感受与阐释人物形象需要注意两个问题:(1)人物形象是虚构与真实的统一。虚构,就不能将其与现实中的人物一一比对,因为它不是生活本身,有的甚至与生活本身的逻辑也不一致。孙悟空可以大闹三界,格里高尔可以变成甲虫,李白亦可以"一夜飞度镜湖月",读者非但不能指责其无稽虚妄,反而会为这些"满纸荒唐言"而忧喜、深思;因为人物形象来源于生活,"杂取种种,合为一个",由他们的故事,我们可以联想到现实生活,看到更真实的人生与人性、更复杂也更接近本质的生活。(2)人物形象是"这一个"与"这一类"的统一。"这一个"是独特的、个别的、现象的,而"这一个"形象却概括并融合了"这一类"的画像,体现出普遍的、一般的、本质的形象特征。《天净沙·秋思》中那个落魄天涯、羁旅异乡的人,概括了整个时代千千万万个知识分子前途茫茫、归宿不定的失意与痛苦。所以,只有深刻地读懂"这一个",才能读懂"这一类",但不能拘泥于"这一个"的独特,也要跳出来观照"这一类"的"现实画像"。

学科基本知识之十七:诗歌意象

一、概念界定

意象在文艺学、心理学、语言学等领域都被广泛提及。在诗歌创作过程中,创作者将特定的内涵赋予客观事物，成为特定意象，用来兴寄思想感情。早在《周易·系辞上》中就提出"圣人立象以尽意"，指出意象的古义是指用来表达某种抽象的观念和富有哲理的艺术形象。清代诗论家叶燮在其诗学著作《原诗》中，将诗歌意象的作用提升至用以实现诗人艺术境界的最高追求，即"必有不可言之理、不可述之事，遇之于默会意象之表。"意象既是现实生活的写照，又是诗人审美创造的结晶和思想情感的载体。对诗歌意象的赏析既要包括客观形象自身的具象、抽象特征，也要包括创作者的主观认识与情感。

二、学段进阶

1. 初中阶段

七年级是初中的起始年级，在相关教学设计中可以着眼于启发学生的审美意识、审美能力和审美情操。义务教育语文课程标准中提到"欣赏文学作品，能有自己的情感体验"，"对作品中感人的情境和形象，能说出自己的体验"。因此学习诗歌时，应引导学生从形象感受开始，通过联想和想象，于潜移默化中逐步去理解包含于其中的思想。

八年级对学生通过意象把握作者情感的能力要求有所提高。首先，课本所选诗歌的情感由单一转变为复杂。可以通过指导学生用"知人论世"的方法分析诗歌意象，在对意象的意象化特征有准确把握的基础上，深入、全面理解诗人的思想感情及其所处时代特征。同时，学生通过意象分析，提高欣赏品味和审美情趣，感受古人的生活志趣与思想意志，陶冶自己的情感和胸怀，增强对中华优秀传统文化的认识以及民族自豪感和自信心。

九年级对知识和能力的要求进一步提升，不仅要关注诗中意象传递的感情，更要关注诗人为什么要选择用这些形象来表情达意。如艾青的《我爱这土地》，诗人对土地和祖国的爱，就是借助了"鸟"这一意象，通过对土地、河流、风、黎明等的具体描写来抒发的。同时要联系诗人生平和创作背景，理解诗歌内容，把握诗人的思想感情。九年级不仅要求学生通过欣赏这些诗歌，陶冶情操，净化心灵，加深对祖国和家乡的感情，而且要求在此基础上发挥想象，尝试创作，寻找一些具体的意象，借助它们来表达情思，体验创作的快乐。

在初中学段，学生学习诗歌的意象，可以在以下几个方面加以关注：首先，了解意象的审美内涵。特别要关注意象的比兴性、承袭性和多义性；此外，充分调动积累储备与联想想象，寻求客观物象和主观情感、思想的相似点；同时，要注意把握和积累一些常见意象的含义。

2. 高中阶段

在高中学段，学生对诗歌意象的学习将经历从"这一个"到"这一类"的上位提炼，同时，将进入对意象的审美、评价实践阶段，实现相关思维路径的自主生成和基于情境的自主辨析。

意象按照词性不同可分为名物类意象和动态类意象，"菊""梧桐""寒蝉"等属于名物类意象，"折柳""登临"等属于动态类意象。诗人在创作诗歌时，既可以使用单一意象，如郑板桥《竹石诗》："咬定青山不放松，立根原在破岩中；千磨万击还坚劲，任尔东南西北风。"作者借竹子的生存环境和生长状态的特点，表现自己对于矢志不渝坚守君子品格的信念；还可以使用接续的一组意象，实现情感的丰富性或深厚性，如中国当代诗人昌耀在《峨日朵雪峰之侧》中，叠加使用"雪峰""太阳""蜘蛛"等意象营造凝重而壮美的氛围。

在语文学科的四个核心素养中，"审美鉴赏与创造"部分特别提到学生在语文学习中，通过审美体验、评价等活动形成正确的审美意识、健康向上的审美情趣与鉴赏品位等。学生需要能够整体感受作品中的形象，能够结合作品的具体内容，阐释作品的情感、形象、主题和思想内涵，能够对作品的艺术形象及价值有独到的感悟和理解。其中诗歌意象作为文学作品形象的组成部分，对学生语文学科核心素养的生成起着重要作用。高中课程标准"学习任务群5 文学阅读与写作"指出，学生"从语言、构思、形象、意蕴、情感等多个角度欣赏作品，获得审美体验，认识作品的美学价值，发现创作者独特的艺术创造"。在教育部组织编写的普通高中语文教科书中，在高一必修上册第一单元、必修下册第三单元，高二选择性必修上册古诗词诵读板块、选择性必修中册第四单元及古诗词诵读板块、选择性必修下册第一单元等内容设计上，通过"学习提示""单元学习任务""单元研习任务"中的讲解和任务设计，加深学生对诗歌意象对作品意蕴和情感表达的作用、意象对意境营造的作用、意象对情感变化起伏的表现作用等的理解。在对学生学业水平的各级各类评价中，也多次以直接或间接的方式对诗歌意象进行考查。如2017年北京高考卷第17题，将王维的《晓行巴峡》、郦道元的《水经注》、杜甫的《秋兴八首》中的诗句进行比较，分析运用意象、抒发情感等方面的区别。

诗人的创作是运用意象，将自己的主观情感融入客观物象，学生在进行赏析的时候，往往会带着自己的"标签化印象"产生套板反应，而忽略了对文本的关注。学生进行诗歌鉴赏，是为了更好地了解社会和人生，丰富情感体验和审美体验。教师的任务既包括帮助学生走进诗歌作品所营造出的文学世界，同时也包括引领学生将诗歌作品与自我世界、现实社会相结合。所以，学生在进行意象理解与赏析时，要从意象的客观本体特征出发，充分结合文本信息，将对意象的理解置于作品的真实语境之中，结合自己的理解与感悟进行主观含义的迁移，进而准确体会诗人的情感态度。此外，高中学生拥有一定的文史知识储备和思维能力，需要从浅层的阅读感受进行提炼，上升到理想层面的认识，从而生成阅读鉴赏的逻辑路径，对意象的合理赏析使学生能够更加有效地走进文学作品，加深对作品的理解。

学科基本知识之十八：新闻报道立场

新闻内容决定着读者的认知，"新闻是新近发生的事实的报道"。新闻立场则是新闻报道指向的利益目标人群，是新闻传播者在报道或评述新闻事实时所处的特定位置和所持的基本态度的体现。新闻传播者的出身背景、阶层地位、利益诉求、价值取向等因素决定了具体的立场。这个立场是相对固定的，是传播新闻的初衷和目的，这与新闻的客观性与真实性是不相悖的。

我们在新闻写作时需要通过以下几点来体现新闻立场：首先，要确保新闻的真实性，即新闻写作者的认识和客观事实的一致性，客观地反映生活。新闻报道中的时间、地点、人物、事件、原因和结果都必须准确无误。每个细节必须与客观事实一致。引用的资料（数据和不同身份、不同个性的受访者言论）要准确可靠，以增加新闻内容的权威性。其次，要确保新闻的客观性。充分挖掘与新闻事件本身相关的背景资料，材料选择上要全面、客观。多角度报道，全面还原事实的本真。对新闻事实的解释和概括要合乎客观事实自身的逻辑，由浅入深，由现象到本质，从事实的整体上深刻反映事物的内在规律。最后，新闻报道的语言应重在叙述事实。用叙述事实的方法发表意见，通过报道客观的事实来向人们阐明一种思想、观点和道理，显示事实本身的逻辑。

比如，在部编版教材八年级上册第一单元的几则新闻中，我们不仅能够感受到强烈的民族自豪感，而且能够读出新闻的客观性、真实性与时效性。部编版教材将"新闻阅读与写作"安排在了八年级上的活动探究单元，让学生在对课文的基本学习中，学会分析新闻要素、梳理新闻的结构，理解作者是怎样组织、呈现新闻事实，怎样用事实表现自己的态度与倾向，以达成较佳的新闻效果的。在阅读中，学生也要领会新闻语言的准确性。有了对新闻知识的基本理解，才能完成本单元"新闻采访"和"新闻写作"的任务，这两个任务是让学生通过实践，掌握新闻报道的方法。由此可见，本单元的活动设计让学生由浅入深地理解了新闻报道的本质——用事实说话。学生在新闻采访和写作中要精选采编的新闻素材，最终客观真实地把采访调查所得的内容呈现出来。本单元学生的能力点最终要以新闻写作来呈现，而这恰恰是学生在新闻学习上最薄弱的地方。我们可以先让学生去阅读获得"中国新闻奖"的作品，从范本中去熟悉、体会，把课堂梳理出的新闻知识在这些获奖作品中勾画出来，教师再给学生一些新闻写作的情境——贴切学生生活的活动（社会实践大课堂、学校开展的各项活动），选择一个学生感兴趣的角度进行新闻报道，在学生的作品中选择出示范文和问题文，课堂带领学生一起探讨修改。

学科基本知识之十九：古诗词鉴赏方法
（知人论世，以意逆志）

一、概念界定

古诗词的鉴赏方法有很多，如从意象、表现手法等的角度去鉴赏。在诸多的诗歌鉴赏方法中，引导学生学习"知人论世，以意逆志"的鉴赏方法并形成阅读意识、思维过程至关重要。

"知人论世"语出《孟子·万章下》："颂其诗，读其书，不知其人，可乎？是以论其世也。是尚友也。"指的是研究与鉴赏作品必须联系作者的生平思想及其所处的环境和时代背景加以考察。所谓"知其人"，就是要了解作者的生平经历、气质性情、道德修养、知识经验等。而"论其世"，则是要把作者的举止言行、思想情感与他生活的环境联系起来进行考察，了解社会与时代对其产生的影响。正如清人章学诚在《文史通义》中所说："不知古人之世，不可妄论古人之文辞也。知其世矣，不知古人之身处，亦不可以遽论其文也。"

"以意逆志"出自《孟子·万章上》："故说诗者不以文害辞，不以辞害志。以意逆志，是为得之。"尽管学术界历来在"以意逆志"的阐释上存在分歧，但如今较为通行也切近孟子之意的看法是以东汉赵岐和南宋朱熹为代表的。他们认为："志"即"诗人志所欲之事"，"意"即"学者之心意也"。朱自清在《诗言志辨》中总结说，"'以意逆志'是以己意己志推作诗之志"。这就启示我们在阅读与鉴赏诗词时，可以从自己的想法和感受出发，设身处地，顺应情理，揣度作者的情志。

孟子相对孤立地提出了"知人论世"和"以意逆志"这两个方法论，而后人在实际运用的过程中不断丰富了对于二者关联的阐述。试比较二者的差异，具体如表 2-7 所示：

表 2-7 "知人论世"与"以意逆志"的差异比较

	知人论世	以意逆志
研究方法	文献和材料的发掘与研究	结合现实进行评述，跨越时空产生共鸣
合理性	在客观文献的基础之上理解文本，保证理解的准确性和深刻性	发挥赏析者主观能动性，创造性理解文本，保证文本的丰富性
局限性	限制了读者对作品理解和想象的空间，预设了作品与作者及其所处环境存在一致性	读者的主观性、作品的多义性与作者之志的唯一性产生矛盾，极易产生对于作品的误读

　　清初王嗣奭在《杜臆》中明确提出"诵其诗，论其世，而逆以意"。此后，以"知人论世"为基础，以"以意逆志"为目的的观点，基本上成为共识。王国维在为《玉溪生年谱会笺》所写的序中说道："是故由其世以知其人，由其人以逆其志，则古诗虽有不能解者，寡矣。"我们在鉴赏诗词时，往往首先建立在客观文献之上，再结合自身的感受与现实进行探究。然而，当我们在"以意逆志"的过程中受阻时，又可以通过"知人论世"来克服阅读障碍，依据精准、广泛的外部资料逐渐靠近诗人之志。

二、学段进阶

1. 初中阶段

　　在初中阶段，引导学生学习"知人论世，以意逆志"的古诗词鉴赏方法，首先要珍视学生的初读体验，鼓励学生通过自己的"意"与作者、作品建立联系。即使在这个过程中出现了一些"离谱"的表述，也应该温和纠正。正如义务教育语文课程标准中强调的一样："文学作品阅读的评价，着重考查学生感受形象、体验情感、品味语言的水平，对学生独特的感受和体验应加以鼓励。"其次，应该引导学生主动"知人论世"。教师可以设定启发性的问题，引导学生在课前自行查阅与诗人相关的内容，在品析诗句时，引导学生联系诗人的生平与时代背景，不断强化"知人论世"的阅读意识。最后，教师还要做好示范。教师可以提前查阅相应的背景资料，深入浅出地介绍诗人及其时代背景；在分析作品时把作者的经历、写作背景和诗歌内容联系起来，让学生理解诗人的情感表达与生平经历、时代背景之间的联系；然后形成理性的认识，明确"知人论世，以意逆志"的古诗词鉴赏方法的普遍指导意义。

2. 高中阶段

高中课程标准提到要"在特定的社会文化场景中考查传统文化经典作品……引导学生借助注释、工具书独立研读文本……结合自己的生活经验和阅读写作经历，发挥想象，加深对作品的理解，力求有自己的发现"。部编版普通高中语文教科书必修上册第三单元的学习任务中也建议学生"可以采用知人论世的方法，通过了解诗人的生平、创作背景，深入理解作品……从自己的感受出发，用简要的文字把自己对作品的理解、分析和评价写出来"。

绝大多数高中生都对"知人论世"和"以意逆志"的方法略知一二，都有过在鉴赏古诗词时查阅诗人生平事迹和创作背景，了解并比较同时期相关作品的学习经历。但学生很容易将"知人论世"当作"以意逆志"前的规定动作，选取的参考资料往往存在来源上不可靠、内容上不完整、思想上有成见等问题，且无法建立外部信息与作品间的本质关联，容易乱贴标签，妄下定论。如此粗浅而草率的"知人论世"不仅对学生的鉴赏能力和思维发展无益，还会使诗词鉴赏走向程式化、机械化，使"以意逆志"的效果大打折扣。

"知人论世"与"以意逆志"旨在探究作者本意，读者需在深观"其人、其事、其世"的基础上，精读作品，设身处地，涵泳沉潜，以情理度之，或可搜求作者之真情真心。在推究本意过程中，所参考的相关资料可能存在作伪、亡佚、主观偏失等问题，读者尤须反复思量、细细体察，不可轻易下断语（刘涛，2020）。

当然，"知人论世"和"以意逆志"并不是诗词鉴赏的唯一方法，也并不适用于所有诗词。除此之外，我们还可以在诵读和想象中感受诗歌的意境；可以尝试从词语的选用、语句的组织、结构的安排、表现手法的运用以及声韵、节奏等方面进行细致的分析；可以结合个人的积累，比较不同诗词在节奏韵律、表现手法、艺术风格等方面的差异。综合、灵活使用各种诗词鉴赏的方法与策略，才能更好地走近诗词，提高自身的思维能力和审美品位。

学科基本知识之二十：景物描写和人生思考

一、概念界定

人们生活在自然之中，自然风物给人们带来审美享受，引发遐思畅想，牵出人生故事。景物与人的生命体验融合在一起，因此也成为文学作品描绘的重要对象。"景物描写"中的景物，狭义上指自然景物；从宽泛意义上理解，则包括社会生活中的事物，如《故都的秋》一文中，郁达夫所书写的景物，就不单纯是自然景观：文中写了"租一椽破屋"来赏北平的秋晨，这破屋本身也是作者所欣赏的对象，它破败中的沧桑感正与秋的萧瑟相合，增加了郁达夫所追求的"秋的深味"。创作者描写景物，在呈现其客观特征的同时，不可避免地会融入主观感受，如《我与地坛》中，史铁生写地坛公园最落寞时，雨燕的高歌，把天地都叫喊得荒凉，这种荒凉感正来自人的主观感受。

写景抒情、"感物寄兴"是中国文学的重要传统，叶嘉莹先生在《中国古典诗歌中形象与情意之关系例说——从形象与情意之关系看"赋、比、兴"说》中指出："情志之感动由来有二，一者由于自然界之感发，一者由于人事界之感发。至于表达此种感发之方式则有三，一为直接续写（即物即心），二为借物为喻（心在物先），三为因物起兴（物在心先），三者皆重形象之表达，皆以形象触引读者之感发。"借此，我们可以厘清文学作品中的景物描写与作者的人生思考之间的关系：景物是激发或牵动人思想情感之物，而创作者在表达情思之时并没有舍弃这些激发之物，而是在作品中描写、塑造出了景物形象，这些具体的形象又能感发读者的情思，使作者的思想情感得以更好地传递。作家或寓情于景，如李白笔下的"大鹏"意象寄托着他的人生追求；或触景生情（理），如月的盈亏则让苏子想到了自然与人类整体上的不变，作品中景物描写与人生思考因作者观察的角度、思考的深度、表达的需要而产生了交融、互动等复杂关系。

二、学段进阶

1. 初中阶段

在义务教育语文课程标准中没有直接提到景物描写，但在阅读和写作两方面都有与之相关的要求：在阅读中了解描写等表达方式；欣赏文学作品，有自己的情感体验，初步领悟作品的内涵，从中获得对自然、社会、人生的有益启示；对作品中感人的情景和形象，能说出自己的体验；品味作品中富于表现力的语言；写作要有真情实感，力求表达自己对自然、社会、人生的感受、体验和思考；多角度观察生活，发现生活的丰富多彩，能抓住事物的特征，有自己的感受和认识，表达力求有创意。

以上义务教育语文课程标准中的要求在初中三个学段中都有具体体现：

七年级重在写景的基础训练，重在使学生能准确生动地描绘客观景物，作品中体现的作者人生思考较为浅显，多与学生实际生活联系紧密。教材所选文章或描绘大自然的四季美景，抒发作者对大自然的赞美和热爱；或通过寄寓作者情感、志趣的具体景物的刻画表现人在逆境中积极乐观的精神、对理想的不懈追求、对高尚情操的坚守。通过学习，学生能够抓住景物特征，多感官、多角度、多层次地观察景物，运用比喻拟人等修辞手法按照一定的顺序进行片段写作，初步理解借景抒情和托物言志。

八年级侧重于景物描写的综合运用，更注重情景交融，景中见精神，景中显个性，开始强调主观感受。作品中作者的人生思考更加宽泛、深厚，更具个性。学生能够准确把握景物特点，体会作者寄寓在景物中的情感，理解作者的感悟与思考；掌握景物描写的方法，能够抓住景物特征，有序而生动地进行成文写作；掌握游记的阅读和写作方法。

九年级对景物描写的综合运用要求更高，综合性和主观色彩更强。学生要学会欣赏和品析景物描写片段在诗歌、小说、戏剧等不同文体中的作用；能够在叙事中写景，在写景中见精神，做到情理交融；九年级的古代写景游记散文，重点是让学生体会作者寄寓其中的政治理想和思想情感。

学生学习景物描写对于丰富情感，培养观察能力、鉴赏能力和审美能力，提高写作能力都有重要作用。在教学中可以加强读写结合，让学生真正做到恰当运用景物描写为自己的抒情言志增色。

2. 高中阶段

阅读写景抒情（或明理）的诗文能提升高中学生对景物之美的感悟力，激发他们对自然和生活的热爱，增强形象思维能力，积累文化底蕴，对"思维发展与提升""审美鉴赏与创造""文化传承与理解"等高中语文学科核心素养的生成有重要作用。高中课程标准"学习任务群5 文学阅读与写作"指出，学生"从语言、构思、形象、意蕴、情感等多个角度欣赏作品，获得审美体验，认识作品的美学价值，发现创作者独特的艺术创造""了解诗歌、散文、小说、剧本写作的一般规律。捕捉创作灵感，用自己喜欢的文体样式和表达方式写作"。在教育部组织编写的普通高中语文教科书中，在高一必修上册第一单元青春主题的五首诗歌、第三单元古诗词单元、第六单元写景抒情散文，高二选择性必修中册第四单元的四首外国诗歌，高二选择性必修下册第一单元、第二单元诗歌部分及每本教材的古诗词诵读板块，通过"学习提示""单元学习任务""单元研习任务"中的讲解和任务设计，加深学生对景物描写作用的理解，强化对写景抒情（理）、"感物寄兴"典型表达方式的认识，增强学生审美感知和创造表现的能力。

对学生学业水平的各级各类评价中，诗歌鉴赏常常围绕诗歌景与情及其关系进行命题。以高考北京卷为例，2020年考查李白《寄东鲁二稚子》所描写的桃树的意义与作用；2019 年将王维的《晓行巴峡》、郦道元的《水经注》、杜甫的《秋兴八首》的诗句进行比较，分析其在运用意象、抒发情感方面的区别；2017 年比较了陆游的两首纪游诗《西村》与《游山西村》在内容上的相同点与不同点。文学类文本阅读也围绕"景物描写与人生思考"进行命题，如 2019 年高考北京卷《北京的"大"与"深"》的第 21 题阅读延伸题，让学生通过学习作者从北京景物、生活细节感知城市文化精神的这种由表及里的方式，来谈自己对生活的周边世界的认识与思考，这就需要学生调动自己的观察积累，运用由物及心、由表及里的方式进行一次表达创作。

景与情思的兴发感动之体验本就有其独特、微妙之处，而学生在阅读赏析时，往往只关注作者直接表达出的情感思想，而忽略了文本中对景物的描写与由物及心的过程，形成一种十分浅表且"标签化"的理解。所以在阅读这类诗文时，学生既需要细读文本，关注细节描写，又要有整体把握、建立联系的意识，才能获得丰富的审美体验，加深对作品的理解。

学科基本知识之二十一：古今汉语的联系与差异

语言是一种社会现象，随着社会的发展而发展。古代汉语是现代汉语的源头，现代汉语是对古代汉语的继承与发展。二者之间，既有千丝万缕的联系，也存在差异。对古今汉语的联系与差异进行探讨，是高中语文课程的重要内容之一。

具体而言，古今汉语的联系与差异主要体现在词义和语法等方面。

现代汉语从古代汉语词汇中继承了大量基本词和一般词，它们是沟通古今汉语的重要因素。然而词语的词义又是不断发展演变的，随着社会的发展和人们认识的深化，产生了一词多义、古今异义（如词义外延扩大或缩小、词义转移、词义情感色彩变化）等现象。这就要求学生在阅读时避免以今律古，避免望文生义。

在语法方面，古人为了适应表达的需要，往往采用词类活用的方法，达到简洁生动、以少胜多的效果。此外，古今汉语句法在大同中仍有小异，比如使动、意动等特殊动宾关系，宾语前置、状语后置等句序变化，以及判断句、被动句、省略句等特殊句式。随着社会的发展，这些表达方式在现代汉语中逐渐减少，但也有相当一部分保留在成语等习惯用法中，至今仍有鲜活的生命力。

高中课程标准"学习任务群 4 语言积累、梳理与探究"指出，学生"通过文言文阅读，梳理文言字词在不同上下文中的词义和用法，把握古今汉语词义的异同，既能沟通古今词义的发展关系，又要避免用现代意义理解古义，做到对中华优秀传统文化作品的准确理解"。"学习任务群8　中华传统文化经典研习"中也提出学生要梳理所学作品中的常见文言实词、虚词等，特别提出注意古今语言的异同。部编版高中语文必修上册第八单元"词语积累与词语解释"中重要的内容就是"认识古今汉语的联系和差异"。

把握古今汉语的联系与区别，要建立在有意识的语言积累的基础上。学生在学习过程中接触的文言文等素材都是主要的语言材料，但由于这些语言素材大多是以思想内容来组织的，词语出现在不同的语境里是无序的，需要学习者对多次出现在不同作品中的同一个词语加以搜集和整理，通过归纳、分类等，才能逐步领悟词语、语法的规律，自主建构起相关的知识。

梳理与探究古今汉语，尤其是词义的联系与区别，要注重追本溯源，构建词汇意义的系统性。一词多义看似纷繁复杂，其实也有规律可循。多义词的各个义项之间存在着各种联系，要注意分析义项间的相互联系。一个词语的诸多义项，归纳起来不外乎本义、引申义、比喻义、假借义等，其中本义就是中心义项。本义和其他义项的关系，就是纲、目关系。所以，只要找到一个词的本义，就可以以简驭繁，纲举目张。因而要梳理字、词的源流，追溯本义，理解引申义、比喻义，梳理出词义演变路径，构建词义间关系，而非死记硬背，或把语言学知识点一个一个地做成板块或整理成一个单独系列去教授。

在把握古今汉语联系与区别时，要具有语境意识。无论是具有多个义项的实词，还是可以起到多种语法功能的虚词，甚至是固定结构，其意义都取决于语境。在语境中解读词汇、理解语义，树立语言和言语的相关性和差别性的观念，把握古今汉语词义的异同，准确理解中华优秀传统文化作品。

梳理古今汉语的联系与区别，可以以成语为桥梁。成语是汉语中经过长期使用、锤炼而形成的固定短语，不仅蕴含着丰富的文化知识，更保留着古代汉语的基本样貌。可以说成语是古代汉语在现代汉语中的遗留，是古代汉语的活化石。在成语中不仅保留着大量的古词义，而且还保留着许多与现代汉语不同的古代汉语特有的语法现象。如星罗棋布（名词用作状语）、草菅人命（名词活用作意动词）、披坚执锐（形容词活用为名词）、时不我待（宾语前置）、重于泰山（介宾结构后置）、运筹帷幄（省略句子成分）等等。

总之，积累和梳理语言文字材料，不仅要关注古今汉语的差别，更要注意两者之间的传承和沟通，联系语言情境，沟通古今词义，传承中华优秀传统文化。

学科基本知识之二十二：论事说理技巧和表达风格

论事说理能力能够体现出力求全面公正与理性的人格素养，也能够体现出实事求是、具体分析、谨慎断言的思辨能力。

高中最常接触并运用的说理技巧主要有以下几种：事实说理（摆事实）、道理说理（讲道理）、对比说理（做比较）、比喻说理（打比方）等，落实到具体的文本内容，一般也会表述为举例论证、引用论证、推理论证、对比论证、类比论证、比喻论证等论证方法。从论证效果来看，列举具体的例子可以使抽象的论点更具体，引用权威的著作可以使陌生的观点更可信、引用文学的语言可以使平实的议论具文采，采用鲜明的对比可以使事理的本质更突出，运用生动的比喻可以使深奥的道理更通俗形象。总之，论证技巧的运用都是旨在增强说理的生动性与说服力。

中国古代的说理文兴起于先秦百家争鸣，或劝谏君王，或训诫门生，或游说学官，时代背景与学术思潮使说理技巧日趋娴熟。其中运用最广泛也最有效的说理方式主要有以下几种（李艳芳，2018）：首先是比喻及类比说理，《孟子》《墨子》《荀子》等作品中，常以日常化、形象化的比喻阐明深刻的道理，使之浅显生动，更易为人所接受。如《墨子》以"入园窃李"类比攻国之不义，使人以偷窃之耻知攻略之耻，这种由小及大、证其丑恶的说理方式，其实也存在很多明显的漏洞，以现在的眼光来看，其合理性是存疑的，但在当时不失为一种极具气势与巧思的说理技巧，使人不得不接受其前提与推论。又如孟子与告子著名的本性之辩，以杞柳、湍水、食色等喻人性，又通过对喻体的辩论来指向对本体的解读，可以想见，类比、比喻说理在当时也是一种流行的辩论方式。

在比喻、类比的基础上有了进一步发展的，是以《庄子》为代表的寓言说理，以形象之事喻抽象之理，而草木鸟兽各具人情，这种说理方式更耐人寻味，其蕴含的理趣也更为丰富。不仅如此，它弥补了其他说理方式一事一理、材料堆砌的不足，使整个寓言体系自成其内在逻辑。这种技巧在后世的小品文中被广泛效法运用，不过鲜有能出庄子之右者。

此外，还有另一类说理技巧，不仅考验临场应对，而且说辞因人而异。这种技巧通常用于教导学生与劝谏君王，使之自我启发、自知其病。如《论语》中的《子路、曾皙、冉有、公西华侍坐》，《左传》《战国策》中的大量经典名篇，都是采用循循善诱、层层推进的方式进行说理，可见古人在说理时已经能运用一定的逻辑思维。

高中课程标准"学习任务群6 思辨性阅读与表达""学习任务群9 中国革命传统作品研习""学习任务群12 科学与文化论著研习"等内容，都对论事说理的素养能力提出了具体要求，包括对方法的梳理，对逻辑性与深刻性的分析，强调对学生相关思维过程和思维方法的引导与培养。

在提升学生论事说理技巧和表达风格相关能力的教学设计中，教师可以结合不同时代、场景或学生个性化经历等创设合理情境，引领学生进行相关学习与实践，增强针对性、丰富性与深刻性。

学科基本知识之二十三：借鉴小说技法进行创作

"借鉴小说技法进行创作"，内容上指向由读促写、由写辅读的过程。作家在创作小说时，所采用的能帮助作者更好地表达自身意愿的技法，被统称为"小说技法"。小说技法多种多样，有使人物形象变得鲜活精妙的细节描写、使情节变得波澜起伏的抑扬结合等等。

作家在创作小说时，对技法的选择和使用是作者构思小说作品时的自然行为，是其创作意图和个人写作风格的体现，绝非为了使用技法而使用技法。对小说技法的学习，能够帮助学生多角度、多层次地进行小说阅读，丰富文化积累，汲取思想、情感和艺术的养分，培养起高尚的审美情趣，进而丰富和深化对历史、社会和人生的认识。学生借鉴小说技法进行创作，一方面在思维上可以整体提升学生素养，在真实创作活动中，进一步加深对作品的理解；此外，借鉴小说技法进行创作，能够使学生在有表达需要时，更准确地表达信息，增强艺术感染力，拓展思维广度与深度；同时，学生在进行相应创作及修改后，经验提升了，对小说技法的运用原理也会有更深刻的理解，从而在进行其他阅读的时候，能更好地理解作者的创作意图和表达技巧。

在高中课程标准"学习任务群5 文学阅读与写作"中明确要求，学生能够结合所阅读的作品，了解诗歌、散文、小说、剧本写作的一般规律。捕捉创作灵感，用自己喜欢的文体样式和表达方式写作。在部编版高中必修教材中，分别有两个单元涉及小说技法：一是高一必修上册第一单元，篇目为《百合花》和《哦，香雪》，单元学习任务要求学生分析细节描写、揣摩人物的心理活动，还需要学生对此进行点评，对学生的语言和思维能力提出了更高要求，达到学业质量水平二的程度；二是高一必修下册第六单元，篇目为《祝福》《林教头风雪山神庙》《装在套子里的人》《促织》《变形记》，单元学习任务要求学生就某种技法写读书札记，还在单元末的写作任务中介绍了"叙事要引人入胜"的几种技法，达到学业质量水平三的程度。

目前，在高中阶段，学生们由于受写作考核要求，尤其是受文体方面要求的影响，对于小说技法学习与实践的动力比较匮乏，往往停留在文学类文本阅读鉴赏的要求层面，基本丧失后续创作的动力。另外，在以往学习小说技法时，教师有时会先直接介绍不同小说技法的使用效果，让学生去记忆、背诵，然后再通过文学类阅读的训练，提高学生答题的能力。但是，这种教学的效果往往不佳，学生只会机械背诵小说技法的相关艺术效果，在答题时不会变通，在考场上面对文学类阅读依旧一筹莫展。究其原因，是学生只"知其然"，而"不知其所以然"。文学类阅读的内容变化多端，如果在过去训练时缺失了创作的过程，学生就缺乏对小说技法的深入理解，很容易停留在"技法"表面而不会深入文本去理解作者的意图，自然容易在考场上受挫。如果不会从作者的创作意图入手，就会陷入答题的被动。

在教学过程中，教师可以充分利用教材等文本资源，在阅读小说课文中熟习小说技法，并尽量利用写作任务，提升学生记叙文写作的水平。通过反复修改学生作品，而不是单纯背诵整理好的复习资料，帮助学生深入理解各种小说技法的特点和作用。同时，教师可以积极创设创作情境，使学生有机会充分进行借鉴小说技法的创作实践，有效提升审美鉴赏能力和表达交流能力。

学科基本知识之二十四：建构阅读长篇小说的方法

长篇小说有容纳百川之魅力，亦有大江大河之气魄。高中课程标准要求学生在整本书阅读中逐步建构个性化的阅读方法。在"学习任务群1　整本书阅读与研讨"中提出："引导学生通过阅读整本书，拓展阅读视野，建构阅读整本书的经验，形成适合自己的读书方法，提升阅读鉴赏能力，养成良好的阅读习惯。"

阅读长篇小说，可以遵循"读进去，跳出来"的基本方法过程。"读进去"首先需要通读全书，整体把握其思想内容和艺术特点。通读，就是要完整地读完一整本长篇小说，而不是读梗概或读缩写本，也不是只读开头和结尾，避免快餐式阅读，真正读完、读进去。始之于通读，继之以精熟。精，即精思、品味、欣赏、梳理、探究，与故事中的人血脉相连，与小说的观点对话，虚心涵泳，切己体察，最终有所领悟。熟，即熟读，再次钻进小说，反复品读那些感动自己的故事、人物、场景、语言。切忌蜻蜓点水式的浅阅读，真正实现对内容的深入理解、对语言精彩之处的欣赏、对人物精神世界的探究、对小说主旨的体会、对小说艺术价值的研究等。这个过程，正如朱熹在《训学斋规》中所说："大抵观书先须熟读，使其言皆若出于吾之口。继以精思，使其义皆若出于吾之心，然后可以有得尔。"

当然，既要能"读进去"，也要能"跳出来"。阅读长篇小说，学生可以利用目录、序跋、注释等，学习检索作者信息、作品背景、相关评价等资料，深入研读作家作品，研读作者的创作意图，掌握小说的创作背景，在作者创作历程或时代中找到它的坐标，跳出"读了这一个故事"的局限，能够从高维度"俯瞰"故事。"跳出来"还指要能转化故事，为我所用。转化，即对长篇小说进行浓缩、提炼，继而交流分享，而不是停留在碎片化的表层；为我所用，即在审视故事的过程中也观照自我，把书中的事理与生活中的人事结合起来，从而更好地认识社会和人生，把书读"活"，把书本知识转化为自己的认识。

部编版高中语文必修下册第七单元整书阅读《红楼梦》就是在这种理念下编写的。单元导读中指出："通读《红楼梦》全书，梳理小说主要情节，厘清人物关系，理解和欣赏人物形象，探究人物的精神世界，整体把握小说的思想内容和艺术特色，建构阅读长篇小说的方法和经验。可以从最使自己感动的故事、人物、场景、语言等方面入手，反复阅读品味，获得审美感悟，丰富自己的精神世界。"先读进去，通读知故事和人物，精熟解人物精神世界、小说思想内容、艺术特色，之后跳出来，以所读所解丰富自身精神世界。

在阅读长篇小说的过程中，学生往往会因为作品篇幅在情绪接受、情节理解、艺术赏析等多方面受阻，这需要特别关注长篇小说独有的文体特质。首先，长篇小说具有小说的基本文体特征，即除了深入细致的人物形象塑造和完整复杂的故事情节叙述，还有充分的特定环境描写。小说中人物的活动和事件的发生发展，都不能离开特定的家庭、社会、时代和自然环境。法国启蒙思想家狄德罗强调"人物的性格要根据他们的处境来决定"。恩格斯也曾提出"真实地再现典型环境中的典型人物"这一著名命题。在小说中，环境是形成人物性格并促使他们行动的客观条件，如《红楼梦》中"多愁善感"的林黛玉；环境还有可能驱使、逼迫人物行动，并制约着人物性格的发展变化，如《水浒传》中最终被逼上梁山的八十万禁军教头林冲。其次，长篇小说的"长度"既是时间跨度，又是空间跨度。长篇小说中情节的时间跨度大，可能涉及人的一生、家族的历史、时代的变迁、国家或民族的命运等宏大叙事，阅读中需要厘清其时间结构，还原其发展与变迁的过程；长篇小说涉及的故事空间与人物生活空间往往很广，巴尔扎克的小说被称为"19世纪法国的百科全书"，托尔斯泰的作品被喻为"俄国革命的一面镜子"，人生的起伏沧落、生活的边边角角、社会的风云变幻、历史的沧海桑田，在他们的小说中都能得以全方位立体化呈现。因此，在构建长篇小说阅读方法时，一定要关注其宏大的全景式空间跨度，从更深更广的角度理解人物和主旨。

学科基本知识之二十五：读写一体

一、概念界定

"读写一体"中的"读"，是读者通过书面语言获取信息，体验文本思想情感、态度观点的学习活动；"读写一体"中的"写"，是作者用经过自己构思、组织的书面语言来进行情感表达、信息输出的学习活动。"读写一体"这种教学模式，就是要通过读写结合达到学生读写相长的目标，即利用读与写互相迁移、同步发展的规律，从观念及操作上进行整体一致的问题设计与活动安排，发挥两者的最大功效，进而达到"以读带写，以写促读"，实现两者之间的知识迁移、能力化用、素养共生。

叶圣陶先生认为："阅读是吸收，写作是倾吐。倾吐能否合乎法度，显然与吸收有密切关系。单说写作程度如何如何是没有根的，要有根，就得追问那比较难以捉摸的阅读程度。""多方面的讲求阅读方法也就是多方面的养成写作习惯。习惯渐渐养成，技术拙劣与思路不清的毛病自然渐渐减少，一直减到没有，所以说阅读与写作是一贯的。"

二、学段进阶

义务教育语文课程标准指出"要重视写作教学与阅读教学、口语交际教学之间的联系，善于将读与写、说与写有机结合，相互促进"。以第一学段为例，阅读目标为"结合上下文和生活实际了解课文中词句的意思，在阅读中积累词语"；写话目标为"在写话中乐于运用阅读和生活中学到的词语"。由此可以看出，在语文教学的最初阶段，读写一体都是可以激发学生内在思维动力的重要模式，学段进阶也就表现为语文基本知识的学习要求和思维能力纵深发展的同步进阶。从词语、句式、修辞等语言角度，会逐步进阶到文体形式、题材、立意、章法等综合角度。

1. 小学阶段

（1）低年级。

熟练掌握修辞手法的表达精妙，深化核心词语的运用效能。低年级学生的思维正处于形象直观化阶段，只有可感鲜明的事物才能真正激发低年级学生内在的思维动力（施正芳，2018）。"读写一体化"的教学理念就意味着不能光让学生理解课文的内容，更要关注这些修辞手法和典型化核心词语所形成的表达作用，并将其与自身的生活联系起来，让学生经历感知理解、积累内化、实践运用的思维过程，有效发展其习作表达能力。

（2）中年级。

强化模仿实践，历练构段仿句能力，可依托核心语段进行练笔，也可依托典型句式践行练笔。中年级之后，阅读教学对语言单位的关注就悄然发生了变化，从低年级的以字词为主转变为对文本典型句式和核心语段的关注（施正芳，2018）。因此，我们就需要紧扣文本中最具典型价值的句子和段落，在感知文本内容的基础上提炼出言语形式的框架，更好地锻炼学生的认知意识。

（3）高年级。

紧扣整体视角，锤炼布局构思能力。进入高年级之后，阅读教学对文本的关注就主要体现在对文本整体结构的把握上（施正芳，2018）。由于需要学生具有全盘的整体意识和理性思维，高年级的阅读教学就需要引领学生与作者进行深入对话，感知文本结构如此设置的精妙之处，才能为学生合理地捕捉素材、整合素材提供范例支撑。

2. 初中阶段

着重核心人物塑造、曲折故事叙述与复杂情感抒发。初中阅读与写作，文本的表达方式以记叙、描写为主，文体以抒情或叙事型散文为多。学生在阅读和写作实践中可着力关注故事叙述的完整性、细节描写的生动性，人物塑造的立体性、鲜明性以及心路历程的曲折性、抒发复杂情感的丰富性。由此，在小学阶段的字词句锤炼之后，中学低年级可以整体谋篇，训练如何把故事讲得有趣生动，如何把人物写丰满，如何把情感抒发得深沉厚重等。

3. 高中阶段

突破"小我"视角和记叙笔法，培植"关怀天下"的视野与思辨性创造性思维。思维模式由初中阶段的以感性思维、具象思维为主逐步转向高中阶段的以个性觉醒、理性抽象为主。

从新教材的课内篇目看，选文的文体从初中阶段的以典型事例中的典型人物式传记散文，一波三折、寓情于事的抒情散文，向高中阶段的以中西文化融通、古今时势批判、议论手法多样的思辨性杂文、议论说理类应用文过渡。

从阅读与写作的视角看，学生要突破以"自我"为中心的观察理念，逐步拓展思考"人与自我""人与他人""人与社会""人与自然"的多种关系，养成"家事国事天下事，事事关心"的视野格局，丰富学生面对一个问题或多种现象的批判性辩证思考能力，培养学生的公民意识、国际视野、家国情怀、民族自信。

从课外阅读来看，教育部推荐的书目，也从初中的人物传记类、成长类小说名著转向高中的社会反思类小说、杂文、社科名著阅读。学生在课内精读的基础上可以泛读各种文体，接触各种社会现象，养成文体意识，透过现象看本质，在写作中锻炼自己的定义、归因、推理等逻辑能力以及有对象感的文体化写作范式。

从写作实践来看，从初中的一文一仿，向高中的群文读写过渡。在对某个时代人物、某种社会现象进行环境背景、品质内涵、功过利弊、影响与评价等多方文本研读、考证后，选择小传、时评、书评、导读、演讲稿、小论文等特定文体，撰写综合性的评论文字。除了"以读促写"，随着写作训练的深入，学生对人或事的解读会愈加深入、透彻、辩证。

语文思维发展型课堂教学设计
案例评析

小学部分

一、"复述"教学设计案例

（一）题目解析

学科基本知识	复述
课前教学设计问题	学情研判
课中教与学的问题	如何处理预设与生成
课后评价问题	设计口语交际水平表现的评价量规

1. 学情研判

结合义务教育语文课程标准对不同学段的要求，针对复述这一核心知识的教学，其学情研判主要是分析学生在详细复述、简要复述以及创造性复述方面的学习情况。

第一学段的学生有着强烈的表达欲望，但能力不足，复述对他们来说还是很有难度的。第一学段教材中提供了丰富的助学系统（如图片、表格等）来有效帮助学生去复述。这个阶段复述以形象化、具体化为主，在"还原故事内容"上进行语言实践。第二学段的简要复述会对学生原有的认知结构提出要求，实际上是对学生的整体概括能力提出了一定的要求。第三学段的创造性复述的难点主要在创造性上，学生要摆脱"照本宣科"的思维定式去复述故事。

本节两位教师选择教学的文本均为第三学段的创造性复述，韩祥鹏老师主要根据本班学生在前期《中国民间故事》整书阅读阶段性故事分享活动中的调研数据来判断本节课的基本学情；潘春艳老师则采用了教学设计模板的提示，从学段分析、学生已有知识积累分析和学生学习能力分析三方面，结合本单元语文要素的要求及课程标准，采用年级组单元前测和课时前测等方法进行了学情调研。

2. 如何处理预设与生成

预设是教学的起始点，以此为基础去强调生成的随机性和动态性，它要求教师在课堂教学活动中不能拘泥于课前的预设，要根据实际情况，随时对设计做出有把握的调整、变更。预设与生成相互影响：

● 要以预设为基础，提高生成的质量和水平。

教学不是执行教案而是教案再创造的过程；教师不是把心思放在教材、教参和教案上，而是放在观察学生、倾听学生、发现学生并与学生积极互动上。

● 以生成为导向，提高预设的针对性、开放性、可变性。

生成强调的是学生的活动和思维，它彰显的是学生的主体性；预设强调的是教师的设计和安排，它彰显的是教师的主导性。教是为学服务的，它意味着要根据学生的学习基础和学习规律进行预设，想学生所想，备学生所想，从而使预设具有针对性。

3. 设计口语交际水平表现的评价量规

评价量规是一种定性与定量相结合的、结构化的评价技术，往往以二维表格的形式呈现。近年来，评价量规在教学评价中发挥着重要作用。运用量规时首先要从评估对象中提炼出与评价目标相关的多个指标的详细描述，将原本非结构化的主观性评估任务转化为结构化的级差评估，以提高评估的准确性。利用量规不仅可以为学习者指明学习方向，同时也可以为不同的评估者提供统一的判断标准。将量规与学生课堂产出与生成、课后作业分析等结合，可以有效降低评价的主观随意性。如果布置任务前事先公布量规，对学生学习还会起到导向作用。

设计口语交际水平表现的评价量规，首要从课程标准对任教学段的学生要求出发，结合学生的问题与最近发展区来设计指标。本任务中，两位教师所使用的主要是评价表，并未达到完整量规的水平。主要体现在指标与描述合一，没有体现出结构化的级差。这是需要再行细化的部分。例如，韩祥鹏老师设计的评价表，如果调整成量规，则应该详细设置指标和级差描述。如表 3 - 1 所示：

表 3 - 1　口语交际水平表现评价表

评价指标	星级描述		
	☆☆	☆☆☆	☆☆☆☆
良好的展示性	声音无法让所有人听清。仪态不太自然。能完成对故事的创造性复述	声音洪亮，仪态自然。讲述清楚，能体现对创造性复述的理解	声音洪亮，吐字清晰。仪态自然，落落大方。讲述富有感染力

续表

评价指标	星级描述		
	☆☆	☆☆☆	☆☆☆☆
良好的表现性	害羞、扭捏、表现性较差	能使用丰富的表情讲故事	能配上相应的动作和表情讲故事,能适当体现自己对故事的独特见解
对创造性复述方法的掌握	能完成对故事的复述,创造性体现不足	能运用创造性复述的方法	能清晰地说明运用了何种创造性复述的方法

评价量规的优势在于让每个学生知道表现的差别在哪里,以追求更高星级的表现为目标来完成教学任务,取得成果。

(二)教学案例及评析

▶▶ 案例一

继承传统巧创作　民间故事我讲评
——部编版教材五年级上册第三组单元整合教学设计
韩祥鹏　山东省实验小学

一、学情分析

五年级学生整体思维活跃,有着较强的学习能力和较高的语文素养,他们对读故事、讲故事有比较浓厚的兴趣。从部编版教材的编排体系来讲,到了五年级,学生对于复述故事已经有了一定的基础。本次设计主要依托单元语文要素"了解课文内容,创造性地复述故事",引导学生把故事讲得更传神,更有吸引力,发展学生的创造性思维,培养其丰富的想象力。

基于之前参加学校"整书阅读"课题活动的收获,本班学生无论是在阅读兴趣、阅读方法上,还是在阅读量方面都有了一定的基础,这就为本单元几篇文本的自主阅读与学习提供了保障;另外,学生爱好口语表达,比较乐于讲故事,也为进一步学习创造性复述民间故事做好了铺垫。在前期《中国民间故事》整书阅读阶段性故事分享活动中,经过观察,约有80%的同学能较好地复述故事,但只有5%左右的同学能摆脱"照本宣科"的束缚去创造性地复述,其中的难点就是学生还没有掌握创造性复述的方法。

二、教学内容

（一）文本的特点或课文在教材中的位置

本设计是依托部编版教材五年级上册第三单元展开的,本单元的学习内容是"民间故事",包括《猎人海力布》《牛郎织女（一）》《牛郎织女（二）》三篇文本，涉及了两个民间故事。该单元的民间故事是古代劳动人民创作并传播的口头文学作品，是古人的智慧结晶。了解和学习民间故事，是继承和弘扬传统文化的重要内容。

（二）课文中可学习的点

基于学情分析与教材分析，可确定本课的教学内容是：在充分把握故事主要内容的基础上，引导学生结合故事相关片段学习创造性复述的方法，并通过合作探究的方式制定"民间故事我来讲"的评价标准。

（三）教学内容确定

1. 把握文本主要内容，利用双气泡图对比两个民间故事的异同

2. 学习并初步运用创造性复述的方法

3. 讨论制定口语交际的评价标准，能依据该标准评价别人的复述表现

三、学习目标

1. 语言目标

能说出创造性复述故事的两种方法，并能迁移运用。

2. 思维目标

能以故事中人物的口吻讲故事；能丰富情节，把简略的地方讲具体。

3. 价值目标

产生阅读民间故事的兴趣，了解故事中朴素的价值观，感受传统民间故事的魅力。

四、教学重点/难点

教学重点：学习创造性复述的方法，并能迁移运用；产生阅读民间故事的兴趣。

教学难点：学习创造性复述的方法，并能迁移运用。

五、课时安排预测

3课时。

六、教学过程

前置性学习

1. 介绍民间故事，引出《中国民间故事》，结合本单元"快乐读书吧"内容，开展整书阅读

2. 梳理单元学习任务，简单理解创造性复述的要求

3. 读熟课文，集中识记生字

━━━━┥ 第一课时 ┝━━━━

一、教学导入

同学们，这节课我们继续学习民间故事，感受其独特的魅力。

二、学习活动

学习活动一：自学课文，把握内容。

1. 回顾复习生字

同位互相指读生字，并尝试用生字组词，检查生字掌握情况。

2. 总结规律，指导书写

（1）集中呈现三课要求会写的字，引导学生自主观察。

（2）学生自主汇报观察收获，引导学生总结规律：这些字中出现了很多关键笔画或者部件，如："延"中的竖折，"谎"中的部件"亡"，"嫂"中的主笔竖等。

（3）教师范写，指导学生写好字中的关键笔画或部件。

（4）学生自主书写，集中点评书写情况。

学习活动二：把握内容，找出异同。

1. 引导学生抓住关键问题，了解两个故事的主要内容

（1）思考两个故事。

思考：故事中写了猎人海力布的哪几件事？

"救白蛇得到宝石""救乡亲化作石头"

思考：故事中都写了牛郎哪些时候的经历？

童年—成人—成家

（2）借助关键问题，小组内互相说说故事的主要内容，并请组员点评所述主要内容的完整性、简洁性。

2. 抓住关键信息，详细复述故事

（1）思考：两个故事中哪些信息是不能遗漏的？

故事1：海力布热心助人—救白蛇得宝石—知道宝石禁忌—听到灾难消息—劝乡亲搬家—救乡亲变石头

故事2：身世凄苦—被赶出家门—老牛相助—结识织女—婚后生活—被王母抓走—努力抗争—鹊桥相会

（2）回顾人物对话转述方式，明白整合对话内容，提取核心信息重要性。

（3）自主练习详细复述故事，熟悉故事情节。

（4）小组内复述故事，并互相点评情节复述是否详细。

3. 借助双气泡图，对比故事异同，为创造性复述打下基础

小组内合作探究：找出两个故事的异同，并完成双气泡图。

预设：在这个环节学生可能会遇到困难，说不出或者找不准两个故事的异同，所以需要教师随机的启发和引导。

预设1：两个故事的结局有什么相似的地方吗？

预设2：一个故事中白蛇能说话，另一个故事中老牛开了口，你发现了什么？

比较故事异同的双气泡图如下：

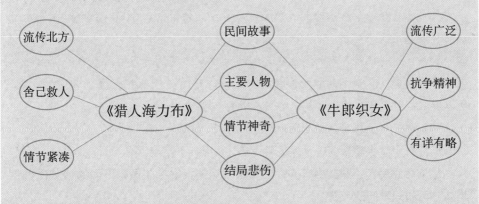

| 第二课时 |

一、教学导入

回顾第一课时学习收获，重点回顾故事主要内容。

二、学习活动

学习活动一：结合课后题，练习创造性复述。

故事1课后题：试着以海力布或者乡亲的口吻，讲一讲海力布劝说乡亲们赶快搬家的部分。

（1）引导学生厘清海力布劝说乡亲的两个过程——从"劝搬家"到"说实情"。

（2）引导学生站在海力布和乡亲们的角度展开想象。

预设：这一环节学生的想象可能会比较浅显，达不到为创造性复述铺垫的目的，需要教师精心设计问题，启发学生的思考。

预设1：你关注到"急忙""焦急""急得掉下了眼泪"这些词了吗？海力

布怎么想的？如果你就是海力布，作为知情人，你打算怎样劝说不知情的乡亲们？看到乡亲们不愿离开，你的想法、语言可能有什么具体的变化？最后你是怎么决定说出实情的？

预设2：作为海力布的乡亲，忽然听到要搬家，要离开世世代代居住的地方，会怎么想，怎么说？听到海力布说出实情，又忽然看到他变成石头，又会有怎样的表现？

预设3：如果双方争执不下，而形势又如此危急，他们之间会发生怎样的矛盾冲突呢？

（3）在充分想象的基础上，尝试引导学生变换角色，分别以海力布或者乡亲们的口吻复述这一部分。

预设：这一环节，有的学生在复述的时候想当然认为是以海力布的口吻和乡亲们对话或者以乡亲们的口吻和海力布对话，这样就没有把握准确复述的要求，所以要特别引导学生注意是复述给别人听的。

（4）学生自主练习，指生展示，集中点评。

（5）引导学生总结创造性复述的方法：变换人物角色。

故事2课后题：课文中有些情节写得很简略，发挥想象把下面的情节说得更具体，再和同学们演一演。

（1）课文中有很多情节写得比较简单，如：牛郎常常把看见的、听见的事告诉老牛，有时候跟他商量一些事——他们会说些什么？商量哪些事呢？

预设1：先引导学生自主试着说一说，如果学生在这里说得不好，根据具体情况，引入本单元语文园地词句段运用的第二部分，通过两段文字的对比阅读，引导学生发现可以通过增加语言、动作、神态等的描写来达到创造性复述的目的。

预设2：也可以引导学生通过联系自己的生活经历来增加相关内容的描写。比如"仙女们商量瞒着王母娘娘去人间看看"，同学们有商量"秘密行动"的经历吗？再具体描述一下不同的仙女会怎么说、怎么做。

（2）引导学生总结创造性复述的方法：丰富故事细节。

引导学生总结创造性复述的方法，并启发学生思考还有哪些方法能帮助我们创造性地复述故事呢？

学习活动二：小组讨论评价标准，引出口语交际要求。

1.结合"快乐读书吧"内容，请学生代表分享自己喜欢的民间故事

2.学生自主点评

3.教师借机引导学生讨论讲好民间故事的标准

预设：学生在讨论时，可能会比较宽泛，教师要及时引导学生结合本课的学习要求——创造性复述故事来设计评价标准，见下表。

常规标准	星级
1. 声音洪亮，吐字清晰	☆☆☆
2. 仪态自然，落落大方	☆☆☆
3. 讲述富有感染力	☆☆☆
特定标准	星级
1. 能用相应的动作和表情讲故事	☆☆☆☆☆
2. 能恰当运用创造性复述的方法	☆☆☆☆☆
3. 能适当体现自己对故事的独特见解	☆☆☆☆☆

三、作业布置

继续阅读《中国民间故事》，并选择自己喜欢的一个故事准备参加班级"民间故事分享会"。

———————————| 第三课时 |———————————

一、开展口语交际"民间故事分享会"

（1）学生以个人或小组的形式参加故事分享会。

（2）师生依据评级标准共同参与评价，评出奖项若干。

预设：这里一定注意是"口语交际"，而不是"口语表达"，特别要引导学生依据评价标准开展师生之间、生生之间的互动。

二、推荐阅读书目

在前期阅读的基础上，推荐学生阅读《欧洲民间故事》《非洲民间故事》等相关书目，通过对比阅读，引导学生尝试发现不同地区民间故事的异同，完成双气泡图，继续体会民间故事的魅力。

三、设计反思

（1）本设计依托单元整合教学的模式，将文本进行重构，有效提升了学生学习的实效性。设计中本人以学生已有的学习经验为基础，将教学活动转化为师生共同参与、积极互动的学习活动。

（2）凸显学法指导。"授人以鱼，不如授人以渔"，本设计中积极将方法的学习融入学生的学习活动中，并引导学生尝试运用，达到举一反三的目的。另外，本人也一直注意学生学习的上挂下联，将方法的指导与学生的知识学习体系相融合，让方法对学生更具指导意义。

（3）尊重学情，充分预设。在设计中，本人一直坚持学生才是学习的主人这一观点，所以在重难点环节做到了充分预设，力图通过多种形式、多层次的引导和启发，促进学生学习活动的开展。在几个环节中思维工具的恰当运用，更是尊重了学生思维发展的规律，积极训练和提升了学生的思维能力。

（4）设计简洁，给授课教师留白，针对预设和现实的情况灵活应对学生的课堂表现。

课例点评

学情分析是教与学目标设定的基础，只有真正了解学生的现有知识经验和心理认知特点，才可更好地选择教学内容，明确教学重、难点，选择教学策略等。本次课设计依托单元训练点"了解课文内容，创造性地复述故事"，以引导学生将故事讲得传神、具有吸引力，发展创造性，在复述故事时摆脱"照本宣科"的思维定式。在学情分析过程中，教师通过对"阅读基础"及"学习兴趣"的观察，逐渐聚焦了教学难点、教学目标及课程环节设置，对学生的思维发展更具预见性、针对性和功效性。

第一课时的教学设计，设置前置性学习，在"梳理单元学习任务，简单理解创造性复述的要求""读熟课文，集中识记生字"等环节的设置下，学生开展自主学习，实现知识的前后勾连；对学习任务的初步感知，为引导学生在"真实的学习情境中带着任务进行学习"奠定基础。"把握内容，找出异同"是本课时设计的核心内容，在这一板块中，从不同角度引导学生分工合作，学生通过对文本的分析、综合、抽象、概括等一系列思维方法，在思维形式上要求学生能够准确概括主要内容，对比事件异同，点评所述主要内容的完整性、简洁性，从而进一步提升学生的逻辑思维能力。

第二、三课时，以创造性复述和开展口语交际为核心环节，用多种方式合理引导。在学生第一课时充分研读文本、提取关键信息的基础上，尝试转变身份，尝试丰富情节，开展创造性复述，引导学生从具有表面性、笼统性、概括性的表达，提升为有思想深度、有丰富想象、充满个人情感体验的创造性表达。特别是在教学设计中通过"课堂预设"的层层递推，多形式、多层次的引导和启发，来促进学生的学习活动，积极引导学生按照语言文字的示意，形成符合作品原意的新的情节和形象特征，从而促进学生形象思维的发展。学生从自主练习，到教师指生展示，全班集中点评，及时反馈有效校准，有效解决运用创造性复述的方法，体现个人情感态度的教学难点；有效拓展，在尊重学生思维发展规律的同时，实现了知识的结构化以及思维的持续发展。引导学生阅读《欧洲民间故事》《非洲民间故事》等相关书目，进行民间故事分享活动，依据创造性复述故事评价标准开展师生之间、生生之间的互动。以拓展阅读为基础，不断巩固新知，使回想能力、联想能力、形象思维能力、抽象思维能力都有长足的发展。

北京市海淀区教育科学研究院教育科研管理研究所所长，宋永健

▶▶ 案例二

创造性复述：基于真实情境的语言建构与运用
——《牛郎织女（一）》教学设计
潘春艳　北京市海淀区中关村第一小学

一、学情分析

（一）学段分析

小学五年级的学生一般为 10～11 岁。研究表明，10 岁左右的大脑前额皮层发育完善，第二信号系统的语言和文字反应能力增强。在记忆方面，有意记忆逐步发展并占主导地位，抽象记忆有所发展，但具体形象记忆的作用仍非常明显；在思维方面，学生已经从具体形象思维向抽象逻辑思维过渡，抽象概括、分类、比较和推理能力开始形成，但他们的思维活动中具体形象色彩思维能力仍占有较大比重；在想象方面，学生想象的有意性迅速增长并逐渐符合客观现实，同时创造性成分日益增多。学生的这些大脑发育和心理发展为学习创造性复述做了良好准备。

五年级的学生处于儿童期和青春期的过渡时期，这个年龄的学生会更多关注外在的负面评价，学生常常会因担心说错话遭到嘲笑而不愿举手当众发言，在课堂表现上整体偏内敛和羞涩。而本课所学习的创造性复述对学生的课堂表现力有着较高的要求。所以需要为学生搭建合适的学习支架，消除学生的举手顾虑，鼓励学生大胆表现。

（二）学生已有知识积累分析

从第一学段开始，部编版教材针对复述安排了不同难度和不同能力梯度的训练，所有的复述训练都是基于故事类题材进行的。五年级教材以"民间故事"为主题，依托民间故事进行创造性复述的训练，是在学生原有复述能力的基础上，对整体把握文章内容和发展思维能力提出更高层次的要求。

（三）学生学习能力分析

1. 单元学习者分析

根据本单元的语文要素"了解课文内容，创造性地复述故事"和人文主题"民间故事"，设计单元前测，了解学生学情。参与前测的学生人数为385人。从了解课文内容，感受人文主题出发设置了3个题目，分析结果如下：

第一题：你喜欢民间故事吗？为什么？

所有的学生都表示喜欢民间故事，在提到喜欢的原因时，出现的高频词是：有趣、充满想象，这表明学生对民间故事的基本特点有初步的认知，再加上他们有浓厚的阅读兴趣，为本单元学习创造性复述故事提供了有利条件。

第二题：本单元你最喜欢哪个故事？说说这个故事都写了哪几件事？

75%的学生能够弄清楚课文写了哪几件事，还有25%的学生在梳理文章内容时不能整体把握故事内容，会遗漏一些重要情节；也有学生内容梳理得过于细碎。问题主要集中在篇幅较长的《牛郎织女（一）》和《牛郎织女（二）》上。

第三题：你认为要把一个故事讲得有意思，应该注意什么？

回答中出现的高频词为：细节、语言、表情、动作。还有部分学生提到可以用表演的方式把故事演出来，还可以加入自己的理解和感受，或者设置一些悬念，表明学生已经积累了不少讲故事的好方法。但是对于变换口吻讲故事和发挥想象把简略的情节讲得更具体的方法，则没有人提及。

针对以上问题的解决策略如下：

第一，引导学生运用之前学过的快速阅读和列小标题的方法来把握长文章的主要内容。

第二，结合课文中合适的情节，指导练习三种创造性复述的方法，包括变换口吻讲故事、发挥想象把简略的情节讲具体、设置悬念，引导学生把故事讲出新鲜感。

2. 课时学习者分析

根据单元语文要素和课后思考题，从"发挥想象把简略的情节说得更具体"这一学习要求出发，设置了以下题目：

（1）《猎人海力布》中有一个简略情节："他热心帮助别人，每次打猎回来，总是把猎物分给大家，自己只留下很少的一份。"发挥想象，试着把海力布如何热心帮助别人的情节讲得更具体，讲给身边的小伙伴听一听。

（2）请你评一评小伙伴讲的故事。

关于题目的评价标准见下表：

评价标准	星级（★★★）
①能结合具体事例，讲出海力布热心助人的过程	
②讲故事时加入了不少细节，如对话、神态、动作、心理等	
③讲故事时有相应的动作和表情，能吸引你听下去	

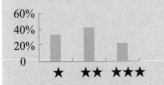

①能结合具体事例，讲出海力布热心助人的过程　　②讲故事时加入了不少细节，如对话、神态、动作、心理等　　③讲故事时有相应的动作和表情，能吸引你听下去

结合评价标准①可知，得分较低的学生普遍表示没什么可说的，无非就是分肉，猎到了鹿肉或者虎肉，自己留下一块，剩下的就分给村里的老人或者穷苦人家。可见，学生不知道该如何发挥想象去增补情节。

结合评价标准②可知，学生知道讲好故事需要加入丰富的细节，但是在迁移运用时，仍然存在困难，无法有效调动自己的知识积累和认知经验。

结合评价标准③可知，学生在讲故事时，普遍缺乏激情，没有相应的动作、表情，不能把听众带入故事情境之中。学生反馈说，对着同学讲这种故事，没有感觉。可见把简略的情节讲具体有一定的难度，听故事的对象会影响其讲故事的积极性。

基于以上问题，本节课的解决思路如下：

第一，为学生创设解决问题的真实情境。结合学校"大手拉小手：我为弟弟妹妹讲故事"的活动，以这一任务作为导入和贯穿课堂的主问题。

第二，聚焦一个简略的情节创设认知冲突。借助思维导图引导学生将想象的画面以及画面中的细节可视化，条理清晰、重点明确地增补情节、丰富细节，之后再借助思维导图完成创造性复述。

第三，设计实践性作业，引导学生把学到的方法迁移到其他简略的情节中。让学生在这样的综合实践活动中真正发展成为有主动解决问题意愿和能力的人。

二、教学内容

（一）文本的特点或课文在教材中的位置

《牛郎织女（一）》是部编版教材小学语文五年级上册第三单元的第 10 课，是精读课文。本文侧重激发学生大胆想象，寻找"创造"的生发点，把简略的情节说具体，丰富故事内容。

（二）课文中可学习的点

聚焦"仙女们商量瞒着王母娘娘到人间看看"这一情节，展开合理想象，借助思维图梳理想象过程，尝试把这一情节说具体，感受仙女们渴望到人间看看的迫切心情和对自由、美好生活的追求。

（三）教学内容确定

（1）基于真实情境任务，聚焦"仙女们商量瞒着王母娘娘去人间看看"这一简略情节，引导学生初讲故事。

（2）再次聚焦情节，想象画面，并引入思维图，将想象的画面和细节可视化。

（3）借助思维导图再讲故事，完成创造性复述故事。

三、学习目标

1. 语言目标

借助思维导图增补情节、丰富细节和讲故事，实现自我语言的建构。

2. 思维目标

借助具体形象思维发展抽象思维，让学生掌握如何利用思维导图搭建复述的支架。

3. 价值目标

通过增补情节，丰富细节来细致描绘人物形象，感受仙女们渴望到人间看看的迫切心情和对自由、美好生活的追求。

四、教学重点/难点

教学重点：借助思维导图增补情节、丰富细节和讲故事，实现自我语言的建构。

教学难点：聚焦情节，想象画面，并引入思维导图，将想象的过程和细节可视化；借助思维导图再讲故事，完成创造性复述故事。

五、课时安排预测

1 课时。本节课是本文第二课时的学习内容。

六、教学过程

（一）教学导入

师：在开展"大手拉小手：我为弟弟妹妹讲故事"的活动后，一（3）班的小朋友听了我们讲的牛郎织女的故事后很感兴趣，但他们也有一些想法，播放视频。

师：看，很多一年级的同学都听过这个故事了，下周我们还要去别的班继续讲，怎么才能讲得更有意思呢？

（学生自由发言）

预设1：如果学生只提到加入动作、表情等细节，教师就补充：这些都是讲故事的好方法，除此之外，如果能把故事中写得简略的情节讲得具体一点，也能让故事更精彩。

预设2：如果学生直接提到把简略的情节扩展一下，教师要加以肯定，并趁机总结。

师：这节课我们就研究一下，怎么把简略的情节讲具体。

设计意图

结合学校活动，以视频的形式让大家再听一听一年级小朋友听完故事后的想法，能够瞬间将学生带入真实情境中，激发其学习兴趣，为学生营造一种积极的语言实践环境。能够让学习自然、真实地发生。

（二）学习活动

学习活动一：学生初讲故事，设置认知冲突。

1. 梳理简略的情节，并聚焦一个情节

师：课文中有很多写得比较简略的情节，快速浏览课文，你觉得哪里写得不够详细，适合发挥想象进行补充？找到并画出来。

（学生分享自己找到的简略情节）

师：这么多写得不太详细的地方，如果都说详细的话，这个故事一定更精彩。我们以这个情节为例来研究一下。

（PPT出示：仙女们商量瞒着王母娘娘去人间看看）

设计意图

找出故事中有想象空间的简略情节，是学习创造性复述的前提。策略是快速浏览全文，找出写得比较简略、适合发挥想象进行扩充的情节。教师引领聚焦一个情节。

2. 学生初讲故事，呈现认知起点，设置认知冲突

（1）学生独立思考2分钟，小组讨论3分钟。1名学生上台初讲故事。

（2）全班同学讨论、补充。

预设：学生可能会从仙女下凡的原因、商量的过程、在人间戏水等方面来增补情节。

预设学生呈现的问题可能有：第一，"创造"的生发点没有找准，商量的过程没有充分展开。第二，详略不当，在下凡原因和人间戏水部分扩充了太多内容。第三，讲故事时不能很好地通过对话、动作、神态等来丰富细节，而是描述比较多。第四，有的学生补充的情节或细节可能不合理。

此时教师无须过多点评，引导学生充分讨论、补充，呈现学生认知起点。

（3）教师小结：刚才大家从不同角度讨论、补充了很多内容，如果把这些内容都加入这个情节中，你们觉得思路清晰了吗？能把情节讲具体吗？

当学生觉得信息多而杂，思路难以打开，无法有条理、重点清晰地把一个简略的情节讲具体时，认知冲突就产生了。

设计意图

在这个环节，学生学的策略是，通过初讲故事，同伴评价、讨论，呈现认知起点，基于这种起点进行创造性复述显然是不够的。此时，学生既有认知经验和理想认知会产生冲突，需要教师搭建学习支架。教师教的策略是，引导学生通过独立思考和小组讨论初讲故事，组织学生对初讲的故事进行评价和补充，让学生意识到凭借以往的知识基础和认知经验无法把一个简略的情节讲具体，设置认知冲突。

学习活动二：借助思维导图，将想象过程和细节可视化，调整认知结构，再次讲故事。

1. 再次聚焦情节，想象画面

师：（PPT出示：仙女们商量瞒着王母娘娘去人间看看）当看到这个情节的时候，你的脑海中浮现了怎样的画面？

追问：我们再把镜头拉近一点，你还看到了什么？听了什么？

再追问："让我们把镜头对准第一个说话的人，她是谁呀？她在说什么？脸上是什么表情，有什么动作？"

引导学生把镜头转向第二个人，继续想象人物的语言、动作、神态等细节。但是不再向全班分享，而是借助思维导图，把镜头中看到的画面和细节梳理到如下思维导图中：

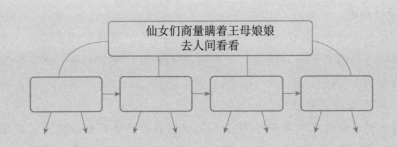

设计意图

思维导图是综合流程图和气泡图设计而成的，教师主要引导学生想象画面，不断拉近镜头，增补情节，丰富细节，学生运用思维导图记录和梳理思路。

2. 展示1～2位同学的梳理结果

提醒学生讲故事要详略得当，把自己认为需要详细展开的内容标上五角星。请1～2位同学展示自己的思维导图，呈现自己的思路，并请同学进行补充。

设计意图

通过聆听同伴分享的思维可视化过程，丰富、调整自己的思考过程，把学生个体的成功经验转化为全班同学的学习资源。

3. 出示创造性复述评价表，明确讲故事要求

从讲故事的"表达"维度引导学生总结方法：

师：刚才我们通过想象，增补了情节，丰富了细节。那我们要给一年级小朋友讲故事的时候，需要注意什么呢？

教师明确表达的两点要求：一是语言流畅，富有感染力；二是配上相应的动作和表情，让听众有身临其境的感觉。

之后，出示评价表（见下表），从想象和表达两个维度向学生呈现创造性复述评价表，并请学生读一读。

	评价标准	评分
想象	想象的内容合理，不脱离故事的基本情节	★★★
	想象的情节丰富，能使用下面的方法： 丰富细节，增补情节，语言流畅、富有感染力	
表达	配上相应的动作和表情，让听众有身临其境的感觉	★★★

设计意图

创造性复述中，"创造性"的核心是"想象"，"复述"指向的是"表达"。维度清晰、内容具体的评价表，可以强化元认知，为下一环节讲故事的活动提供支架。

4. 学生练习讲故事

学生结合评价表和思维导图在小组内练习讲故事，然后到台前汇报讲故事。在这一环节，预设至少要呈现三种讲故事的方式：以第三人称旁观者的口吻讲故事，以第一人称仙女的口吻讲故事，或者小组同学演一演。讲完故事之后，同伴结合评价表进行评价。

在学生进行评价的过程中，教师要引导学生从评价表中的两个维度入手，先肯定优点，再指出问题，并提出有建设性的意见，而不只是简单地做出判断。

设计意图

评价表中的两个维度，既是学习评价的过程性指标，也是对学生学习方法的指导。有了这个评价表，教学内容、学习方法、评价标准之间实现了前后贯通，直指教学目标。

（三）作业布置

师：我们通过想象把这个情节讲得特别生动。当我们根据评价表的维度进行想象的时候，就能达到创造性地复述。这篇文章还有很多写得简略的情节，我们可以继续想象，把这些情节讲得更精彩。然后，准备第二场给一年级小朋友讲故事的活动。

> 1. 哥哥、嫂子待他很不好，叫他吃剩饭，穿破衣裳，夜里在牛棚睡。
> 2. 他没名字，人家见他每天放牛，就叫他牛郎。
> 3. 他常常把看见的、听见的事告诉牛，有时候跟它商量一些事。
> 4. 哥哥、嫂子想独占爹娘留下来的家产，把他视为眼中钉。
> 5. 老牛真会说话了！
> 6. 他牵着老牛，拉着破车，头也不回，一直往前走，走出村子，走进树林，走到山里。
> 7. 第二天黄昏时分，牛郎翻过右边的那座山，穿过树林，走到湖边。
> 8. 姑娘穿上纱衣，一边梳她长长的黑头发，一边跟牛郎说话。
> ……

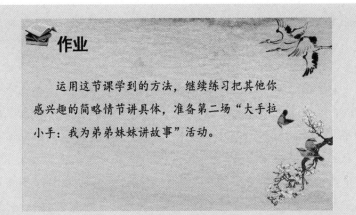

作业

运用这节课学到的方法，继续练习把其他你感兴趣的简略情节讲具体，准备第二场"大手拉小手：我为弟弟妹妹讲故事"活动。

设计意图

迁移运用本节课学过的方法，继续练习把故事中的其他简略情节讲具体，使学生创造性复述故事的能力最终在真实情境中得到巩固和内化。

七、设计反思

·········· （一）本节课的优势

1. 为学生创设了解决问题的真实情境

一年级小朋友之前听过这个故事，当他们如实反馈给五年级的学生时，创造性复述的真实情境就产生了：学习如何把简略的情节讲具体，把故事讲得更有意思，准备再去一年级讲《牛郎织女（一）》的故事。本节课就以这一任务作为导入和贯穿课堂的主问题。

这节课的学习结束之后，学生对创造性地复述《牛郎织女（一）》这个故事表现出高涨的热情。学生自由结组，首先确定了 8 处适合发挥想象的简略情节：

（1）哥哥嫂子待他很不好，叫他吃剩饭，穿破衣裳，夜里在牛棚睡。

（2）他常常把看见的、听见的事告诉牛，有时候跟它商量一些事。

（3）哥哥嫂子想独占爹娘留下来的家产，把他视为眼中钉。

（4）织女下凡的消息，老牛是怎么知道的？

（5）姑娘穿上纱衣，一边梳她长长的黑头发，一边跟牛郎说话。

（6）仙女们商量瞒着王母娘娘去人间看看。

（7）她们飞到湖边，看见湖水清得可爱，就跳下去戏水。

（8）牛郎把老牛介绍给织女，老牛眉开眼笑。

借助课上使用的思维导图，进一步细化成剧本，最后以课本剧的形式给一年级的小朋友表演，受到了一年级小朋友的热烈欢迎。

在筹备、排练和展演过程中，学生结合自身生活经验和对文本的理解，生动地创设和再现了哥哥、嫂子、牛郎、老牛、织女、王母娘娘等诸多人物的心理活动，丰富了人物形象，演出了牛郎和老牛的相依为命、牛郎和织女的心心相印，哥哥、嫂子、王母娘娘等角色也是活灵活现。在这场基于真实情境的综合性语言实践活动中，学生不但把故事讲得更有趣味、更吸引人，自身的言语思维和语言体系也得以丰富和建构，同时，文本的内涵也在创造性复述中，潜移默化地植根于学生的心田。

下边是学生完成的一部分思维导图和剧本：

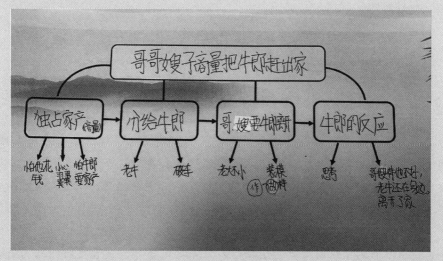

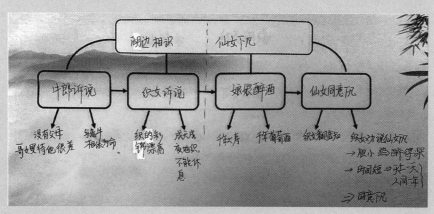

牛郎织女

编剧：范予薇
牛郎：胡泽瀚
织女：范予薇
老牛：沈悦旎（请做好心理准备。）
仙女：赵妍名1、赵夏怡2、周小崙3
王母娘娘：张婧秋
旁白：孙伊洋

第一幕

（牛郎、织女上。牛郎把织女粉红色的纱衣递给了她。）

旁白：织女一边穿着纱衣，一边梳着长长的头发。牛郎把自己的情形一五一十地和织女说了。

（织女穿上纱衣，梳着自己的头发。）

牛郎：你好，我是牛郎。我没有父母，是哥哥嫂子养的我。可是他们待我很不好，叫我吃剩饭，穿旧衣服，晚上睡在没有床铺的牛棚里。我和我的老牛很亲密，同甘共苦一起过日子。有时候，我会把我看到的、听到的告诉老牛。我想，老牛辛辛苦苦地干活，我必须好好对待那头牛，所以照顾它很周到，而它也成了我相依为命的伴。

旁白：姑娘听得出了神，便把自己的情形也告诉了牛郎。

织女：我叫织女，是天上王母娘娘的外孙女。我能织一手美丽的彩锦，王母娘娘特别喜欢，她每天都要用我织的彩锦装饰天空。这漫天的云霞都是我织的。需要的量实在是太多了，我只好成天成夜地织，一刻也不能休息。

（王母娘娘上，牛郎下。）

王母娘娘：快点给我织布！马上就要来不及啦！瞧瞧你，才织了任务量的二分之一！

旁白：织女心里有苦难言，毕竟王母娘娘是她的长辈，而且和玉皇大帝一样的权利，招惹了她可是要坐300年的牢的。

（王母娘娘下。）

第二幕

旁白：这一天是王母娘娘的千岁大寿。

（王母娘娘上。）

王母娘娘：为庆祝我的1 000岁大寿，我准备了千年酿的葡萄酒，一个人独享！

（王母娘娘端起酒壶，"喝"了一口。）

王母娘娘：酒香浓，酒味美，这么好的酒，多喝一口也罢！

（王母娘娘又喝了一口，突然倒在了宝座上，打起了鼾。）

（织女偷偷看了一眼机房外面的世界，发现王母娘娘烂醉如泥，就偷偷溜了出去。）

（仙女们上，王母娘娘下。）

织女：小仙女们，你们在干啥呢！我给你们带来了一个惊喜！

仙女123：是什么呀，快告诉我们吧！

织女：王母娘娘喝了一壶"千年酿"，喝醉睡着了。我想，这一定是一个下凡的好机会！

仙女12：太好了，我们终于可以逃离这座天上监狱了！没有自由，当神仙也没有意思。

仙女3：怎么可能下凡呀，万一被王母娘娘给发现了，可该怎么办呢！还不知道她要怎么罚咱们呢！我上次因为禀告她时，口误把"陛下"说成了"殿下"，被她关了100天禁闭！下凡这么严重的事，她估计要判我们死刑了吧！

仙女1：没事没事，天上一天，人间一年，我们可以玩上好久呢！你在天上醉倒1小时，人间可是过了15天呢！

织女：而且你看，王母娘娘喝的酒可浓了，足够她醉上好久的了！

仙女2：上次我眼馋，偷偷喝了一口200年酿的酒，就醉了4个小时。你想想，一壶千年酿，管保她醉上10来个小时都没问题！那可是人间的150天啊！

仙女3：好吧好吧。不过，咱们还是需要小心一点。

（织女拉着仙女们下凡了。）

第三幕

旁白：仙女们忙着赞叹人间的景色，觉得比天上的后花园漂亮多了。她们看见了被青翠的树林所包围住的一片湖泊，那些树木生机勃勃，湖水蓝莹莹的，清澈见底，鱼儿们自在地游来游去。

仙女1：那片湖泊不错，咱们去玩玩吧！

织女：是啊是啊，太好了！那可是天上后花园所没有的湖光山色呢！这里，山是那么秀丽，水是那么清澈，树木是那么葱郁，真是一个世外桃源啊！我们要是能在这里待一辈子才好呢！

仙女2：别说了，我们抓紧时间赶紧玩吧！

（仙女们脱下了纱衣，打起了水仗。）

旁白：这就是牛郎认识织女之前发生的事。

第四幕

（仙女们下，牛郎上，老牛做准备。）

旁白：牛郎和织女打算在人间过一辈子了。

牛郎：我带你去看看老牛吧。

织女：好啊好啊，你不是还说它是你相依为命的伴嘛！

（老牛上。请老牛做好心理准备！）

牛郎：这就是我的朋友老牛。老牛，你说这是不是你说的新娘子啊？是不是你说的仙女啊？

（牛郎摸了摸老牛的头。）

老牛：正是这个新娘子。

牛郎织女：老牛老牛，谢谢你做的大媒，让我们俩认识！从此以后，咱们就是一家人了！

旁白：就这样，牛郎和织女走到了一起，他们结成了夫妻，在人间过上了男耕女织的幸福生活。

注：《牛郎织女》剧本由中关村第一小学五年级七班范予薇同学原创。

2. 合适的思维工具为深度学习提供了强有力的支架

本课中所使用的思维导图是将流程图和气泡图结合而成的，方格所示为流程图，旨在引导学生按照事情发展的顺序增补情节；箭头所示为气泡图的变形，旨在帮助学生发散思维，丰富每一个情节中的细节。将这两种思维图结合在一起，正好突破了这节课的难点：有条理地增补情节，有重点地丰富细节。

此外，这次思维导图的成功尝试给了笔者很大的启发：一方面，合适的思维工具能给深度学习提供一个强有力的支架，使课堂教学达到事半功倍的效果；另一方面，思维工具应当根据课堂教学和学生成长的实际需求来设计，不必拘泥于某一种思维工具的使用。

3. 创造性复述评价表为学生讲好故事提供了方法指导和评价标准

评价表中的两个维度，是根据创造性复述在本课的学习要求提炼出来的。"创造性"的核心是"想象"，想象首先要合理，其次要在尊重课文基本情节的基础上，在情节简略处寻找生发点，增补情节，丰富细节。"复述"指向的是"表达"，包括语言的表达和动作的表现。有了这个评价表，教学内容、学习方法、评价标准之间就实现了前后贯通，直指教学目标。

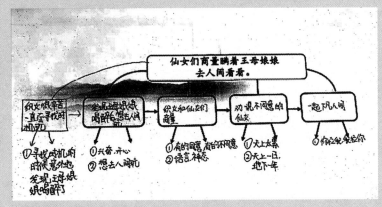

（二）本节课的不足

第一，对于如何创设认知冲突理解得不够深入，不知道如何更好地实践在课堂教学中。

备课过程中最大的困惑是如何更好地为学生创设认知冲突。但是就本课的内容来看，我无法直接向学生呈现理想认知的状态，所以也不知道用什么方式来打破学生的既有认知经验，激发学生的学习兴趣。我在本课中呈现的认知冲突，感觉更像是学生的一种认知困境，即学生不知道该如何条理清晰、重点明确地把简略的情节讲具体。我并不十分确定认知困境是否就是认知冲突，或者，应该在哪个环节设置一个更合理的认知冲突。

第二，教师对于思维工具的学习不足。

尽管思维导图能有效地帮助学生进行创造性复述故事的学习，但是思维导图的设计、修改和调整经历了一个相对漫长的过程。究其原因，还是教师在思维发展和思维工具使用等方面的知识储备不足，需要加强相关的理论学习。

课例点评

《创造性复述：基于真实情境的语言建构与运用》主标题呈现出本教学设计的几大亮点与特色。

其一，准确把握创造性复述的内涵。部编版教材复述训练都是基于故事类题材进行的，但根据学生的年龄特点、认知特点和思维发展水平的不同，设定为详细复述、简要复述及创造性复述，不同复述类型的背后体现了能力的进阶和思维的发展。创造性复述是要在充分理解课文的基础上，通过联想和想象，进一步充实内容，发展情节，更具体生动地刻画人物形象。经过学情和文本分析，准确定位教学内容，围绕聚焦情节想象画面并引入思维导图，将想象的过程和细节可视化——借助思维导图再讲故事，完成创造性复述故事的任务。进而借助"找出故事中有想象空间的简略情节""开展同伴评价、讨论""借助工具想象增补内容丰富情节"等一系列学生活动，通过同伴分享思维的可视化过程，调整与提升自我的认知与思维，从而获得丰富体验。"让我们把镜头对准第一个说话的人，她是谁呀？她在说什么？脸上是什么表情，有什么动作？"在不断聚焦、不断细化的过程中，学生的观察与理解力不断得到训练与提升；在持续想象、体悟人的语言、动作、神态、心理等细节中，用真实情感去体味人物、感知内心，在审美性意象的形成及语言深刻表现力上都有一定程度的提升。与此同时，思维导图导引学生将想象的画面以及画面中的细节做可视化处理，既使叙述条理清晰化、重点明确，也有助于学生在讲故事的过程中调整认知结构。

其二，设定真实情境。创造性复述故事的学习有真实情境唤起，结合"大手拉小手：我为弟弟妹妹讲故事"活动，由教师带领学生给一年级的小朋友讲故事作为导入，学习如何将简略的情节讲具体，让故事更精彩，准备再去一年级讲故事，作为此课学习的情境。在这场基于真实情境的综合性语言实践活动中，发生了以自主、合作、体验探究等为主要方式的学习，学生不但把故事讲得更有趣味、更吸引人，其思维方式、思维方法和思维品质也都得到了相应的提升。

其三，抓住了思维的外显进行评价。在教师制作的创造性复述评价表中，明确了"创造性"的核心是"想象"，"复述"的指向是"表达"。这将"思维的发展与提升"提到学生终身发展素养的高度，也代表着对语文课程"思维发展"的认知迈入了新阶段。对思维的培养，反复强调"真实的语言情境""通过语言运用""实现对语言与形象的直觉体验"等，语言是思维的外显，提升思维也在提升言语思维，发展言语智慧。在教学评价与学生学习收获时老师注重"语言流畅具有感染力"，"学生不但把故事讲得更有趣味，更吸引人，自身的言语思维和语言体系也得以丰富和建构"。

北京市海淀区教育科学研究院教育科研管理研究所所长，宋永健

二、"概括"教学设计案例

（一）题目解析

学科基本知识	概括
课前教学设计问题	学情研判
课中教与学的问题	如何处理预设与生成
课后评价问题	如何根据你选定的教学内容设计评价

概括不仅仅是信息的筛选、整合，还包括语言的转化能力。夏正江教授在《试论中小学语文阅读能力的层级结构及其培养》一文中指出："转化能力是指能用自己的语言或者与原先不同的方式来阐释、解释某一概念、问题、观点主张或交流内容。"语言转化、组织能力对学生的概括表达具有重要的作用。"概括"能力类似于一种"内功"。在语文学习过程中，它是"隐形"的，没有具体明确的知识点和测评过程，不如其他语文知识点那样明显、易于训练和测评。

然而，从语文课文到课外读物，甚至试卷上的阅读材料，叙事类的文字占了小学生阅读的绝大部分内容。如何迅速理顺文本逻辑，从阅读材料中抽取有效信息，归纳出要点，就得看学生的概括能力了。并且，学生口语表达的逻辑和归纳能力，也离不开概括能力。所以"概括"的语文要素及相关素养能力培养，是小学语文教学中的重要环节。

1. 学情研判

三位教师执教的学段为第二学段，义务教育语文课程标准中第二学段的目标与内容中，对"概括"的要求为"能初步把握文章的主要内容"。

唐亮老师采用了教学设计模板的提示，从学段分析、学生已有知识积累分析和学生学习能力分析三方面进行学情研判。

蔡阳合老师的方法是参考一般性的学情规律以及重点调研提出两个问题：一是你认为诗歌可划分为几个部分，每一部分都讲了什么？二是你能试着概括一下诗歌的主要内容吗？

周间想老师也是从学段分析、学生已有知识积累分析和学生学习能力分析进行学情调研，主要采用调查问卷进行调研。

2. 如何处理预设与生成

有人认为预设对学生的思路来说是一种禁锢。其实不然，预设需要对学情和教学内容有全面把握，在此基础上的预设也更有针对性。教学活动的有效、问题链的游刃有余都离不开科学准确的预设。教师要做到基于学情、准确预设、多样预设，预设中的情况一旦在课堂上出现，要抓住并深挖；学生轻松避过的障碍，要果断放弃预设；对于学生出现的新问题，要课后记录下来并加入未来的预设中；当前班级学生的成果，可以考虑作为下一个教学班的预设。因此，处理预设与生成是一个动态的过程。

例如，基于学情研判的结果，唐亮老师对教学进行了全面的预设，提出了应对措施，预估了效果（见表3-2）：

表3-2 基于学情研判的教学预设

预设问题	应对措施	效果与生成
讲概括方法容易枯燥乏味	用"概括金钥匙"游戏的教学形式来激发学生兴趣	学习好奇心被激起，学习热情高涨，课堂积极活跃
用摘句法概括段意时，关键句好找，但要概括好难	老师适时追问：我认为用这句话作段意还不够简洁，谁能说得更简洁些	学生通过简化—再简化—书写强化的方式，加深对直接摘取关键句概括段意的方法的理解和运用
学习组合法概括段意时，学生关键句找不完整	引导学生补充完整后追问：你是怎么找到的？引导学生关注小提示，如"有的……还有的……"	学生学会了如何将关键句找完整，为后面的学习奠定基础
对关键句的作用学生把握不准	通过多点联动完成，如小组合作、研学单、巡视指导，汇报时比较分析等，逐步加深对"借关键句概括段意"的理解	学生在小组合作中能发现关键句的位置和作用，明白关键句的位置不同，作用也不同，但都能借助关键句概括段意
加关键句，学生可能写得不准确，位置不恰当	强调文中重点词，引导学生思考：作者用这些词想表达什么？通过读和对比原作者的关键句位置，引导学生把关键句加在合适的位置	学生能够快速把握段意，顺利加上关键句

3. 根据选定的教学内容设计评价

有效的评价不仅能检查语文教学目标的落实情况，还能提高学生的学习兴趣，开发学生潜力，助力长期性的语文学习。评价方式多种多样，从评价方法来看，有随堂小考、课后作业，或使用评价量规品评学生课堂生成的作品等；从评价形式来看，可以采用注重中短期目标的过程性评价、注重长期发展的形成性评价、注重里程碑式结果的终结性评价等。

对于一堂课而言，我们强调评价最好要成为教学的一部分，而不是教学之外的存在，教学设计中要体现教学目标—学习过程—学习评价的一致性，要把教学评价有机融入教学活动中。例如，为使学习过程能积极有效进行，蔡阳合和周间想两位老师就选择设置了学习单和评价单，把问题及解决思路安排成填空小题，引导学生在小组互助学习中解决问题。在使用学习单后，我们也设置了相应的学习评价单对学习过程进行三个等级的评价，通过自评和小组评，引导学生深度进入思维课堂。

（二）教学案例及评析

▶ 案例一

借关键句概括段意

唐　亮　乐山市阳光实验学校

一、学情分析

三年级学生虽然没有直接学习过"概括"，但从一年级就开始了由易到难的梯度训练。一年级下册第十八课要求"结合插图，说说小猴子看到了什么、做了什么，最后为什么只好空着手回家去"；二年级上册第四课要求对给出的关键词进行排序，并据此说出曹冲称象的过程；二年级下册第十六课要求"说说雷雨前、雷雨中和雷雨后景色的变化"；到三年级上册第六单元"借助关键句理解一段话的意思"。依据教材训练序列，学生在学习"概括"时已有一定基础。

本单元"借助关键句概括一段话的大意"是由"理解"向"概括"的过渡，培养学生的初步概括能力。教学时可充分利用这些基础促进学生学习。

三年级学生在概括时会遇到阻力，需要老师给出具体详细的引导，搭建学习支架，通过朗读、对话引导学生理解段落大意，逐步实现对段意的概括，并利用双气泡图、表格等工具将思维可视化；采用适合这个年龄特点的游戏教学方式展开教学，用各种有新鲜感的形式，设置各种关卡激发学生的兴趣和探究欲。

二、教学内容

（一）文本的特点或课文在教材中的位置

本课采用群文阅读方式，用教材中的"一篇"带课外"多段"。"一篇"是三年级下册第四单元的第一篇课文《花钟》，"多段"包含本单元的第三篇课文《小虾》，以及课外阅读素材《蟹壳》《庐山的云雾》《我的老师》《小草》中的片段。"借关键句概括段意"指向"段"。用多段既能提高学习效率，又有针对性。

组文及选材说明：笔者选取两份阅读材料。阅读材料一旨在教方法，阅读材料二旨在对方法的巩固、运用与创新。

阅读材料一：

选取部编版三年级下册第四单元的第一篇课文《花钟》，本文中第一、二自然段都有一个关键句提示了自然段的主要意思，课文中的提示"这两个自然段中，各有哪句话提示了段落的主要意思呢？"是教学重点，抓住这两段引导学生学习概括方法，训练学生的概括思维。

阅读材料二：

第1段材料为本单元《小虾》的第3自然段，关键句十分明显，可以用摘句法概括。第2段材料《蟹壳》，可以学习运用组合法概括段意；适合三年级的学生阅读。

挑战任务2的3段材料，侧重于关键句的位置。第1段关键句在段首；第2段写师生之间的故事，关键句在段中；第3段写小草，关键句在段末。内容贴近生活，学生容易把握。

（二）课文中可学习的点

基于学情分析与教材分析，可确定本课的教学内容是：

（1）摘句法、组合法、借关键句概括段意的方法。

（2）关键句位置不同，所起的作用也不同，借助关键句概括段意。

（3）文段丰富多样的表达方式。

（4）留心观察，认真思考。

（5）利用双气泡图、表格等思维工具，将思维可视化，提高比较分析能力，培养概括思维能力。

（三）教学内容确定

（1）通过《花钟》第一、二自然段学习摘句法、组合法，初步学习"借关键句概括段意"的方法。

（2）知道关键句位置不同，所起的作用也不同，可以借助关键句概括段意。

（3）能给一段话加关键句。

（4）能围绕关键句写一段话。

（5）利用双气泡图、表格等思维工具，将思维可视化，提高分析能力，培养概括思维能力。

三、学习目标

1. 语言目标

学习"借关键句概括段意"的方法。知道关键句位置不同，所起的作用也不同，可以借助关键句概括段意。

能给一段话加关键句;

能借助关键句概括一段话的主要意思,能自信大方、清楚流畅地表达自己的观点;

能围绕关键句写一段话。

2. 思维目标

具备初步加工所提取的信息的思维能力,实现由理解到概括的过渡,逐步实现由形象思维到抽象思维的过渡。

能运用双气泡图、表格等思维工具,比对、简单分析问题得出结论。

3. 价值目标

认真倾听同伴的发言,认真思考,积极参与讨论,积极举手发言,有自主学习能力,有团队合作意愿。

四、教学重点/难点

教学重点:学习"借关键句概括段意"的方法。

教学难点:学习组合法概括段意。

五、课时安排预测

1课时。

六、教学过程

(一)教学导入

(1)游戏:我能简单说。

学生用下表中的一个词来概括教师抽取的植物卡。

| 柳树 | 杨树 | 玫瑰 | 睡莲 | 含羞草 | 月光草 | 玉米 | …… |

(2)用一句更简洁的话概括教师给出的句子,如下表所示(学生提到花开的意思即可)。

牵牛花吹起了紫色的小喇叭	艳丽的蔷薇花绽开了笑脸
睡莲从梦中醒来	午时花开花了
万寿菊欣然怒放	烟草花在暮色中苏醒
月光花舒展自己的花瓣	夜来香在晚上八点开花
昙花含笑一现	……

(3)激趣揭题:像刚才这样简明扼要地说就叫概括。概括可以帮我们快速了解主要意思。今天这节课我们就一起来学习概括。老师今天给你们带来了

几把概括"金钥匙",它们就藏在你抽屉的红色信封里。赶快拿出来看看吧!

设计意图

从概括一些词语到概括几句话,让学生初步感知概括,并且这些词语和句子都关联了接下来的学习任务《花钟》,可以为后面的学习做铺垫。

(二)学习活动

学习活动一:读阅读材料一(见附件1)。

(1)出示《花钟》第1自然段,利用朗读,对话引导,学习摘句法。

师:花开的瞬间美不胜收,请自由朗读第1自然段。(板书:段1)

师抽读:你最喜欢哪种花?请读给大家听。师引导,找关键句:作者按什么顺序把这些花开写得清清楚楚?

生:不同的花开放的时间不同。

师:文中哪句话刚好表达了这个意思?

生:要是我们留心观察,就会发现,一天之内,不同的花开放的时间是不同的。

师:这个句子直接提示了段落的主要意思,这样的句子我们称作"关键句"。(板书:关键句段意)

师:我认为这句话作为段意还不够简洁,谁能把它说得更简洁?

生:一天之内,不同的花开放的时间是不同的。(学生板书段意)

师引导提炼方法:第一把金钥匙是摘句法,直接用关键句来概括出一段话的主要意思,并注意以简洁的语言表达出来。

(2)出示《花钟》第2自然段,借助双气泡图,学习组合法:

师:为什么不同植物的开花时间不同呢?请画出第2自然段的关键句。(板书:段2)

生:(预设)与时间、温度、湿度、光照有关。

师追问:这段话有一个词和它相呼应,找到了吗?引导学生找到提示词"还有的"。

师:我们读书时要注意这些小提示,读到"有的"预示着后面有"还有的"。

师引导提炼方法:第二把概括金钥匙——组合法

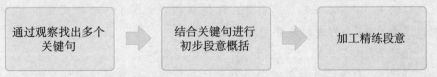

通过观察找出多个关键句 ➡ 结合关键句进行初步段意概括 ➡ 加工精练段意

借助板书双气泡图,引导学生比对提炼"借关键句概括段意"的方法。

设计意图

"借关键句概括段意"是本课的重点。利用《花钟》的第1、2自然段，给学生搭起摘句法、组合法两个方法支架。利用朗读、对话引导、追问反思、比对统整等方法教学。用双气泡图逐步建构板书，把思维过程具象化，让学生清晰感受到"借关键句概括段意"的思维过程。

学习活动二：运用策略，完成挑战。

师过渡：用两把"金钥匙"接受挑战吧！请同学们拿出抽屉蓝色信封，完成挑战任务1（见附件2）：

1. 挑战任务1：小试牛刀，初步运用方法

（1）出示要求：用横线画出关键句，再借助关键句概括两段话的主要内容。

（2）学生自学，勾画、概括。

2. 挑战任务2：巩固方法，发现规律

（1）自主学习：默读这3段话，画出关键句，用今天所学的方法来概括段意。

（2）小组合作：小组合作完成研学单，由组长填写。

（3）小组汇报，其他小组成员进行纠正、补充。

（4）比对统整。

师出示表格，引导学生观察：仔细观察这张表，你发现了什么？

预设1：这3段话的关键句和段意一样。进一步引导学生发现这三段话的关键句都可以概括段意。

预设2：这3段话的关键句位置不同，作用也不同。

师小结：在概括一段话的主要意思时，我们可以借助关键句，这些关键句的位置不同，它们所起的作用也不同，但都能概括出这段话的主要意思。

3. 挑战任务3：拓展升华，应用创新

师过渡：有个粗心的作者忘记写关键句了。请根据这段话的主要意思给它加一个关键句。

师出示：挑战任务3，《庐山的云雾》第二自然段，让学生按要求完成后汇报，意思答对即可，尽量简洁。（庐山的云雾瞬息万变）

预设1：回答不正确。师引导：课件强调"变成了……又变成了""转眼间，没看清楚"，作者用这些词想表达什么？

预设2：回答正确。师追问：你为什么这么加？

预设3：引导学生把关键句加在合适的位置：你打算把它加在哪个位置？读一读看是否通顺。

师出示原段比对：这段话的原作者加的关键句是哪句？作者把它加在了哪里？读这两段话，想想加了关键句和不加关键句哪个更好？

师小结：看来写文章也要借助关键句，这样可以让别人更清楚你要表达的主要意思。

设计意图

本环节既是对本课教学的检验，也是对教学的巩固升华。三个挑战任务环环相扣、层层推进，从初步运用方法，到发现规律、加深认识，再到读写结合、应用创新。逐步学习"借关键句概括"。

（三）作业布置

1. 生谈收获：你们已经顺利完成所有任务了，谁来说说收获

2. 布置作业

（1）欣赏图片谈感受。老师还给你们带来了几张图片，欣赏一下，看完后你有什么感受？

（2）布置任务。课后请写下你们的感受，并将这些句子作为关键句，然后围绕这个关键句写几句话。

设计意图

作业设计读写结合，用写来促进学生对"借关键句概括段意"的理解内化。写关键句有难度，在课堂巧搭支架：以学生写的有关鲜花的感受的语句作为关键句，这样学生就有话可写了。

板书设计：

左侧树状图如下图所示：

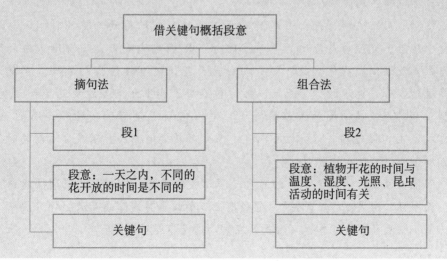

右侧双气泡图如下图所示：

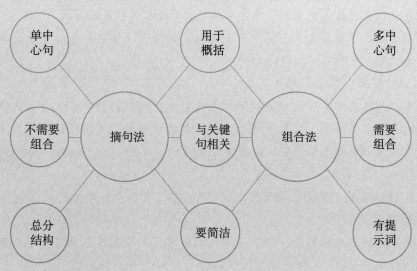

附件1　阅读材料一

花钟

①鲜花朵朵，争奇斗艳，芬芳迷人。要是我们留心观察，就会发现，一天之内，不同的花开放的时间是不同的。凌晨四点，牵牛花吹起了紫色的小喇叭；五点左右，艳丽的蔷薇绽开了笑脸；七点，睡莲从梦中醒来；中午十二点左右，午时花开放了；下午三点，万寿菊欣然怒放；傍晚六点，烟草花在暮色中苏醒；月光花在七点左右舒展开自己的花瓣；夜来香在晚上八点开花；昙花却在九点左右含笑一现……

②不同的植物为什么开花的时间不同呢？有的植物开花的时间，与温度、湿度、光照有着密切的关系。比如，昙花的花瓣又大又娇嫩，白天阳光强，气温高，空气干燥，要是在白天开花，就有被灼伤的危险。深夜气温过低，开花也不适宜。长期以来，它适应了晚上九点左右的温度和湿度，到了那时，便悄悄绽开淡雅的花蕾，向人们展示美丽的笑脸。还有的花，需要昆虫传播花粉，才能结出种子，它们开花的时间往往跟昆虫活动的时间相吻合。

③一位植物学家曾有意把不同时间开放的花种在一起，把花圃修建得像钟面一样，组成花的"时钟"。这些花在二十四小时内陆续开放。你只要看看什么花刚刚开放，就知道大致是几点钟，这是不是很有趣？

附件2　阅读材料二

挑战任务1：用"＿＿＿"勾出两段话的关键句，借助关键句概括段意。

(一)

缸里的小虾十分有趣。它们有的独自荡来荡去，有的互相追逐，有的紧贴住缸壁。要是你用小竹枝去动动那些正在休息的小虾，它们会立即向别的安静的角落蹦去，一路上像生了气似的，不停地舞动着前面那双细长的腿，腿末端那副钳子一张一张的，胡须也一翘一翘地摆动着，连眼珠子也一突一突的。如果这时碰到正在闲游的同伴，说不定就要打起来。小虾的搏斗很激烈，蹦出水面是常有的事，有时还会蹦到缸外的地面上。

——摘自《小虾》

(二)

蟹身上的甲壳就像一顶古怪的帽子，关公蟹的帽子上隐约可见人面般的花纹；大眼蟹的帽子四角方方，好像一块豆腐干；梭子蟹的帽子两端尖尖，好像织布的梭子；拳蟹的帽子，像半只皮球……真是形形色色，无奇不有。

——摘自《蟹壳》

文段（一）段意：＿＿＿＿＿＿＿＿＿＿＿＿＿＿＿＿＿＿＿＿＿＿

文段（二）段意：＿＿＿＿＿＿＿＿＿＿＿＿＿＿＿＿＿＿＿＿＿＿

挑战任务2：读下面几段话，小组合作完成研学单。

(一)

庐山的云雾千姿百态。那些笼罩在山头的云雾，像是戴在山顶上的白色绒帽；那些缠绕在半山的云雾，又像是系在山腰间的一条条玉带。云雾弥漫的山谷，它是茫茫的大海；云雾遮挡的山峰，它又是巨大的天幕。

——摘自《庐山的云雾》

(二)

放学后，王老师把我叫到跟前说："瞧，你的扣子掉了，怎么也不知道缝好。"说完叫我跟她到办公室。王老师拉开抽屉，拿出针线包，找出个纽扣，穿针引线给我缝好了。然后拍拍我的肩膀，笑眯眯地说"好了，玩去吧。以后可要当心呀！"王老师不但对我的生活关心，而且对我的学习要求也很严格。有一次我有道题错了还没改正过。王老师发现后，严厉地说："发现了错误，就得及时改正。这样才能知道错在什么地方，避免今后再出现类似的错误。"我望着老师严肃的面孔，懂得了老师的心意。赶忙拿起笔，伏在桌子上专心改错题。

——摘自《我的老师》

（三）

有几个小孩踏着小草铺成路追逐，玩耍，随着一只只脚奔跑而过，小草一绺绺地倒下去。不过，很快就发生了奇迹，只见一株一株的小草竟一歪一歪地站起来，而且站得更稳了，更牢固了。你瞧，它们正倔强地挺起胸膛，手挽手，在阳光下挨挨挤挤地站着呢！望着能屈能伸的小草，我不由得发出赞叹："多么顽强的小草啊！"

——摘自《小草》

研学单

文段	关键句 （用"____"勾）	段意	关键句位置	关键句作用
（一）	……			
（二）	……			
（三）	……			

挑战任务 3：给下面一段话加一个关键句。

眼前的云雾，刚刚还是随风飘荡的一缕轻烟，转眼间就变成了一泻千里的九天银河；明明是一匹四蹄生风的白马，还没等你看清楚，它又变成了漂浮在北冰洋上的一座冰山……

我加的关键句是：＿＿＿＿＿＿＿＿＿＿＿＿＿＿＿＿＿＿＿＿＿＿＿＿

我打算加在＿＿＿＿＿＿＿＿＿＿＿＿＿＿＿＿＿＿＿＿＿＿＿（位置）

七、设计反思

本设计立足"概括"，紧扣单元语文要素，设计了两个教学活动：活动一，学方法；活动二，用方法。

学方法是本课的重难点，由于概括思维很抽象，因此我采用双气泡图，使整个概括的过程可视化，培养学生的概括思维，让学生直观地感受摘句法和组合法这两种"借关键句概括段意"的方法。通过树状图整理思路，通过双气泡图进行方法对比，加深理解。我采用板书的形式呈现思维导图，既展示整个思维过程，同时还让学生参与完善板书，从而提高学生的积极性。

用方法则是本课的拓展提升。为了提高学生的参与热情，笔者设计了三个挑战任务。三个挑战任务环环相扣，层层递进，逐步加深学生对"借关键句概括段意"方法的理解与运用。

基于对学生心理特征的分析。我在整个教学中设计了很多富有新鲜感的内容，以吸引学生的注意力，激发学生的学习兴趣。学生整堂课思维活跃，达到了预想效果。

▶▶ 案例二

概括，抓住叙事的核心

蔡阳合　佛山市南海区狮山镇联和吴汉小学

一、学情分析

（一）学段分析

四年级学生能够初步对事物的本质特征和内部联系进行抽象概括，学生的思维从以具体形象思维逐步过渡到以抽象逻辑思维为主。学生的这些认知水平发展为学习"概括"做了良好的准备。

另据义务教育语文课程标准的要求，第二学段对"概括"这一能力初步接触、粗略了解即可，不要求做高度凝练的概括。

（二）学生已有知识积累分析

对学生已有知识积累的分析见下表：

年级	概括能力训练目标	语文要素
四年级	1. 能从不同角度对结构简单、清晰的课文划分逻辑段 2. 能用摘句法、借助提示、段意合并等方法归纳重点段落或全文的主要内容	上册第四单元：了解故事的起因、经过、结果，学习把握文章的主要内容
		上册第七单元：关注主要人物和事件，学习把握文章的主要内容

四年级概括能力训练的重点逐渐由"段"转为"篇"，转为对文本主要内容的概括。学生在三年级学习了"了解故事的主要内容"，进入四年级上册第四单元的学习时，已初步掌握了"通过故事的起因、经过、结果来把握文章主要内容"的技巧，这些前期习得的方法为本单元概括文章的主要内容奠定了基础。

本课别出心裁地安排了部编版小学语文四年级上册第七单元的《延安，我把你追寻》这一首诗歌，可以结合本单元课文新习得的能力尝试对诗歌进行概括，为下一年段做准备。

（三）学生学习能力分析

1. 根据"学习把握文章主要内容"这一学习目标，笔者重点调研了三个问题：

（1）你知道延安这个地方吗？你是否了解延安曾作为中国革命根据地的历史？

（2）你认为诗歌可以划分为几个部分？每一部分都讲了什么？

（3）你能试着概括一下诗歌的主要内容吗？

2. 结果呈现如下：

（1）有的学生没听说过延安，82.4%的学生对延安不了解，对延安在革命史中的重要性也一无所知。

（2）部分学生能够将诗歌划分为三部分，但57.1%的学生对于第二小节的归并存在争议，27.6%的学生对于第五小节的归并存在争议。

（3）学生能够大致说清每部分都讲了什么，但是提取的信息普遍过于片面，因果不清，逻辑不明。

（4）学生没有厘清诗歌各部分间关系的意识，所以在概括时，能简单提炼出作者的思想感情，但不理解诗人追寻的是背后的"延安精神"。

3. 基于以上问题，本节课的解决思路如下：

（1）引导学生进行这样的思维过程：一是找到逻辑段，用归并法将六小节分成三大部分；二是适时搭建支架，巧用摘句法，找出各部分关键词，归纳整理各部分的内容。

（2）在整体感知课文的基础上，串联各部分内容，把握诗歌主要内容。

（3）借鉴一、二节的表达方式，做写作能力迁移训练，学写简单的诗。

二、教学内容

（一）文本的特点或课文在教材中的位置

《延安，我把你追寻》是部编版小学语文四年级上册第七单元的一课。本单元的语文要素是"关注主要人物和事件，学习把握文章的主要内容"，以"家国情怀"为人文主题，编排了《古诗三首》《为中华之崛起而读书》《梅兰芳蓄须》《延安，我把你追寻》四篇课文。

《延安，我把你追寻》是略读课文，可以进行语文要素的迁移运用。诗歌课文叙事性不强，只要老师留意其中的训练点，是可以进行单元语文要素训练的。

（二）课文中的语文要素训练点

找到诗歌的叙事部分，抓住关键词，概括作者要表达的意思，把握诗歌主要内容。

（三）教学内容确定

（1）找到逻辑段，用归并法划分各自然节。

（2）概括各大段主要内容，知道作者要表达的意思。

（3）用自己的语言，把各大段内容连接起来，概括诗歌主要内容。

（4）学习用诗歌的第一、二节或其他自己喜欢的部分的表达方式来仿写诗歌。

三、学习目标

1. 语言目标

（1）通过诵读，体会诗歌语言的优美，了解诗歌表达的意思。

（2）通过关键词、句，提取文章信息，并进行整合处理，用准确的语言概括诗歌的主要内容。从而达到对词、句、段、文的理解和信息整合、归纳和表达的阶梯式语言发展目标。

2. 思维目标

（1）厘清各小节诗歌表达的主要意思和逻辑关系。

（2）用自己的语言整理、串联各小节诗歌内容，概括出诗歌的主要内容。

（3）理解第一、二小节的表达方式，用自己的语言进行仿写，写出能体现自己思维的诗歌。

3. 价值目标

了解作者追寻的延安精神，进行独立思考，想想自己要追寻的精神。

四、教学重点/难点

1. 教学重点

（1）理解各小节诗歌的主要内容，抓住关键词、句，了解诗歌要表达的意思。

（2）抓住诗歌中各小节的关系，用自己的语言来概括诗歌的主要内容。

2. 教学难点

理解诗歌各小节的内容，并用自己的语言来概括诗歌的主要内容。

五、课时安排预测

1课时。

六、教学过程

学生对于延安并不了解，对于延安的重要性更是无从得知，因此以图片、视频导入，实现可视化，创设情境激起学生对延安的兴趣。

（一）教学导入

1. 走进延安：播放介绍延安的视频

2. 看完视频谈感受

预设：延安是一个风景优美的地方，人杰地灵。

师：延安只是一个小小的地方，从仅有数千名红军战士，到后来吸引无数的有志青年，解放全中国，靠的只是这里的人杰地灵吗？（不是）

3. 引入课题

师：延安到底有什么魅力，让诗人要去追寻呢？同学们想不想了解？这节课我们一起去学习诗歌（板书："延安，我把你追寻"）。

设计意图

基于学情，本环节的策略在于以可视化的方式引导学生认识延安，为下一步感知延安精神做好认知准备。

（二）学习活动

学习活动一：归纳每个逻辑段的主要意思。

学情研判：划分逻辑段对学生来说是有难度的。因此，本环节提供支架，即三个提示：一是前后有联系的小节可以考虑归并，二是有相同句式的可以归并，三是表达正、反意思的可以归并。

1. 以读促悟

诗歌就是要不断地朗读，才能更好地理解作者蕴含其中的情感。

（1）指名示范朗读。

（2）挑选自己喜欢的一节来朗读。

师：诗中多次提到"追寻"，诗人在追寻什么？

预设学生回答：我认为，诗人追寻的是"延安精神"。

2. 整体感知

师：这首诗共有六小节，请同学们边读边思考：诗歌可以分为几大部分？哪些小节之间相互有联系，可以合并？

预设学生回答："我认为，诗歌可以分为三部分。"

教师追问：为什么是三部分，你的依据是什么？

教师根据学生发言，从三个方面适时引导学生发现诗歌各个小节之间的逻辑关系：一是前后有联系的小节可以考虑归并，二是有相同句式的可以归并，三是表达正、反意思的可以归并。

设计意图

学生在这一环节，会经历这样的思维过程：一是从整体出发感知诗歌主题；二是知道"部分"之间的联系；三是能够正确归并各部分，形成逻辑段。经历从整体到部分的思维过程，能够为下文归纳每个逻辑部分的主要思想打好基础。

3. 抓主干，合并相同，归纳每个部分的主要意思

学情研判：诗歌概括训练对四年级学生而言很有难度。因此笔者大胆尝试，给予学生充足的支持，借助学习单，通过表格这样的方式，使概括的思维过程显性化。

（1）搭建支架，巧用概括方法。

1）师：善读书的人善于把书读薄，你有没有办法把第一、二节概括成一首短诗？在开始练习之前老师要送你一个锦囊妙计：摘句法（缩句法），如下表所示：

学习助力第一站	
追寻你，延安 像燕子追寻春光； 追寻你，延安 _____	追寻，延河流水， _____ _____ _____

2）学生展示作品。

师追问：作者追寻的是延安的什么？请在学习单上填写第一部分。

	巧用摘句法	归并相同	提炼主要意思
追寻什么？	追寻，_____	这些都是代表 _____	谁干什么？

3）先扶后放，第一、二节范例学习。

师：作者为什么要追寻这些地方，这些地方有什么特殊的含义吗？

师：请学生展示课前搜集到的资料。（请两位同学分享）

师总结：原来这些就是"延安精神"。

在这个环节，教师引导学生共学第一、二节的内容，并完成下表的填写：

	巧用摘句法	归并相同	提炼主要意思
追寻什么？	追寻，＿＿＿＿＿＿ 追寻，＿＿＿＿＿＿ 追寻，＿＿＿＿＿＿ 追寻，＿＿＿＿＿＿	这些都是代表 ＿＿＿＿＿＿＿	谁干什么？ ＿＿＿＿＿＿＿
为什么追寻？	我们有了＿＿＿＿＿， 有了＿＿＿＿＿＿＿， 告别了＿＿＿＿＿＿， 却忘不了＿＿＿＿＿ 我们有了＿＿＿＿＿， 有了＿＿＿＿＿＿。 丢掉了＿＿＿＿＿＿， 却不能丢宝塔山的 ＿＿＿＿＿＿＿＿。	有了＿＿＿＿＿＿， 却不能丢＿＿＿＿	谁干什么？ ＿＿＿＿＿＿＿
我要追寻	延安精神， 一旦＿＿＿＿＿＿， ＿＿＿＿＿＿＿＿， 追寻＿＿＿＿＿＿、 追寻＿＿＿＿＿＿、 追寻＿＿＿＿＿＿	延安精神＿＿＿＿	谁干什么？ ＿＿＿＿＿＿＿

（2）借助表格，梳理主干，巧概括。

师：这首诗三个部分分别讲了什么？借助学习单上的表格，用摘句法来加以概括，请同学们试着梳理。

在这个环节，学生先自学，然后小组内分享、讨论、修正自己梳理的信息。之后，学生借助下表的学习单进行汇报：

	巧用摘句法	归并相同	提炼主要意思
追寻什么？	追寻，延河流水 追寻，枣园清香 追寻，南泥湾镢头 追寻，杨家岭会场	这些都是代表延安精神	我们追寻延安精神
为什么追寻？	我们有了高楼大厦， 有了家用电器， 告别了茅屋， 却忘不了窑洞的土炕	有了现代科技，却不能丢延安精神	我们不能丢掉延安精神

续表

	巧用摘句法	归并相同	提炼主要意思
为什么追寻？	我们有了宇宙飞船，有了电子计算机。丢掉了破车，却不能丢宝塔山的脊梁。		
不能不追寻？	延安精神，一旦失去，没有灵魂；不能展翅飞翔 追寻信念、追寻温暖、追寻光明	延安精神很重要	我们不能失去延安精神。追寻延安，就是追寻信念、追寻温暖、追寻光明

在汇报过程中，做如下预设，以引导学生明确以下内容：

● 第三、四小节：前两句诗歌都是列举现代化的事物，后面是"告别""丢掉"旧事物，却不能丢掉"延安精神"，归并相同，可以概括为"我们不能丢掉延安精神"。

● 第五、六小节从正反两个方面来展示延安精神的重要性。

● 归纳三个逻辑段的主要意思对学生而言比较难，因此，提醒学生根据表格提供的帮助，采用摘句法提炼主要信息，并且归并相同项，进而在相同项中提炼出每一部分的主要内容。

● 学生汇报结束后，教师适时总结学习方法："你看，采用摘句法把关键的词语提炼出来，归并相同的意思，就能用简洁的语言说清每一部分都讲了些什么。"

设计意图

归纳每部分的主要意思是把握全诗主要思想的基础。本环节，教师引导学生借助学习单采用"摘句法—归并相同—提炼主要意思"的顺序归纳每个逻辑段的主要意思。学生则借助学习单进行自学梳理，进而有序、有重点地归纳各个部分的主要意思。本环节给予学生充足的支撑，使其在探索中获取新知。

预设的执行情况与课堂生成

在教学中，学生对于摘句法的运用比较熟练，而在归并相同项时稍显吃力，但是只要稍加引导，很多学生可以根据第一、二节的范例完成归并相同项。在提炼主要意思部分，虽然学生并未做到清晰地概括出每一部分诗歌的意思，但是大部分学生可以提炼出"延安精神很重要"这一层意思。

学习活动二：把握诗歌的主要意思。

学情研判：通过本单元前三篇课文的学习，学生能够掌握段意串联法。大部分学生可以串联三部分意思，难度在于如何通顺地说出来。因此，我们引导用"关联词串联法"，降低要求，给学生提供支架，从而达成目标。

1. 借助支架，厘清串联法的思维逻辑

师出示 PPT 中下图：引导学生学习交流平台中提示的方法。再回顾活动一方法，学生谈谈有什么启发？（请同学分享）

语文园地

交流平台

我发现题目有时能提示文章的主要内容，如《观潮》《盘古开天地》。

弄清事情的起因、经过、结果，能帮助我们把握文章的主要内容，如《普罗米修斯》。

有的文章写了不止一件事，如《为中华之崛起而读书》一共写了三件事，可以先弄清每件事讲了什么，然后把几件事连起来，就能把握文章的主要内容了。

师："弄清楚每件事都讲了什么，接下来，该如何把文章的主要内容说清楚呢？有同学说，把三件事情连起来说一说，不就是课文的主要意思吗？同学们，你们自己先试着说一说。"

预设学生回答：学生只是简单地将三个部分的意思直接连起来说。在此时提供支架。

教师适时点拨：用合适的词语把事件串联起来，把握文章主要内容。

师：遇到这种情况，你可以用连接词比如"因为……"来串联这三部分，试着用这个连接词说出诗歌的主要意思。

此时，学生先自己练习说出文章的主要内容，然后小组内大家互相说给对方听。

预设学生回答：我们追寻延安精神，因为我们不能丢掉延安精神。我们不能失去延安精神，因为，追寻延安，就是追寻信念、追寻温暖、追寻光明。

师总结：用串联法将意思串联起来是一种好办法，同时，用关联词将各部分串联起来也能使表达更清晰。

2. 能力迁移，诗歌仿写

师：诗歌看似简单，但它包含的内容却无比丰富。诗人用诗歌表达自己的想法、愿望，那我们也学诗人那样，既可以学习诗人在第一、二节中运用的比喻的方法，也可以用第三、四节中采用的对比的方法，还可以借鉴第五、六节用正反面来写的方法。

学生自由创作。

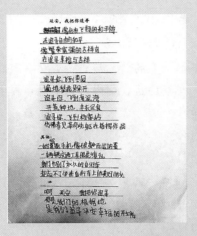

 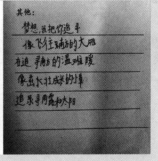

3. 学生回顾、总结学习方法，开展自评与互评，学习评价表如下：

归并相同内容，提炼主要意思		
评价维度	自评	小组评
1. 读好诗歌（正确、通顺、有感情）	☆☆☆	☆☆☆
2. 正确划分各部分	☆☆☆	☆☆☆
3. 利用摘句法（缩句法）找出主要意思	☆☆☆	☆☆☆
4. 学会归纳每部分的相同点	☆☆☆	☆☆☆
5. 提炼每一部分的主要意思	☆☆☆	☆☆☆
6. 用恰当的词语串联起各部分的主要意思	☆☆☆	☆☆☆

归并相同内容，提炼主要意思		
评价维度	自评	小组评
1. 仿照第一、二节诗歌创作（用比喻）	☆☆	☆☆
2. 仿照第三、四节诗歌创作（用对比）	☆☆	☆☆
3. 仿照第五、六节诗歌创作（从正反面来写）	☆☆	☆☆
4. 仿写整首诗	☆☆☆	☆☆☆
5. 运用新题材创写诗歌	☆☆☆	☆☆☆

填表说明：各位小诗人，请根据自己的表现，在相对应的表格栏中涂上对应的星星。

【设计意图】

这两个评价表是根据诗歌的特点设计的。第一个表中的 6 个维度，从朗读到主要意思的概括，层层递进，明晰学习方法，既是学习评价单也是学习支架，更是对这节课学习方法的总结。第二个表是在习得概括能力后的拓展迁移，鼓励学生进行创作。

（三）作业布置

1. 利用学习单和评价单，回顾本节课把握诗歌主要意思的方法

2. 诗歌分享：为家长朗读一首你喜欢的诗歌，试着用这节课你学过的方法向家长说说你对诗的理解

【设计意图】

在回顾、梳理的基础上，在课外阅读中练习把握诗歌主要内容的能力。迁移运用本节所学。

七、设计反思

设计反思如下图：

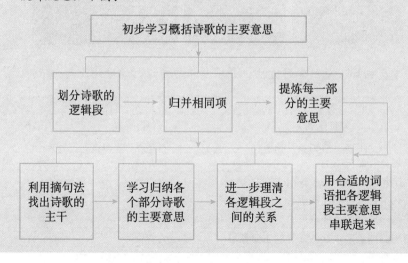

选择诗歌作为概括的文本，需要一定的勇气。同一主题单元的叙事课文更适合作概括的讲解课例。笔者在教学过程中也确实遇到了巨大的困难：诗歌的叙事性不强，教学设计和教学过程都难以体现概括的要点要素，学生难以捕捉每节诗歌中的叙事点。鉴于此，经过研讨，我决定重点抓住如"题目拓展法""主干法""摘句法""段意串联法"等概括方法，以第一、二节为例，用练习纸做练习的方式，安排适当的练习题，让学生用摘句法，提炼出第一、二节的大意，就是"我要追寻延河、枣园、南泥湾、杨家岭"。然后老师再总结，用同样的方法概括其余几节的大意，最后用"段意串联法"概括全诗的大意。这样，才算是把课文的重点——"概括诗歌的大意"解决掉。

▶ 案例三

关注主要事件　把握主要内容
——《梅兰芳蓄须》教学设计

周间想　佛山市南海区狮山镇联和吴汉小学

一、学情分析

（一）学段分析

四年级学生处于大脑结构和功能完善的关键期。学生的思维能力已经有了飞跃式的发展，抽象概括、推理等能力开始形成，这为学生学习概括奠定了坚实的基础。该时期，概括文章主要内容的教学对后期的语文学习起着重要的承接作用。

（二）学生已有知识积累分析

在学习本单元之前，学生积累了不少关于概括文章主要内容的方法。《梅兰芳蓄须》是部编版小学语文四年级上册第七单元的第23课。学生在三年级下册第八单元的学习中掌握了"了解故事的主要内容"的语文要素；学生在四年级上册第四单元的学习中掌握了"了解故事的起因、经过、结果，来概括一件事的主要内容"这一语文要素，这为学生学习第七单元"关注主要人物和事件，学习把握文章的主要内容"这一语文要素做好了准备，为引导学生由概括仅包括一件事的文章过渡到概括含有多件事的文章的主要内容夯实了基础。

《梅兰芳蓄须》训练的重点是：在概括文章主要内容时，可以先弄清楚每件事讲了什么，然后把几件事连起来，引导学生有意识地先厘清三件事之间的关系，再用表示顺序及体现程度的词语连接起来，以此引导学生正确地把握文章的主要内容。

（三）学生学习能力分析

1. 学生概括方法的了解程度

通过学前的调查问卷，我们发现，学生对于这些列举的概括方法都有了一定程度的了解，占比较大的有摘抄关键词法、句子摘录法以及要素提取法。问题及统计如下图所示。

问题1：学生在学习过程中了解到以下哪些概括方法，如下图所示：

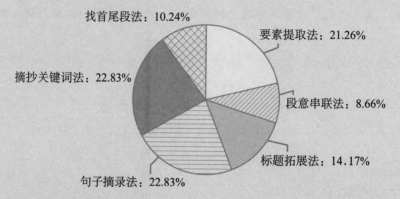

找首尾段法：10.24%
要素提取法：21.26%
摘抄关键词法：22.83%
段意串联法：8.66%
标题拓展法：14.17%
句子摘录法：22.83%

问题2：学生在学习中最常用以下哪一概括方法来概括文章的主要内容？比重如何？统计结果如下图所示：

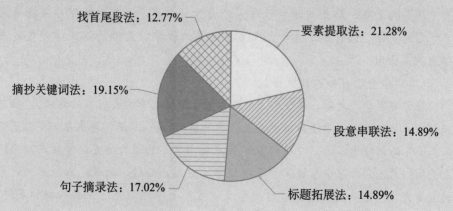

找首尾段法：12.77%
要素提取法：21.28%
摘抄关键词法：19.15%
段意串联法：14.89%
标题拓展法：14.89%
句子摘录法：17.02%

2. 学生概括文章内容的水平

笔者根据本单元的语文要素，在教学前给学生设置了前置性作业，包括以下两题：

（1）填表，通过了解主要人物做了什么事情来概括事件的主要内容。

主要人物				
梅兰芳			日军	事件
拒演的办法	所在段落	困难与危险	做什么	
				因为_____，所以梅兰芳_____

通过整理学生的作答，笔者发现主要存在以下问题：

1）在"拒演的办法"中，学生难以提炼出关键词的情况在本班约占38％。

2）在对"事件"的概括中，约有45％的学生没有按照起因、经过、结果来概括每一件事，在填写时出现表述不全的问题。

（2）请尝试概括本篇课文的主要内容。

在这一题中，本班学生的回答主要存在以下问题：

1）语言不够简洁。概括完三件事后，在概括整篇文章的主要内容时，只是简单直接地将三个句子连接起来，并没有意识到需要对句子中的语言进行删减糅合。

2）概括缺乏顺序性。不清楚每一件事情的先后顺序，并没有意识到三件事是有先后顺序的。

3）概括缺乏程度性。在概括主要内容时缺乏体现程度在逐步加深的词语。

二、教学内容

（一）文本的特点或课文在教材中的位置

《梅兰芳蓄须》是部编版教材小学语文四年级上册第七单元的第23课。第七单元以"天下兴亡，匹夫有责"为人文主题，编排了《古诗三首》《为中华之崛起而读书》《梅兰芳蓄须》《延安，我把你追寻》四篇课文，语文要素是"关注主要人物和事件，学习把握文章的主要内容"。《梅兰芳蓄须》作为略读课文，强调概括方法的迁移运用。

（二）课文中可学习的点

基于学情分析与教材分析，可确定本课的教学内容是：关注主要人物和事件，迁移运用将事件串联起来加以概括的方法，把握文章的主要内容。

具体表现为：从主要人物出发，划分文章段落；运用已学已知的概括方法，归纳各部分的主要内容；然后，将各部分主要内容串联起来，把握文章的主要内容。

（三）教学内容确定

1. 能正确划分自然段，确定与归纳课文讲了哪几件事

2. 在方法的指导下，能够用自己的话概括文章内容

三、学习目标

1. 语言目标

在确定课文讲了几件事的基础上，抓住主要人物和事件，用自己的话把文章的主要内容说清楚。

2. 思维目标

（1）借助学习单，能够讲清梅兰芳为了拒绝给日本人演戏都用了哪些方法以及他经历的危险和困难，归纳出每件事的主要内容。

（2）发现三件事之间的内在联系，串联事件，把握主要内容，再次明确概括方法。

3. 价值目标

根据搜集到的资料，结合自己的阅读体验，感悟梅兰芳的民族气节、爱国情怀。

四、教学重点/难点

教学重点：抓住主要人物和事件，用自己的话把文章的主要内容说清楚。

教学难点：发现三件事之间的内在联系，串联事件，把握主要内容，再次明确概括方法。

五、课时安排预测

1课时。

六、教学过程

（一）教学导入：了解梅兰芳

（1）这节课我们来认识梅兰芳。谁来根据课前搜集的资料，说说梅兰芳？

预设1：学生能通过网络等渠道搜集梅兰芳的相关资料，了解其个人成就及时代背景等。

预设2：学生资料搜集得少时，由老师补充京剧特别是相关资料，引导学生朗读第1自然段。

小结：梅兰芳总是把胡须剃得干干净净的，就是为了塑造出一个又一个优美的旦角形象。

（2）将文中的句子"但他的一生中，有几年却是留着胡须的"与蓄须的梅兰芳图片一同展示，让学生理解"蓄"的意思。预习课文后，你们知道梅兰芳为什么要蓄须吗？（补充抗日战争时期的背景资料）

小结：梅兰芳用蓄须的办法来拒绝为日本人演戏。（板书：拒绝演戏）

（二）学习活动

学习活动一：划分部分，归纳事件。

1. 请默读课文并思考

梅兰芳用了哪些办法来拒绝为日本人演戏？在这个过程中经历了哪些危险和困难？

2. 完成学习单。

出示学习单：

梅兰芳		
拒演的办法	所在段落	困难与危险

预设1：同学们能运用抓关键词的方法，从梅兰芳为拒演所采用的办法出发，划分部分，提炼出拒演过程中遇到的困难和危险。

梅兰芳		
拒演的办法	所在段落	困难与危险
深居简出	2	虚度艺术生命
蓄须明志	3～4	卖房度日
打针装病	5～7	险丢性命

预设2：同学们不能抓住关键词或只能找出一部分，但能找到文章中相关的语句。此时引导学生提取句子中的关键词，修改表格。（板书：抓关键词）

3. 回顾方法，把握事件

（1）我们学过哪些概括主要内容的好方法？

方法一：通过第四单元的学习，我们学会了在了解故事的起因、经过、结果的基础上概括文章的主要内容。

方法二：学习了《为中华之崛起而读书》后，我们知道可以通过了解主要人物做了什么事情来概括事件的主要内容。

方法三：先弄清楚每件事讲了什么，再把几件事连起来，从而把握文章的主要内容。

（2）在日军的不断迫使下，梅兰芳先生每一个拒演事件都深藏着难以想象的困难与危险。小组合作，尝试用以上方法说说每件事的主要内容。在概括事件前，请先用抓关键词的方法写一写日军的行为。出示表格：

主要人物和事件				
梅兰芳			日军	事件
拒演的办法	所在段落	困难与危险	做什么	
深居简出	2	虚度艺术生命		因为_____，所以梅兰芳_____
蓄须明志	3～4	卖房度日		
打针装病	5～7	险丢性命		

预设1：同学们能根据关键词，在了解每件事起因、经过、结果的基础上，结合主要人物做了什么事来概括事件的主要内容，整理如下表：

主要人物和事件				
梅兰芳			日军	事件
拒演的办法	所在段落	困难与危险	做什么	
深居简出	2	虚度艺术生命	不断纠缠	因为日军不断纠缠，所以梅兰芳深居简出，不再登台，虚度艺术生命
蓄须明志	3～4	卖房度日	逼迫骚扰	因为日军不断逼迫骚扰，所以梅兰芳蓄须明志，宁可卖房度日，也不登台演出
打针装病	5～7	险丢性命	强令上台	因为日军强令上台，所以梅兰芳打针装病，为此险些丢了性命

预设2：同学们不能将日军做了什么事情的关键词全部提取出来，但能找到文章中相关的语句。老师将引导学生提取句子中关键词，修改表格。（板书：厘清事件）

学习活动二：串联事件，尝试概括。

1. 厘清事件，发现联系

(1) 师：我们弄清了每件事，那直接把这几件事连起来，就是文章的主要内容吗？

预设1：不是，概括主要内容不仅是罗列事件，还要厘清事件之间的关系，把事件串联起来。

预设2：是的。教师追问：如果是罗列事件，我们能不能调换事件的顺序？为什么？

小结：事件的顺序不能调换，因为事件有时间顺序，有因果关系。

(2) 师：本文中的三件事情有着怎样的内在联系呢？请同学们竖着看表格，说说你的发现。

预设学生回答：我发现梅兰芳拒绝的办法越来越"狠"，采取的手段越来越激烈；遇到的困难与危险越来越大；日军也一次比一次逼得紧。

如果学生回答不出来，可以引导学生结合资料，讲解梅兰芳拒演的方式是如何变化的：先是……然后是……最后竟然要……

2. 有序简化，串联事件

(1) 师：梅兰芳经历的困难与危险在不断升级，把这几件事情串联起来有什么方法呢？

预设学生回答：可以运用"先……再……最后……"等词串联事件。引导学生尝试概括。

如果学生回答不出来，可以引导学生回忆表示顺序的连词。学生说完之后，教师要从学生的发言中发现问题。

预设学生回答：学生能够运用"先……再……最后……"等词串联事件，但是不能将"不断纠缠、逼迫骚扰、强令上台"等类似重复表达进行合并简化，使概括语言简洁明了。我将出示概括的片段，让学生朗读，说说感受，他们会发现重复的表达会显得啰唆。

(2) 师：对于"不断纠缠、逼迫骚扰、强令上台"等类似重复表达，我们应如何进行简化，使之更简洁明了呢？

预设学生回答：多次骚扰、多次逼迫、百般纠缠……

(板书：有序串联，简化语言)

3. 明确方法，组织语言

(1) 师：有了这些方法，请你们重新组织语言，概括文章的主要内容。

（2）小组交流，开展自评和互评。

《梅兰芳蓄须》自我评价单如下表：

评价内容	☆☆☆	☆☆☆	☆☆☆
1. 我能独立找出梅兰芳拒演的三个办法			
2. 我能正确提炼语句的关键词			
3. 我能归纳每件事的主要内容			
4. 我能发现并厘清事件之间的内在联系			
5. 我能用合适的词语串联事件，使语言简洁明了			

《梅兰芳蓄须》小组评价单如下表：

评价内容	普通话标准，声音响亮，表达流利	文章主要内容完整，符合自评标准
组员一	☆☆☆	☆☆☆
组员二	☆☆☆	☆☆☆
组员三	☆☆☆	☆☆☆
组员四	☆☆☆	☆☆☆
小组代表	☆☆☆	☆☆☆

（3）选取代表，向全班汇报。

预设学生回答：本文讲述了抗日战争时期，梅兰芳面对日军的百般纠缠，为拒绝演戏，他先是深居简出，虚度艺术生命；再是蓄须明志，宁可卖房度日，也不登台演出；最后甚至打针装病，为此险些丢了性命。

在学生分享概括成果的过程中，教师要及时鼓励，也可以指出问题所在，使学生可以及时改进。

学习活动三：朗读文段，感悟形象。

从 1937 年开始罢演，到 1941 年蓄须明志，一直到 1945 年抗战胜利。梅兰芳终于可以回到他热爱的京剧舞台。

1. 理解梅兰芳的高尚气节

师出示：抗日战争取得胜利的消息传来，梅兰芳当天就剃了胡须，高兴地向大家宣布："胜利了，我该登台演出了！"（板书：胜利复演）

这句话应该用什么样的语气来读，以体现梅兰芳终于走出困境，走上了自己热爱的艺术舞台？（用盼望、喜悦的语气读）

师过渡：梅兰芳爱京剧，更爱国，他的行为表现出一个正直的中国人、一名真正艺术家的良知和高风亮节。这是值得赞扬的民族气节和爱国情怀啊！

2. 请同学们带着敬佩之情读第 9 自然段（板书：民族气节、爱国情怀）

（三）作业布置

还有很多的中国人，他们心怀祖国，一片赤诚之心。请同学们打开书本第 102~103 页的阅读链接《难忘的一课》，运用已学的概括方法，自主阅读，尝试概括，并与同学分享。

（四）板书设计

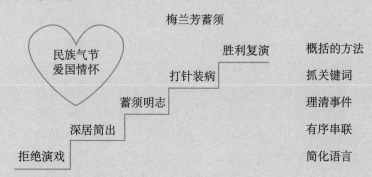

梅兰芳蓄须

民族气节
爱国情怀

胜利复演　　　概括的方法

打针装病　　　抓关键词

蓄须明志　　　理清事件

深居简出　　　有序串联

拒绝演戏　　　简化语言

七、设计反思

1. 学情调研，以学定教

做好学情调研，合理确定教学起点是落实以学定教的前提条件。在课前，运用问卷星调查学生对概括方法的了解和使用情况，设计了两项关于概括的前置性作业。从调查和前置作业的反馈中全面了解学生的能力起点，以学定教，有的放矢。

2. 设置表格支架，落实语文要素

将表格这个学习工具作为梳理文本主要事件的支点，融合前期习得的方法，让主要人物和主要事件架构清晰，真实地呈现在眼前，再引导学生通过读表中的内容，发现事件诸要素之间和各事件之间的内部联系，把主要事件有序串联起来，便把握了文本的主要内容，落实了语文要素，切中了教学重点。

3. 多样评价，巩固提高

概括完成后，学生对整节课的学习过程和学习成果进行了自评和小组评价，评价单中的不同评价维度，既是学习评价的过程性指标，也是对学生学习方法的指导。学生对照评价标准，可发现自己和同伴在学习过程中存在的问题，并知道问题出现的原因，进而可以有针对性地进行改进、提高。

课例点评

　　这三篇教学设计共同指向概括这一核心知识与能力,《借关键句概括段意》《概括,抓住叙事的核心》《关注主要事件　把握主要内容》三篇教学设计案例充分体现出概括的重要性与综合性——不仅包括信息的筛选、整合能力,还包括语言的转化能力。

　　思维发展是语文教学的重要目标之一,在课堂教学实践中须通过创设问题情境、优化问题设计、培养创新意识等方法来提升学生的思维发展内驱力,鼓励创新思维能力。三篇教学设计在策略选择、路径设计上各有特色:

　　《借关键句概括段意》用游戏导入的方式。在导入环节,设置疑问,引发学生学习兴趣,唤起求知欲和好奇心。教师引导学生用一个词概括教师抽取的植物卡,用一句更简洁的话概括教师给出的句子。从概括一些词语到概括几句话,学生可初步了解什么是概括,初步形成对概括的认识。这一环节中涉及的词语和句子都关联了接下来的学习任务。从词到句层层递进的概括过程,使学生想要进一步了解概括的方式,激发了学生的思维内驱力。

　　《概括,抓住叙事的核心》注重问题设置的启发性。"诗中多次提到'追寻',诗人在追寻什么?""这首诗共有六小节,请同学们边读边思考:诗歌可以分为几大部分?哪些小节之间相互有联系,可以合并?"在主问题引导下,分层设问设置巧妙。"追寻什么?"是整体感知诗歌,"诗歌可以分为几大部分?"是从整体到部分的思维过程,"哪些小节可以合并?"这三个问题环环相扣,自然而然地触及问题,教师因势利导:一是前后有联系的小节可以考虑归并,二是有相同句式的可以归并,三是表达正、反意思的可以归并;给出问题解决路径,使难点容易解决,且不割裂文本阅读过程,在深入、持续的思考过程中,学生的思维得到发展。

　　《关注主要事件　把握主要内容》关注挖掘文本以强化思维深度。语文思维的发展离不开比较、分析、归纳的方法,以及观察、记忆、思考、联想、想象能力。师生在课堂上,在质疑、解疑、释疑过程中,不断聚焦文本知识,提升思维层次。事件的概括—事件的关联—事件安排的顺序—作者写作的用意—文本的中心,老师通过问题链的形式逐渐聚焦文本内涵,问题具有有效性、启发性、激励性,从"引导学生结合资料,讲解梅兰芳拒演的方式是如何变化的"到"点拨启发学生理解梅兰芳遇到的困难与危险越来越大;日军也一次比一次逼得紧"。从简单的事件概括,到分析事件顺序,进而分析事件顺序背后不同环境下人物形象的刻画,学生从信息的筛选、整合,到语言的转化能力逐渐提升,拓宽了思维深度。

三篇教学设计各有其长，都聚焦思维发展，选择有效路径，值得学习、借鉴。

北京市海淀区教育科学研究院教育科研管理研究所所长，宋永健

三、"改写"教学设计案例

（一）题目解析

学科基本知识	改写
课前教学设计问题	学情研判
课中教与学的问题	如何关注个体差异，开展分层教学，落实教学基本目标
课后评价问题	如何借助评价手段促进改写（编写）能力的提高

如上篇所述，由于教材编排中关于改写的训练内容较少，所以小学教师对改写的定义和范畴的认识往往不清晰。直至九年级，部编版教材中才明确提出改写的概念和分类。此外，小学教师对改写训练重视程度不够。阅读教学与习作教学脱节是一线教师在教学中常有的问题，这二者本是相辅相成的，但教师在开展语文阅读教学时，大部分只停留在阅读层面，未能有效拓展到习作层面。而改写是连接阅读与习作的桥梁，是落实语文读写结合的有效手段。教材中出现的改写训练给学生提供了抓手和阶梯，它能清晰地帮助学生将阅读中学到的方法迁移到习作中去。

1. 学情研判

课堂教学是一个动态的双向过程，对教学目标的设定而言，学生既是群体，也是个体，因此教学目标的确定，既要考虑课标与教材的要求，又要考虑学生的个体需求、先备知识、最近发展区和学生群体的认知规律、学习兴趣、学习特点等。因此，学情研判是设计课程目标、确定教学策略和活动的重要参考。

结合改写这一学科知识，笔者选取了五年级上册第五单元的《交流平台　初试身手》一课，在教学设计中，笔者是这样开展学情研判的：

首先，布置练笔并分析学生的练笔样本。学生的练笔样本能极大体现学生现阶段的习作水平和存在的困难，将样本分析透彻，明确要突破的目标是恰当改变语言风格，从而制定本节课的教学目标和重难点。

其次，通过一些调研手段对学生现有能力开展细致的学情分析。笔者采取了问卷调查、查阅资料和学生谈话等方式，内容可分为学段分析、学生已有知识积累分析和学生学习能力分析。

2. 如何处理预设与生成

（1）树立单元意识，落实教学基本目标。

本单元是习作单元，同时也是小学阶段第一个真正意义上的说明文单元。本单元语文要素为"阅读简单的说明性文章，了解基本的说明方法；搜集资料，用恰当的说明方法，把某一种事物介绍清楚"。围绕该语文要素编排的两篇精读课文语言风格迥异，一篇平实通俗，另一篇生动活泼。

本课内容作为精读课文和习作的桥梁，起到了衔接作用，将读写结合起来，能切实培养学生的迁移运用能力。

作为衔接性习作练习，此次片段改写练习是为本单元习作——《介绍一种事物》服务的，所以让学生结合所学归纳说明文的特点，目的有两个：一是培养学生更强烈的文体意识；二是为习作做铺垫，故片段练习要求不可过高，学生能把握住主要内容，能有意识地选取一种或几种说明方法介绍事物即可。

（2）关注个体差异，开展分层教学，因材施教。

在授课之前，笔者从学生的练写片段入手，了解学生的不同情况，根据学生的学习情况去设计教学过程，制定习作评价层级表。

在课堂上，不同水平的学生可对照习作评价层级表和不同的星级习作例文明确自身的优缺点，获得进步。鼓励习作才能突出的同学传授自己的经验，帮助学困生，激发大家习作的热情。

此外，布置作业也给学生提供了具体语境，启发他们去写更多内容，开展拓展训练。

3. 借助评价手段促进改写能力的提高

评价量表相当于学生习作的"方向说明书"。义务教育语文课程标准指出："语文课程评价的目的不仅是为了考查学生达到学习目标的程度，更是为了检验和改进学生的语文学习和教师的教学，改善课程设计，完善教学过程，从而有效地促进学生的发展。"

在平日的习作教学中，面对如"语言不够生动""词语使用不够恰当"等评语，学生常常不知道自己的问题到底是什么，也不知道该如何加以改进。这往往是因为教师在依照经验和固有认识自行其是。所以为了解决上述问题，笔者结合本课内容，制定了习作评价层级表，笔者着重考虑以下方面：

（1）努力体现学生的主体性，促进学生自我定位、自我反思、自我进步。

（2）注重评价多元化，除了自我打分，加入同桌打分和同桌修改意见。

（3）搭建"中介语言"。分别为三个不同层级匹配了"中介语言"，帮助学生更好地从"伙伴语言"过渡到"目标语言"。

（二）教学案例及评析

善用评价　关注差异　初试改写

五年级上册第五单元《交流平台　初试身手》教学设计

骆　岚　西安市凤景小学

一、学情分析

（一）学段分析

小学五年级是学生从具体形象思维向抽象逻辑思维过渡的关键时期。对他们而言，说明性文章并不陌生，在中年级就接触过《蜜蜂》等说明文，课外也会阅读科普文章、说明书等，对说明文已有初步认识，为学写说明性文章做好了铺垫。就习作能力而言，经过四年的积累，五年级的学生已建立起较强的习作信心，能将内容表述清楚，且会对习作进行修改。

此外，儿童能力发展的成熟期是不同步的，所以在活动设计时利用评级表指导不同能力水平的学生取得进步。

（二）学生已有知识积累分析

本课为部编版教材小学五年级上册第五单元《交流平台　初试身手》，在此之前，学生从三年级下学期至五年级，每学期都会进行多篇说明文的学习，如三年级下册的《昆虫备忘录》《纸的发明》等，四年级上册的《夜间飞行的秘密》《呼风唤雨的世纪》等，四年级下册的《琥珀》《飞向蓝天的恐龙》等。这些学习都为学生积累了大量感性主观认识，帮助其了解说明文特点，并有助于改写活动的开展。

学生虽有习作基础，但不同文体的改写训练，还是第一次遇到，这对其迁移能力提出了一定的要求，要把散文中获取的内容进行重组，建构成说明性文章，这无疑是一个不小的挑战，需要学生进行分析和判断。作为改写准备中的重要一环——查找资料，学生在中年级已经学过如何搜集资料，所以有一定基础。

此外，笔者所任教的班级在中年级时曾全班集体阅读、学习了法布尔的《昆虫记》，学生对说明性文章很感兴趣。

（三）学生学习能力分析

课前，我对本班学生进行了学情调查。目的是设计习作学习任务，问题围绕习作兴趣、对习作内容的了解以及表达经验而设置。采用的方法有问卷调查、观察和提问、研究学生完成的本单元练写片段（"初试身手"第一题）。

根据调查分析，学生对说明文的特点有了一定的了解，对于说明文中所使用的方法也能进行列举，但认为文体改写是最有挑战的任务。故笔者计划设计以下环节：

（1）结合本单元《太阳》《松鼠》和"交流平台"，对说明性文章的特点进行梳理、归纳。

（2）重视学生已练写过的片段，根据本堂课习作任务的关联性，让其再发挥作用。

（3）基于调查，学生认为最难改写的部分为"增之一分则嫌长，减之一分则嫌短，素之一忽则嫌白，黛之一忽则嫌黑"。不少学生会陷入认为改写就是逐句把散文"翻译"成说明性文章的误区。

二、教学内容

（一）文本的特点或课文在教材中的位置

本课位于《太阳》《松鼠》两篇精读课文之后，让学生认识说明性文章的作用和特点，并尝试运用多种说明方法抓住特征介绍事物，为本单元习作做准备。

本单元是习作单元，同时也是小学阶段第一个真正意义上的说明文单元。本单元的语文要素为"阅读简单的说明性文章，了解基本的说明方法；搜集资料，用恰当的说明方法，把某一种事物介绍清楚"。围绕该语文要素编排的两篇精读课文语言风格迥异，一篇平实通俗，另一篇生动活泼。

本课作为精读课文和习作中间的桥梁，起到了衔接作用，将读写结合起来，能切实培养学生的迁移运用能力。

（二）课文中可学习的点

基于学情分析与教材分析，可确定本课可学习的要点是：

（1）归纳说明文的特点和作用。

（2）复习搜集到的相关资料。

（3）综合运用上述所学内容，学习改写说明文，解决改写过程中的思维堵塞处。

（三）教学内容确定

（1）归纳小能手（归纳说明文的特点和作用）。

（2）搜集小能手（复习搜集到的相关资料）。

（3）改写小能手（解决思维堵塞处，以点带面→梳理部编版语文五年级上册第1课《白鹭》的主要内容→借助改写锦囊完成改写→多元评价→修改进步→利用双气泡图比较散文和说明文）。

三、学习目标

（一）语言目标

1. 口头语言表达

交流、总结说明性文章的特点，体会恰当使用说明方法的好处，实现信息提取与整合、语言重组及连贯表达的目标；在小组合作、自我评价、给他人评价时，使用正确、恰当的语言进行表达，提升口语交际能力。

2. 书面语言表达

尝试运用多种说明方法，多角度写清楚白鹭的特征，能将散文改写为说明性文字，实现分析和语言重组目标。

（二）思维目标

1. 借助"交流平台"和《太阳》《松鼠》，归纳总结说明文的特点和作用，提升归纳概括思维

2. 通过开展搜集资料小能手的评比活动，判断资料的优劣，提升学生的逻辑思维和辩证思维

3. 通过改写练习提升知识的迁移运用思维

4. 借助评价层级表自评、他评，提升判断、辨别思维

（三）价值目标

1. 深入理解说明文的科学、严谨、客观

2. 感受白鹭恰当、适宜的美

四、教学重点/难点

1. 教学重点

（1）交流、总结说明性文章的特点和作用。

（2）尝试用多种说明方法将散文《白鹭》第2～5自然段改写成一段说明文。

2. 教学难点

借助评价层级表将散文改写为说明文，并能实现改写能力的后续提升。

五、课时安排预测

1课时。

六、教学过程

课前预习部分

1. 提供思维导图模板，让学生自己梳理《白鹭》第2～5自然段的主要内容（学生可选择使用老师提供的模板或自行整理）

白鹭（第2～5自然段）　　内容

表达

2. 搜集白鹭的相关资料

课上学习部分

（一）教学导入

师：本节课我们一起来闯关！看一看同学们说明文学得怎么样！大家有没有信心？

首先来个赛前热身！谁记得第五单元导读页上叶圣陶先生说的话？

生抢答：说明文以"说明白了"为成功。

师：你反应真快！

师指名答：学习完《太阳》和《松鼠》，你是否对说明文有了更深刻的了解？谁来分享一下自己的体会？

师：请同学们把书翻到本课文处。

（二）学习活动

学习活动一：交流平台（归纳小能手）明确说明文的特点和作用。

师：我们开启第一关——归纳小能手！

关于归纳小能手闯关说明如下：

类型	小组合作赛（四人小组）
内容	借助"交流平台"和《太阳》《松鼠》两篇课文，梳理学到的说明文相关知识
形式	任选思维图示
时间	限时7分钟
评判依据	角度越多，内容越准确，得分越高 选取积分前两名小组，授予其"归纳小能手"称号

学生小组作品：

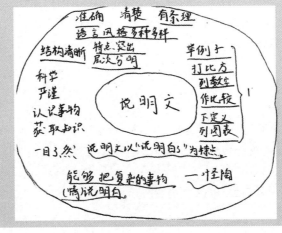

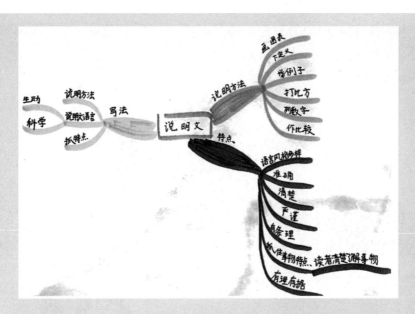

设计意图

让学生对说明文的相关知识和基本特点、作用有更加深入、全面的认识。

学习活动二：初试身手（搜集小能手、改写小能手）散文改写为说明文。

师：在你们的通力合作下，我们对说明文的认识加深了。之前我们学习完《太阳》时让同学们练写了"初试身手"的第一道题，哪位同学可以结合自己的习作内容，来分享一下你是怎样把事物介绍清楚的？

生1：我写的是学校的教学楼，因为我不知道楼的具体高度，所以运用了做比较的说明方法，通过观察，把教学楼和树、周围的楼房的高度进行对比。

生2：我在写的时候发现有很多内容是我不清楚的，所以我通过查阅资料、翻书、向大人请教等方式完成的练笔。

第一步，回顾《白鹭》第2~5自然段内容。

师：同学们小试牛刀，很成功，今天我们的挑战任务是把《白鹭》的第2~5自然段改写为说明文。这篇课文给你的最突出的印象是什么？

生1：这是一篇特别美的散文。

生2：郭沫若从很多角度描写了白鹭，还突出了白鹭的特点。

师：郭沫若先生笔下的白鹭堪称经典，栩栩如生，而且这篇散文读起来意蕴悠长，就像一幅水墨画，字里行间都透露着白鹭的美。在上课之前，老师布置了任务，让各位同学用思维导图的方式梳理《白鹭》的内容，去查阅相关资料，现在请同学们拿出你们的课前准备。

师：谁来结合自己绘制的思维导图分享一下，在文中的第 2～5 自然段，作者从哪些方面描写了白鹭的美？

学生作品：

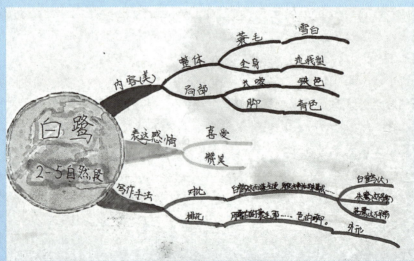

第二步，以点带面（教师的思维堵塞处，学生的前测困难点）。

师：分享得很好，第 2～5 自然段主要写的就是白鹭的外形之美，你觉得哪一句话写得最精妙？让你印象最深刻？

在生分享时将其引导到"增之一分则嫌长，减之一分则嫌短，素之一忽则嫌白，黛之一忽则嫌黑"这句话上。

师：这句话让人真切地感受到了白鹭"适宜"的程度真是令人无可挑剔！那怎样把这个特点改用说明文表达出来呢？老师在你们的课前调查中也看到，许多同学最犯难的就是这句话！

此时，教师为学生提供了三种不同的解决策略：

（1）活泼生动的语言风格，如《松鼠》。一身洁白如雪的羽毛，身体纤细修长，脖颈像一个小"S"，犹如高贵的白雪公主，一切都美得恰到好处，这就是美丽可爱的白鹭。

（2）严谨科学的语言风格，如《太阳》。白鹭体长约56厘米，全身羽毛呈乳白色，富有美感。

（3）明白不是每一句话都要改写，抓住主要框架内容即可。

师：正如刚刚同学们总结的那样，说明文的语言有像《太阳》那般严谨科学的，也有像《松鼠》这样生动活泼的，同学们可以根据实际情况去选择。

设计意图

这四句散文诗改写最难，教师提供了不同的改写策略，用难点讲解来以点带面，让学生明白改写不是翻译，为改写环节做好了准备。

第三步，搜集小能手PK。

师：想要把《白鹭》改写成功，离不了大量客观、科学的数据和资料。你们的资料完整吗？和你的同桌比一比，互相看一下对方准备的资料，说一说谁搜集的资料更好？为什么？（同桌两人PK谁搜集的资料更好，授予一方"搜集小能手"称号）

生1：他搜集的范围很广、资料很全。除了文字，他还打印了彩色图片，白鹭的特点更清晰了。

生2：她的资料按类别整理好了，而且很有针对性，我们改写的内容是关于白鹭的外形，她的资料基本上都是围绕白鹭的外形来搜集的。

师：有些同学的资料可能有些单薄，没关系，老师也提前给大家准备了一些，放在iPad上的资料库里，其中有文字、图片，还有视频。我们一起来看看这个视频，请同学们注意听旁白内容。

师：谁来说说旁白里说了白鹭的哪些方面？运用了哪些说明方法呢？随机点名让学生结合视频内容简要谈收获、感受。

师：我们在改写时也可以参考视频里的说明方法。

设计意图

西安地处关中内陆，白鹭并不是一种常见的动物，所以搜集资料是成功改写的必要准备，这个环节，再次强化搜集方法，老师也提供了相关文字、图片、视频，降低了改写难度。此外，视频中的说明性语言也能有效帮助学生完成改写任务。

第四步，改写小能手挑战。

第一，出示改写流程图并板书。

师：为了让同学们更好地完成这次挑战，老师给大家提供了一个改写锦囊，同学们可以参考下图内容进行改写。

第二，学生自主改写，教师巡视。

第三，学生自评，同桌互评打分。

师：同学们都完成了这次挑战，那你的说明文写得好不好呢？请同学们认真对照层级表的内容，给自己和同桌打个分吧！

特别强调：表达方面二星和三星的区别在于所用说明方法是否恰当，比如列的数据是否准确？做比较是否突出了事物的特点？打比方是否让人更加清楚明了？举例子的时候，例子是否通俗易懂呢？

附评价层级表：

说明文初试　评价层级表		
层级	内容	表达（说明方法）
☆	能从多角度说明事物	仅使用1种说明方法
☆☆	能从多角度介绍事物，且条理清晰	使用多种说明方法，但不够恰当
☆☆☆	能从多角度介绍事物，且条理清晰、特点突出	能恰当、合理地使用多种不同的说明方法
自我打分		
同桌打分		
同桌建议		

说明文初试　评价层级表		
层级	内容	表达（说明方法）
☆	能从多角度说明事物	仅使用1种说明方法
☆☆	能从多角度介绍事物，且条理清晰	使用多种说明方法，但不够恰当
☆☆☆	能从多角度介绍事物，且条理清晰、特点突出	能恰当、合理地使用多种不同的说明方法
自我打分	☆☆	☆
同桌打分	☆☆	☆
同桌建议	1. 可以运用说明方法，但只有一处 2. 特点不够突出	

第四，分享练笔，二次修改。

师：通过刚刚的交流，同学们明确了自己进步的方向，再读读你写的片段，进行补充修改。

师：哪位同学来分享一下你修改的地方，说说为什么要这样改。

学生作品实例：

修改后：

师小结：说明性文章虽然语言风格不同，但是用词要非常准确、科学，不能随意夸张。通过这次改写，我相信大家更能体会到说明文和散文这两个文体之间的不同了。

设计意图

学生可以借助评价手段来进行自我评判，并明确自己的优缺点，这能够有效提高学生的改写能力。此外，评价层级表还做到了关注学生差异，让每一位同学都能在课堂上有所得，有进步，完成学习任务。

第五，通过双气泡图对比散文与说明文的异同。

师：请大家以四人小组为单位，结合自己改写的内容和课前用来分析散文《白鹭》的思维导图，讨论自己的感受，并完成双气泡图，示例如下：

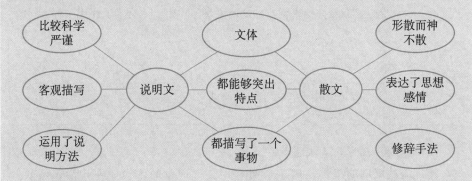

拓展学习部分

1. 反思

师：在这节课上，同学们进行了三次挑战，谁来分享一下你的收获。

生1：我明白了如何更恰当地使用说明方法。

生2：通过学习了解到说明文严谨、客观的特点，我希望以后自己表达时也要像说明文一样谨慎。

2. 延伸

师：每一位同学在今天这节课上都有收获，借助习作层级表，也明确了自己如何才能把说明文写得更好。课下希望五星六星的同学积极做小老师去帮助需要提高的同学，在学习本单元习作时，每人都能有更大的进步！

设计意图

充分发挥评价层级表的作用，课后生生互助，小老师帮助学困生进一步提高改写水平。

3. 应用（作业布置）

小琪学完冯骥才的《珍珠鸟》后，特别想养一只鸟，你能借助今天学到的方法，将散文《珍珠鸟》改写为说明文，让小琪更了解珍珠鸟的外形和习性吗？

设计意图

近年来，国外写作课程标准纷纷提出"为读者而写""为不同的目的写"

等观点。所以设计作业时，笔者设立了具体的语境，让学生明确读者是谁和写作目的，营造具体的写作任务场景，既引导学生了解到说明性文章的广泛用途，又激发了学生习作的兴趣，将课堂所得运用于实践中。

七、设计反思

章熊先生曾说："只有在活动中掌握写作的技能，才能形成写作的能力。"

（一）本节课的优点

（1）以任务挑战为主线进行串联，且运用人教版 iPad 设备，充分利用信息技术，激发学生兴趣。

（2）改写序列化。将改写这一难题分解成小任务，带着学生层层突破，学法指导具体、科学。

（3）通过难点的指引以点带面，突破"梗阻"。基于前测调查，通过局部改进的方式来逐步提高学生的习作水平。

（4）基于量表的习作教学，能够有效促进学生改写能力的提高。此外，评价层级表还做到了关注学生差异，让每一位学生都能在课堂上有所得，有进步，完成学习任务。

（二）本节课的不足

（1）内容过多，时间紧张，可考虑改为 2 课时或将一些环节进行简化。

（2）初次设计习作评级表，虽查阅大量专业书籍和论文，但仍不够科学，须进一步完善。

课例点评

这篇教学设计指向改写这一学科基本知识，在学情分析、学习内容分析后，确定本课学习目标，并进一步明确了学习的思维目标：提升归纳概括思维、逻辑思维和辩证思维、知识的迁移运用思维、判断辨别思维等。在教学过程中，教师为学生的思维发展搭建脚手架。在学习过程中，学生的思维得到提升。

如：在归纳小能手环节，教师积极引导学生回顾两篇精读课文，并梳理"交流平台"的内容，通过小组合作方式，自主交流探讨，以思维导图的方式，多角度梳理所学的说明文知识。教师积极创设氛围，以小组闯关的形式营造氛围，促进有效互动，引发学生自主思考、有效思考，在归纳梳理中，建构了知识框架，同时提高了学生的思维水平。

又如：在将散文改写为说明文的环节。巧妙以名篇《白鹭》为例，将其中的部分段落改写为说明文，在真实的任务情境中引发学生的深度思考。细读文本（明确内容、方法、情感）—以点代面（找出难点及思维堵塞处）—信息搜集（丰富资料，方法推介）—改写环节（提纲、资料、风格、方法），通过一系列过程，以评价为导引，对说明内容及说明方法的选取，分"星级"进行自评——互评，星级的递增意味着思维的渐进与能力的提升，学生在学习过程中培养了深入、创造性等思维能力，语言综合运用能力也得到了提升。

再如：对比散文与说明文异同环节。学生在阅读及写作过程中，积累并运用了两种文体的相关知识，不断习得、不断运用的过程，也是不断内化的过程。在这一过程中，学生的分散聚合思维得以提高，对文体知识的理解与运用也不断加深。

北京市海淀区教育科学研究院教育科研管理研究所所长，宋永健

四、"批注"教学设计案例

（一）题目解析

学科基本知识	批注
课前教学设计问题	批注问题的设计
课中教与学的问题	如何处理预设与生成
课后评价问题	针对课堂教学的生成进行反思与改进

1. 学情研判

中国古代便有注书、评书、评点等形式，这是批注的早期存在形式。《国学基本知识现代诠释词典》认为评点是文学评论家通过在文本中批注评语或勾画精妙语句来表达自己的意见、抒发感想的一种方式，属于文学范畴，如今的批注，逐渐演变成一种阅读方法，属于语文教学范畴。部编版教材所提出的"批注"，指向的是批注式阅读方法。

义务教育语文课程标准强调："阅读是学生的个性化行为，应引导学生钻研文本，在主动积极的思维和情感活动中，加深理解和体验，有所感悟和思考。要珍视学生独特的感受、体验和理解，不应完全以教师的分析来代替学生的阅读实践。"（崔新月，2016）学生在边读边批注的过程中，会获得自己初读文本的体验，在与伙伴交流的过程中，获得第二层体会，在教师的引导下，获得更深层次

的感悟。就这样一层一层地，逐步深入文字，与文本进行对话。

批注是一种阅读策略，不可单独存在，否则容易陷入"为批注而批注"的误区。因此，在设计批注问题时，应该与阅读内容要求同时并存。学习批注还有很重要的一环，即分享批注。

2. 如何处理预设与生成

预设是对教学内容、教学过程、教学方法的预先设计。生成是指在具体教学中，因学情的变化，对目标、内容、过程、方法的适当调整以及在教学中由于教师的教学机制和合理调控而产生有价值的问题，解决问题的思路、方法，学生出色的、出人意料的回答。义务教育语文课程标准强调，阅读教学是学生、教师、文本之间的对话过程，因此，阅读教学具有显著的生成性。

在处理预设与生成的过程中，应该始终遵循"学生为主体"的原则，需要时可根据学情对教学目标和教学内容进行适当处理。对于学生的生成性的回答，教师一般可以采取三种处理方式：其一是引导，如果学生的回答与文本解读差异较大或者背道而驰，教师应该给予适当的引导，进行点拨。其二是总结，如果学生的回答十分精彩，可以及时对他的回答内容或者学习方法进行总结。其三是评价，对学生的回答用表情、动作或者语言进行简单的评价，适当略过一些与课堂无关的生成内容。

课堂教学的预设和生成，是相辅相成的。对于这次的课堂生成处理，我比较满意的有以下几处：在理解"恍惚"这个词语的时候，有的同学联系自己读过的课外书和看过的电影场景，猜测"恍惚"应该是"有点神志不清、迷迷糊糊"的感觉。我马上给他竖起了大拇指，并且表扬他善于从课外书和电影中学习，引导学生要像他一样，在生活中学习语文。在合作学习《绒布小兔子》时，学生对于绒布小兔子的心情变化过程有争议，我没有立刻表达看法，而是让汇报的孩子问问其他小朋友的想法，同学们争论后最终达成一致。这时，我才对他们的回答进行点评，给同学们充分发言的机会，鼓励他们主动思考。

3. 评价不应过于单一

这节课做得不够好的地方在于评价有点单一，引导性不够。例如，在仿写"曾有很长一段时间我的世界都堆满乌云，快乐像＿＿＿＿＿"时，有学生回答"曾有很长一段时间我的世界都堆满乌云，快乐像射入太空的火箭，消失了"，我当时只针对他的内容评价了一句"飞得可真远"，看完录像反思，此处的回应实在不算高明。因此，在以后的课堂教学中，应该更多地关注评价的引导性，以更利于学生思维的发展。

（二）教学案例及评析

《陀螺》第二课时教学设计

马　想　湖南省湘潭市雨湖区风车坪建元学校

一、学情分析

（一）学段分析

从学生发育情况来看，小学四年级的学生大脑正处于发育关键期，各种能力趋于完善，自主意识加强，主动学习的愿望加强，渴望通过合作探索来学习。同时，中年级学生语言文字反应能力和独立思考能力有了提高，能生成对文本的感知力，能勾连已知，建构新知，产生共鸣，形成评价，具有学习批注的心理基础。

义务教育语文课程标准第二学段的阅读目标与内容提出"初步感受作品中生动的形象和优美的语言，关心作品中人物的命运和喜怒哀乐，与他人交流自己的阅读感受"，其中"初步"规定了训练尺度，"语言、人物命运、喜怒哀乐"是训练内容，"交流阅读感受"是训练结果，而"批注"是完成这一目标的重要方法。

（二）学生已有知识积累分析

《陀螺》是部编版教材小学语文四年级上册第六单元第三篇课文。学生在学习此单元之前，还没有了解过"批注"的概念。但是，在三年级上册第四单元"预测"（策略单元）的《总也倒不了的老屋》一课中，以旁批的形式，呈现了"学习伙伴"的思考过程。四年级上册第二单元"提问策略"的《夜间飞行的秘密》《呼风唤雨的世纪》，从质疑的角度来进行批注，给学生展示可以从哪些角度提问。这样，学生对旁批有了初步了解。同时，在之前有进行通过抓关键词品读语句、在阅读中对印象深刻的句子进行勾画、摘抄自己喜欢的句子等训练，为学习批注的阅读方法打下了基础。

（三）学生学习能力分析

根据单元学习目标"学习用批注的方法阅读""通过人物的动作、语言、神态体会人物心情"，设计《陀螺》第二课时的学情调研。从工具性和人文性两方面设计题目，以问卷星App和出口成章App为主要工具，了解学情。参与前测的学生人数为42人。

为了了解学生是否能正确、流利地朗读课文，我运用了出口成章 App 进行测试，测试结果如图所示，平均分为 92 分，可见大多数学生都能正确、流利地朗读课文。不过，还是有学生会读错部分多音字和形近字，需要加强对他们的朗读指导。

在了解批注的方法与批注的角度方面设置以下两道题目：

第 1 题：你使用过哪些方法做批注？

第 2 题：我们一般可以从哪些角度做批注？

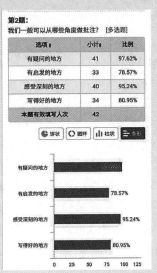

从这两题的测试结果发现，班级里的学生几乎都知道批注的四个角度，并且绝大多数学生都用句子或词语来进行批注，约一半的学生用符号和思维导图进行过批注。可见，在前两课的学习中，学生对批注这种阅读方法比较熟悉，掌握得不错。

在通过人物的动作、语言、神态体会人物心情方面，设置第 3、4、5 题：

你能从前面学过的两篇课文中，找到描写人物语言、动作、神态的相关词语或者语句吗？

32	《牛和鹅》："鹅要吃我了！鹅要咬死我了！"	30	《牛和鹅》：摸它；戳它；眨眼；骑到牛背上；捶牛背；悄悄地过去；逃跑。《一直窝囊的大老虎》：又唱又跳；鼓掌；套上老虎皮；撇了撇嘴；戴上老虎头套；轻轻地推了我一把。	36	《牛和鹅》："在忙乱中我的书包掉了，鞋子也乔脱了，我想他一定要把我咬死了。"	
33	我就又哭又叫；鹅看了我半响才下决心说；台下一阵哄堂大笑；啊……呜……啊……呜地叫；唉声叹气。	31	《牛和鹅》：贴着墙壁；悄悄地走过去；他轻轻地把鹅提起来，然后鹅像摔个酒瓶似的，呼的一下，把这只老公鹅甩到了半空中。	37	孩子们大喊了一声，急急逃跑。这使鹅追得更快了。	
35	《一只窝囊的大老虎》："演那个哥哥的小朋友问我：'你会豁虎跳吗？'"	32	《牛和鹅》：悄悄地；飞快地；一把握住。	38	《一只窝囊的大老虎》："我弯下身子向前爬。""我套上虎皮，戴上老虎头罩，紧张地等候在后台的上场口。"	
36	《一只窝囊的大老虎》描写人物语言相关语句是在第六自然段。《牛和鹅》描写人物语言相关语句是第六自然段。	33	拍它的背；摸它的肚子；触它的屁股；用拳头捶捶牛背；贴着墙壁；急急逃跑；我弯下了身子向前爬；他撇了撇嘴；他们你逃，你们就追。	39	《牛和鹅》：马上都不说话了；惊呼；全笑了起来。	
37	我就又叫，可是叫些什么，当时自己也不知道，大概是这样叫："鹅要吃我了！鹅要咬死我了！"	35	《牛和鹅》第 3 自然段：拍、摸、触、扳、跪、骑、捶。	41	《牛和鹅》：鹅听见了，就竖起头来，侧着眼睛看了看，竟爬到岸上，一摇一摆地、神气地走过来。班主任分派角色的时候，我殷切期待的目光可能引起了她的注意。	
	语言描写		动作描写		神态描写	

据统计，全班学生都能准确地找出语言描写和动作描写的句子，有少数学生不能准确分辨神态描写的句子，例如，图中的 37 号和 39 号学生所找到的句子，属于动作描写范畴，但两个学生却归为神态描写。因不如动作描写和语言描写直观，找出神态描写的句子是一个难点，所以部分学生不能分辨也是可以理解的，接下来需要对他们进行个别指导。

在了解学生困惑以及解决问题能力方面，设置了第 6、7 题：

第 6 题：预习《陀螺》后，你有什么疑问？

第 7 题：上面提出的问题，能不能自己查找工具书或者求助的方式解决呢？学生反馈结果如下图所示：

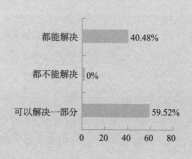

第7题：上面提出的问题，能不能自己查找工具书或者求助的方式解决呢？[单选题]		
选项	小计	比例
都能解决	17	40.48%
都能解决	0	0%
可以解决一部分	25	59.52%
本题有效填写人次	42	

都能解决　40.48%
都不能解决　0%
可以解决一部分　59.52%

据统计，有 40 个学生提出了疑问，而且从不同角度提出，同时所有学生都可以通过自己的方式解决掉一部分问题。可见学生具有一定的解决问题能力，自主学习能力有了提高。学生所提的疑问大致分为两类：其一是对于陀螺的好奇；其二是对于"人不可貌相，海水不可斗量"这句话的理解。

基于此，我将在课堂上采取以下策略：

（1）大胆放手让孩子们自主批注，让前两课学到的批注法在这节课得到实践。

（2）运用"1＋X＋N"的阅读策略，将课堂所学的课文实践的批注方法运用到一篇课外阅读中，通过小组合作方式学习，再将批注方法引申到课外阅读中，以实现学法迁移，达到举一反三之效。

二、教学内容

（一）文本的特点或课文在教材中的位置

《陀螺》是部编版教材小学语文四年级上册第六单元第三篇课文。第六单元以"成长故事"为主题，编排了《牛和鹅》《一只窝囊的大老虎》《陀螺》三篇课文，单元语文要素是"学习用批注的方法阅读""通过人物的动作、语言、神态体会人物心情"。

本单元的三篇课文都属于精读课文，第一篇《牛和鹅》的课文内容旁边有批注内容，它提示了批注的位置、方法和角度，因此它是学生学习写批注的样例，教学时候只需要画出关键语句，感受文章表达的心情，提供非常明确的指导，只提浅层次的要求；《一只窝囊的大老虎》则是尝试运用批注，试着借助批注进行阅读，聚焦质疑式批注，放手让孩子自己运用实践，同时感受作者心情的变化及变化的原因，用表格呈现，让朦朦胧胧的感受逐渐清晰起来；《陀螺》则是在前两课基础上的更深入学习，关注感悟式批注，要求学生在感受比较深刻的地方写批注，既要有内容，又能体现独特阅读感受，并且批注出来，以将自己的思维过程呈现出来。

（二）课文中可学习的点

基于学情分析与教材分析，可确定本课的教学内容是：找出文中 5 处描写心情的语句，逐一体会每句话所表达的心情，感受作者在这个过程中心情的变化，并用思维导图的方式进行整理；联系生活实际，谈谈自己对"人不可貌相，海水不可斗量"这句话的理解。

这其中涉及语言品读能力、信息提取与概括能力及分析整理能力，这背后其实是一种学法迁移的思维培养过程。过程大致如下：首先，用思维导图总结归纳批注的四个角度，整体认知；其次，自主进行批注，汇报交流，感受作者的心情变化，并理解"人不可貌相，海水不可斗量"的意思；再次，从文本中的陀螺到生活中的陀螺，从作者的童年联系到自己的童年，感受童年记忆的美好；最后，学法迁移，把用思维导图整理批注的方法迁移到《绒布小兔子》一文中。

（三）教学内容确定

1. 品读文中5处描写心情的语句，试着用思维导图进行整理

2. 理解"人不可貌相，海水不可斗量"这句话的意思

3. 了解陀螺的文化

4. 小组合作学习《绒布小兔子》

三、学习目标

1. 语言目标

（1）找到文中5处描写心情的语句，逐一体会每句话所表达的心情，感受作者在这个过程中的心情变化。

（2）联系生活实际，谈谈自己对"人不可貌相，海水不可斗量"这句话的理解。

2. 思维目标

从多角度对文本进行批注，并试着用思维导图进行整理。

3. 价值目标

从不同的角度感受童年，享受童年，好好成长。

四、教学重点/难点

教学重点：从多角度对文本进行批注，并试着用思维导图进行整理。

教学难点：联系生活实际，谈谈自己对"人不可貌相，海水不可斗量"这句话的理解。

五、课时安排预测

1课时。

六、教学过程

（一）复习导入，归纳总结

1. 借助思维导图，整理批注方法

在这个单元，我们学了《牛和鹅》《一只窝囊的大老虎》两篇课文，它们都和童年有关。学习课文时，我们了解到一种新的学习方法——批注，可以从哪些角度来进行批注呢？

预设：有疑问的地方、有感受的地方、有启发的地方、写得好的地方。

PPT出示思维导图——气泡图：

2.教师引导交流，体会批注作用

教师：用思维导图的方式进行总结，把零碎的方法集中起来，就更加清晰了。学习运用批注的方法阅读后，对你理解课文有哪些帮助呢？

预设：

生1：我以前没有关注到一些句子，运用批注法阅读后，我就发现了。

生2：以前阅读没有发现很细微的变化，只是读故事，运用批注法后，发现更多细节值得思考。

生3：运用批注法阅读后，读得更深刻了。

⋯⋯⋯⋯⋯

小结：看来运用批注法阅读课文，可以帮助我们更好地理解文章。

设计意图

通过思维导图总结批注的四个角度，既是一种回顾，也是一种整理，让孩子们在头脑里形成一种思维脉络，为后面的自主批注做铺垫。同时，明确本节课的主要学习任务，明确学习方法。

（二）学习活动

学习活动一：自主批注，小试牛刀。

1.从以上角度自主批注

请在课文里找到描写"我"的心情的句子，进行批注，感受作者心情的变化。

2.展示分享

（1）请同学分享感受最深的一处内容及批注。

（2）教师结合学生回答适时进行点评。

3.理解重点语句

（1）"因此，曾有很长一段时间我的世界堆满乌云，快乐像过冬的燕子一般，飞到一个谁也看不到的地方去了。"

预设：

1）你从哪些词语能感受到作者的懊恼？

学生结合"很长一段时间""堆满乌云""过冬的燕子"等语句体会并朗读。

2）仿写训练。

PPT出示：

曾有很长一段时间我的世界堆满乌云，快乐像_____。

3）小结。

是啊，一切景语皆情语。来，带着这种感受，再来读一读！

(2)"这消息曾使我一整天处于恍惚的状态，老想象着那只陀螺英武的风姿。"

预设：

1）解读"恍惚"。

学生采取查词典、联系上下文等方式进行理解。

2）引读。

师："我"一整天都处于恍惚的状态。

吃饭的时候，他在想＿＿＿＿＿＿＿＿＿＿＿＿。

走路的时候，他在想＿＿＿＿＿＿＿＿＿＿＿＿。

就连上课的时候，他也在想＿＿＿＿＿＿＿＿＿＿。

所以，

你喊他，他＿＿＿＿＿＿；你问他，他＿＿＿＿＿＿＿＿＿＿。

师：对，这就是"恍惚"！

3）有感情地朗读句子。

(3)"这真是个辉煌的时刻！我尝到了胜利的滋味，品到了幸运的甜头。"

1）你有没有过这样的经历？

2）有感情地朗读。

设计意图

学生阅读能力的获得，离不开课文，离不开语句，此环节将课后第 2 题作为学习任务，明确学习目标，自主进行批注，从而巩固前两课习得的批注阅读法。同时，语文思维力的提升须以语文基础知识为积淀，在品读语句过程中，反复多样地引导孩子朗读，通过抓关键词、联系生活等方式，感受文字背后的心情，使之对语言有更深刻的感悟。

4. 二次批注

教师引导学生在同学发言的启发下进行二次批注。

教师：像她这样在听其他同学分享时，对自己的批注内容进行补充或修改，这就是二次批注。

设计意图

二次批注，是在交流的过程中对自己的批注进行修正或补充的过程，是在听完同学的回答后，对自己产生的共鸣或感悟的一种记录，有利于学生深入理解课文。

5. 总结心情变化过程

刚才老师在你们分享的时候，把表达心情的关键词记录下来，并整理成了思维导图，这样就能更清晰地看出作者心情的变化了。

6. 联系生活，理解"人不可貌相，海水不可斗量"这句话的意思

小小陀螺虽然样子不好看，却击败了大陀螺。它不但给"我"带来了极大的欢乐和由衷的自豪，还让"我"悟出了一个道理：人不可貌相，海水不可斗量。

（1）你是怎么理解这句话的？在生活中，你有没有遇到过类似的，能印证这个观点的事情呢？（外表、身高、年龄等）

（2）小结：小小的陀螺，却让作者悟出了深刻的道理，这是作者记忆里的陀螺，那你们在生活中见过陀螺吗？

设计意图

此环节是根据课后习题第3题设计的，引导学生联系生活中的事例来理解这句话的意思。既引导学生谈论自己学到的道理，又是对学生思维的训练。

学习活动二：走近陀螺，走进童年。

（1）全班分享：谁来说一说，你在哪里见过陀螺？

（出示图片）

预设1：

生：我在外面散步的时候，会看到路上有人玩陀螺。

师：好巧啊，马老师上次去公园散步，也看到了，你看。

预设2：

生：我在动画片里见过斗陀螺。

师（出示小视频）：你看，是不是这样的？

预设3：

生：我玩过小陀螺。

（2）用思维导图介绍陀螺的历史：

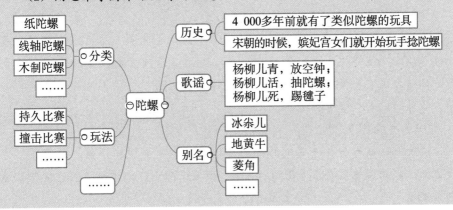

（3）全班分享：带一个童年时你最珍爱的物品，说一说和它的故事。

（4）小结：每个人都有属于自己的童年记忆，或许是一个玩具，或许是一张奖状，或许是一份礼物，或许是……有一个小男孩，他也有一个心爱的物品，我们一起读读他的故事吧！先看学习提示。

设计意图

引导孩子从文中的陀螺走向生活中的陀螺，并了解陀螺的历史及相关文化；最后，由彼及此，虽然陀螺的材质、形状有了变化，但是它一直出现在我们的生活中，这已经成了一种习俗传承，成为童年记忆的一部分，从作者的陀螺链接自己童年的某个物件或某种心情。

学习活动三：合作学习，学以致用。

（1）学习提示。

合作目标：读懂故事，把绒布小兔子的心情变化过程整理成思维导图。

合作步骤：

小组成员分别画出描写绒布小兔子心情的句子，并进行批注。（   ）

小组依次分享画出的句子及批注内容，可以进行二次批注。（   ）

小组成员共同把绒布小兔子的心情变化过程整理成思维导图。（   ）

小组自评：发言充分（   ）　讨论积极（   ）　音量控制（   ）

（2）合作阅读《绒布小兔子》。

（3）全班交流。

（4）小结：我们看到了文本中的陀螺，生活中的陀螺，并回忆了自己的童年。我们所用的方法是从一个文本，到一段历史，到更多的文本。之后，我们还可以继续用批注的方法来阅读更多的文章和书籍。

设计意图

学习是为了更好地运用，运用能更好地促进学习。迁移学法，拓展阅读，将阅读方法转变为阅读能力，最终提升学生的语文素养。在文本选择上，我挑选了绘本《绒布小兔子》的故事，主人公的心情跌宕起伏，既贴合人文主题，又符合语言要素的要求。人生总是起起伏伏的，童年记忆并不都是美好的、欢喜的，而是五味杂陈的。

（三）作业布置

请阅读一篇与童年有关的作品，可以是诗歌、散文、小说、故事等，边读边批注，并试着用思维导图进行整理（示例如下图），并和同学就该作品进行交流。

（推荐阅读：金波《一起长大的玩具》、郑渊洁《皮皮鲁的风筝》……）

陀螺 ——→ 童年 回忆 ——→ 绒布小兔子

心情变化 心情变化

懊恼 渴望 兴奋 尴尬 欢乐 （学生生成）

七、设计反思

（一）本节课的优点

1. 双线并进的设计思路

教学中，我将单元人文主题和语文要素融合起来，设计的三个活动，旨在鼓励孩子放手实践，实现学法迁移，遵循循序渐进的学习规律，体现目标性、结构性。

本单元的语文要素是"学会用批注的方法阅读""通过人物的动作、语言、神态体会人物心情"。为了落实这个单元目标，首先，用思维导图总结归纳批注的四个角度，使学生对批注有个整体印象；其次，让学生自主进行批注，汇报交流，感受作者的心情变化，并理解"人不可貌相，海水不可斗量"的意思；最后，实现学法迁移，小组合作探究，将用思维导图整理批注的方法迁移到《绒布小兔子》一文的阅读中，整理出绒布小兔子的心情变化过程。

从落实人文主题方面来看，我设计了"由此及彼再及此"的感受之路。首先，自主对课文进行批注，在此过程中感受作者心情的变化，了解文中的陀螺；其次，由此及彼，从文中的陀螺走向生活中的陀螺，并了解陀螺的历史及相关文化；最后，由彼及此，虽然陀螺的材质、形状发生了变化，但是它一直出现在我们的生活中，这已经成了一种习俗传承，成为童年记忆的一部分，从作者的陀螺链接自己童年的某个物件或某种心情。教童年，教文学，就是教心灵。在这个过程中，孩子们徜徉在童年回忆里，从不同的角度感受童年，享受童年，好好成长。

2. 思维导图的巧妙运用

通过学情研判，我发现学生已经掌握了批注的基本方法与一般角度，但是不能有条理地表达出来。思维导图可以将隐性思维显现化，让自己的思维过程清晰呈现出来。因此我利用思维导图工具带领学生整理批注，把个人的想法集合成集体的想法，把单个的思考与多元的思考相融合，把零碎的思想整合成完整的思想，践行多元解读文本、深入品读课文的培养理念。

3.1＋X＋N 的群文理念

这节课中涉及了三种文本：课文（1）、课外阅读（X）和推荐阅读（N）。围绕"童年"这个主题，我选择了《陀螺》《绒布小兔子》《一起长大的玩具》《皮皮鲁的风筝》等文本。课文巩固批注方法，课外阅读中实践批注阅读法，最后推荐阅读，将此方法延伸到以后的日常阅读中，形成"不动笔墨不读书"的意识，习得批注阅读法。

（二）本节课的不足

本节课是基于语文思维发展型课堂的理念设计的，这种课堂需要教师和学生都有十分扎实的功底。因为过去并没有将思维训练如此清晰地设计到教学过程中，所以这种课型对于我和学生来说既是一种尝试，也是一种挑战。我设计的大框架十分清晰，但是在落实过程中发现思维训练的过程还不够清晰与序列化。

课例点评

"批注"是小学生语文学习中一项重要的阅读能力，也是学生养成良好阅读习惯及思维习惯的重要途径。本文从研究的视角出发，围绕批注、批注问题的设计、如何处理预设与生成、针对课堂教学的生成进行反思与改进等四个维度进行了具体、细致的解读，呈现了批注的研究历程，让我们深刻感受到批注对学生的重要作用。

同时，作者以《陀螺》第二课时教学设计为例，进行了教学实践。在教学设计当中，教师站在单元视角下，整体定位本课的价值和意义，认真研判学情。既能认真分析学生已有的知识能力和学习经验，又能抓住学生存在的真实问题，合理确定其最近发展区，并针对核心问题搭设支架，提供有效解决策略。在教学过程中，能够关注批注方法的指导，并在学生习得方法的基础上，引导学生进行二次批注，不断丰富学生对文本内容的理解和认识。同时，教师有意识地采取了"1＋X＋N"的阅读策略，将学生的学习从课内拓展至课外，达到课内得法、课外运用的目的，促进了学生批注能力的进一步提升，在整个教学过程中，学生始终在实践中经历知识的理解、迁移和创造，体现了语文学科的本质和语文能力形成的基本思路。

如果在教学设计和实施的过程中，能够在学生已能用多种方法进行批注的基础上，围绕几处表达心情变化的语句，帮助学生建立多重信息之间的联系，从批注好一处信息到尝试批注两个或多个信息的联系，从单点式批注到关联式批注，从只能看到心情，到可以看到情、事、理之间的联系，从而提升学生的高阶思维能力，就更好了。

北京市海淀区教师进修学校小学教研室主任、北京市语文学科带头人，柏春庆

五、"朗读"教学设计案例

（一）题目解析

学科基本知识	朗读（重音和停连，感情基调，语气、节奏）
课前教学设计问题	单篇教学设计
课中教与学的问题	如何把学生的朗读成果转化为新的学习资源
课后评价问题	设计评价学生朗读表现的评价量规

朗读技巧主要包括停连、重音、节奏、语气、感情基调几个方面。

停连是朗读语流中声音的中断和延续，中断处是停顿，延续处是连接。朗读中适当的停连，可以有效控制语速，使朗读者自然换气，并更为清晰地表达句子的内涵。

重音是指在朗读时需要强调的某个词或音节。重音位置不同，句子所表达的意思也会不同。

节奏是由一定的思想感情的波澜起伏造成的，在朗读全篇作品过程中所显示的抑扬顿挫、轻重缓急的声音形式的回环往复，就是节奏。

语气是在一定的具体思想感情支配下具体语句的声音形式。

感情基调是通过朗读表达文章中蕴含的感情，如轻松活泼、高亢明亮、低沉压抑等。

教学设计是指根据课程标准的要求和教学对象的特点，将教学的诸要素进行有序安排，以确定教学方案的设想和计划。单篇教学设计是指围绕单篇课文教学进行的设计，在课时安排上往往体现为对一篇课文的教学活动进行设计和安排，一般为1~2个课时，每个课时下设2~3个学习任务，每个学习任务以学习活动的方式呈现，将情境、任务、活动有机融合在一起。在教学设计的过程中要重视对朗读的设计，引导学生在读中有感悟，在读中发展语言，在读中提升思维。

那么，如何把学生的朗读成果转化为新的学习资源呢？

将学生的朗读成果转化为新的学习资源，可以从以下几方面进行尝试。首先，可以将学生在课堂上通过表演读、配乐读等方式朗读的文章片段或诗歌等，作为朗诵作品参加相关的朗诵比赛或活动。其次，发现学生在课堂朗读过程中的

问题，这些问题往往包含着一些合理性，即这些问题恰恰是学生在学习朗读过程中需要提升的地方。教师可以利用这些问题，组织学生开展多种形式的朗读挑战赛，最人程度激发学生的参与热情，进而将朗读中的问题转化为新的学习资源，形成更好的学习成果。最后，尝试将学生的朗读成果转化为助力课文理解的重要资源。

朗读评价是激发学生朗读兴趣、增强朗读自信、提高朗读水平的重要手段。因此，在低年级的语文教学中，教师应格外重视对学生朗读能力的培养，并通过多种方式对学生朗读能力进行评价，进而实现低年段语文教师的主要价值——引导学生"读好书""识好字"。设计评价学生朗读表现的评价量规可以从以下几个方面展开。第一，考虑评价量规对应的表现性目标，评价学生朗读状况需要在评价量规中增加表现性目标。第二，设计朗读评价量规，要考虑评价任务中可能涉及的要素：朗读态度、朗读技巧、朗读形式、朗读材料的选择、朗读数量等，对这些要素的评价要尽可能都体现在评价量规中。第三，还要考虑评价量规的维度问题。可以基于课程标准和教材中相应的语文要素来确定大的评价维度；然后逐级分解，细化评价维度；还需要根据具体学情，对评价维度进行调整。一份好的朗读表现的评价量规所确定的评价维度应是与学生实际的知识建构和能力水平相适应的。第四，一份好的朗读表现的评价量规应对每个评价维度的不同等级进行详细描述，以便学生能够依据这些具体的、指向明确的信息提高自己的朗读水平。等级描述要保持各等级之间连续性和等距离的差异，抓住每个等级的重要特质进行描述，注意使用的语言要简洁准确。第五，设计评价学生朗读表现的评价量规，还要依据年段特点及所学习的朗读知识的水平，设计符合学生年龄特点、具有可操作性的评价量规以便于各年龄段学生参与、操作。同时注意评价量规形式的丰富性，以便吸引学生主动参与到朗读的评价中来。

（二）教学案例及评析

《江南》教学设计

杨新颖　北京市海淀区中关村第三小学

一、学情分析

【一般规律】

一年级的学生刚入校园，他们对周围的一切充满了好奇，他们喜爱自然，愿意走近自然、了解自然，但是由于生活经验和区域背景所限，有的学生并没有见过大雁南飞、江南水乡、谷穗弯弯等自然景观，这就需要视频或者图片资料的辅助。

学生刚学完拼音，还需要在课文学习中不断拼读、巩固拼音，才能读出生字，因此在课文学习中，还需要适时提示个别拼音的读法。

本单元是学生进入小学阶段后学习的首个课文单元，很多内容对于学生来说都是第一次，第一次认识自然段，第一次学习偏旁，第一次了解"一"的不同读音，第一次朗读长句子，第一次背诵课文……这些既是重点，也是学生学习的难点。在教学中，教师要采用多种方式引导学生充分朗读，通过倾听、模仿和比较，不断提高学生的朗读能力。

在识字方面，学生已初步掌握一些识字方法，本单元在品读课文的同时，会随文学习更多新的识字方法，如：熟字加偏旁、归类识字等。在写字方面，通过识字单元的学习，学生已初步感受到汉字的形体美，学习了部分基本笔画，在学习本单元时，要继续引导学生观察基本笔画，写好每一个汉字，养成良好的书写习惯。

【个性化学情】

根据低年级学生的实际能力特点，本次的学情调研主要通过图文并茂的调查单的形式展开，以准确了解学生在学习前的起点。

调研1：这些生字（江、南、可、采、莲、鱼、东、西、北）你都认识吗？

通过调研发现，全班42人，所有生字都认识的有27人。"可、采、莲、鱼、东、西"分别有不同比例的学生不认识，其中有1/3的学生不认识"采"这个字。所以在学习过程中，我主要设计随文识字、看图猜字、字理识字等方法，帮助学生识记生字。

调研2：能否正确朗读课文？

通过对班上学生的随机调研，我发现除了少数学生在读诗时由于不认识字出现卡顿外，很多学生都能读出来，但停顿不是很准或者是没有停顿，比如"莲叶何田田"，58%的学生出现停顿问题——"莲叶何/田田"或者是听不出来停顿。所以在教学中，我通过教师范读、指名读、手势接读、拍手读等多种形式引导学生在朗读中学会停顿。

调研3：是否能够正确理解"可"的意思？

经过调研发现：有28个学生在字义上发生混淆，占总数的66.7%。在教学中主要是在"莲叶何田田"的情境渲染下，在感受诗中采莲人丰收的喜悦之后，教师适时点拨"江南又到了适宜采莲的季节"，启发学生感悟"可"的意思是"适宜、正好"。

调研 4：能否正确理解叠词"田田"的意思？

经调研发现，全班有 20 人能够正确选择"田田"的意思，占整体的47.6%。所以学习本课时，我将创设多种情境，让学生逐步体会到荷叶挨挨挤挤的样子，进而读出"莲叶何田田"的美景。

调研 5：能否感受到诗中采莲人丰收的喜悦？

通过前测，发现本班只有 28% 的学生能体会到诗中采莲人丰收的喜悦。所以，在学习时，我紧紧抓住"鱼戏莲叶东，鱼戏莲叶西，鱼戏莲叶南，鱼戏莲叶北"这句诗，运用看视频直观形象感受、化身小鱼做动作感受等多种形式，感受鱼之乐，再通过适时展示采莲姑娘划着船采莲的图片，带领学生想象画面，感受采莲人丰收的喜悦。

二、教学内容

（一）文本的特点或课文在教材中的位置

古诗《江南》出自汉乐府，是一年级上册第四单元中的第三篇课文。这是一首采莲歌，古诗前两行描写了江南水乡又到了适宜采莲的季节，通过"田田"写出了莲叶挺立水面、饱满劲秀的样子。后五行采用反复咏唱的方式，勾勒了一幅鱼儿围绕莲叶四面游动的动人画面，进而表现出采莲人丰收的喜悦心情。

（二）课文中可学习的点

本课是"爱自然"单元的第三篇课文，应着重落实正确、流利地朗读课文这一语文要素，指导学生读好古诗的停顿，读好方位词，同时理解叠词"田田"的意思，指导生字书写。

在具体教学中，可以通过观察莲叶图，展示不同场景中的莲叶图，在黑板上贴莲叶图等活动启发学生理解"莲叶何田田"的意思。通过观看小鱼嬉戏的视频，学生进行游戏表演读和手势接读，感受鱼儿的快乐。在这两个重要的教学活动中，朗读一直贯穿其中，学生很自然地读好了停顿，感受了自然之美。

在识字写字方面，本课有 9 个字要求会读，有 3 个字要求会写，会认三点水、草字头两个偏旁。其中既要求学生会认"可、东、西"这 3 个字，还要求会写。在第一课时，教师引导学生通过看图猜字、字理识字、归类识字等多种方法，认识"江、莲、采、可、东、西"这几个字和三点水、草字头。学习书写"可"。

本课的学习也为第四课《四季》的仿说提供了素材，为学习"识字加油站"中的反义词奠定基础。

（三）教学内容确定

（1）正确认读"江、莲、采、可"等9个生字，借助生活中的景物认识三点水和草字头两个偏旁，学写汉字"可"。

（2）通过教师范读、自己练读、师生接读、表演读、拍手读等多种方法学会正确、流利地朗读古诗。

（3）通过观察画面、想象画面、贴图画等多种方法理解"田田"的意思，感受江南的美丽，激发学生学习古诗的兴趣。

三、学习目标

1. 语言目标

正确认读"江、莲、采、可"等9个生字，借助生活中的景物认识三点水和草字头两个偏旁，学写汉字"可"。

通过教师范读、自己练读、师生接读、表演读、拍手读等多种方法学会正确、流利地朗读古诗。

2. 思维目标

通过观察画面、想象画面、贴图画等多种方法理解"田田"的意思。

3. 价值目标

诵读古诗，感受江南的美丽，激发学生学习古诗的兴趣。

四、教学重点/难点

1. 教学重点

（1）通过观察图画、偏旁归类、展示汉字演变等多种方法识记"江、莲、采、可"等生字。

（2）通过教师范读、自己练读、师生接读、表演读、拍手读等多种方法学会正确、流利地朗读古诗。

2. 教学难点

通过观察画面、想象画面、贴图画等多种方法理解"田田"的意思，感受江南的美丽，激发学生学习古诗的兴趣。

五、课时安排预测
【单元课时安排】

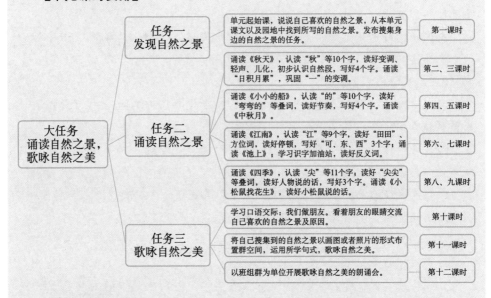

【具体课时安排】

第一课时：诵读《江南》，认读"江"等 9 个字，读好叠音词"田田"、方位词"东南西北"，读好停顿，会写"可"等生字。

第二课时：复习认读生字，针对问题再次指导书写；学习识字加油站，读好反义词。

六、教学过程

（一）教学导入

教学导入过程如下表所示：

归类识字，初识江南	
教师活动	学生活动
·教师活动1：拼读识字，朗读课题 拼读"江"，板书"江南"。"江"是一个三拼音节的字，师生一起拼读"jiāng"	学生活动1： 学生拼读"jiāng"，读好三拼音节
·教师活动2：认识偏旁，发现规律 你还知道哪些带有三点水旁的字？ ·教师小结：像江河湖海这些字都是三点水旁的字，它们大多与水有关	学生活动2： ①认识三点水旁，齐读偏旁名字 ②说出带有三点水的字 ③结合教师板书认识更多三点水旁的字 ④了解三点水旁的字大多和水有关

续表

归类识字，初识江南	
教师活动	学生活动
·教师活动3：链接生活，初识江南 你对江南有哪些了解？ ·教师小结：江南水多、船多、桥多，被称为"江南水乡"	学生活动3： ①学生结合生活实际谈谈自己对江南有哪些了解。 ②准备学习古诗《江南》
·教师活动4：示范朗读，正音指导 教师进行正音指导	学生活动4： ①学生自由拼读，借助拼音读准字音 ②这首诗一共有三句话，学生分别读三句
设计意图：通过教师范读，学生在听准字音的同时，也能初步感受诗歌的停顿。分句朗读古诗可以降低学生朗读的难度，教师也可以进行有针对性的指导。每读完一句后，教师都要进行点评，鼓励孩子读准字音，也是为后面理解古诗做铺垫	

（二）学习活动

学习活动内容见下表：

学习活动一：情境朗读，随文识字	
教师活动	学生活动
教师活动1：出示诗句，动笔圈画 这首诗中都出现了哪些景物？	学生活动1： 学生通过PPT演示，圈画"莲"和"鱼"
教师活动2：关联生活，象形识字 ①借助课文插图，介绍"莲"的各部分名称——莲叶、莲花、莲蓬、莲子 ②归类识字：你还知道哪些带有草字头的字呢？教师再补充生活中常见的草字头的字及配图 ③理解"采莲"，学习"采"字："采莲"采的是哪一部分呢？谜底就藏在"采"里。出示"采"的甲骨文字形 ④运用"采"拓展词语 教师小结：文中的"采莲"就是指采摘莲蓬，取出莲子	学生活动2： ①学生朗读"莲"字组成的词语 ②学生发现草字头 ③根据生活经验和所学知识，说出带有草字头的字。结合教师板书和PPT中展示的字认识更多草字头的字 ④学生进行观察、猜意思 ⑤联系生活经验，知道可以"采蘑菇""采草莓""采花""采莲"

续表

学习活动一：情境朗读，随文识字	
教师活动	学生活动
设计意图：这一活动主要是在朗读"江南可采莲"，识记"采"和"莲"。通过甲骨文学习生字"采"，学生不仅能更形象、直观地识记生字，还能从中发现"采莲"的意思，体会学习的快乐。在识记"莲"字的过程中，借助课文插图，通过归类识字的方法引导学生学习了草字头偏旁。教师通过课件出示图片，引导学生建立图文之间的联系，发现带有草字头的字大多和植物有关	
教师活动 3：借用图片，创设情境 ①读完这句诗后，你有什么问题吗？ 欣赏莲叶图 教师小结：大大的、碧绿碧绿的莲叶一片连着一片，挨挨挤挤的，一望无际，美丽极了，这就是"莲叶何田田" ②出示不同场景中的莲叶，师生接读，感受"莲"之美 ③回扣问题：现在同学们明白莲叶何田田的意思了吗？你能用自己的话说说吗？ ④指导朗读：莲叶你挨着我，我挨着你，又多又美。你能把感受到的这种美读出来吗？ ⑤拓展古诗"接天莲叶无穷碧"，引导学生进一步感受"莲"之美	学生活动 3： ①学生提出自己的问题 用"（　）的莲叶"说说自己看到的莲叶是什么样子的 ②师生接读：房前屋后的池塘里种满了莲，这就是——"莲叶何田田"（生读）。小桥两岸种着一眼望不到边的莲，这也是——"莲叶何田田"（生读） 西湖里长满了碧绿碧绿的莲叶，这还是——"莲叶何田田"（生读） ③学生练习用自己的话说出对诗句的理解 ④学生练习朗读 ⑤结合自己的诵读经验和图片演示，朗读诗句
教师活动 4：角色游戏，资源转化 ①出示图片：就在这一大片一大片的莲叶间，有一群快活的小鱼，它们在莲叶间干什么呢？你们能用诗句原文来回答吗？ ②课件出示汉字"鱼"的演变过程，你知道这幅画里的是什么字吗？ 这是最早的"鱼"字，后来这个字经过不断的演变，才变成今天我们所看到的"鱼"字，从这些变化中你发现了什么？ ③出示鱼儿嬉戏的视频：鱼儿在水里是怎么游的呢？ 学习生字"东"：你能用"东"说个词语吗？ ④教师依次出示西、南、北：想一想，你打算把"西"字贴在哪里？说说为什么？	学生活动 4： ①学生用诗句原文回答：鱼戏莲叶间 ·学生朗读诗句 ·学生猜测并说出理由 ②学生谈自己的发现——字形相似；笔画变化 ③学生——从四面八方游的，东南西北游的……学生贴字 看着字卡的位置，进行指读，感受东西南北方向的变化，从而识记"东""西""南""北" ④学生戴好头饰

续表

| 学习活动一：情境朗读，随文识字 ||
教师活动	学生活动
通过方位指读进行识记。注意东和西相对，南和北相对 ⑤这首诗歌中的"东西南北"写出了小鱼在莲叶间做游戏时，从四面八方游来游去，特别欢快。我们一起演一演这样的场景 ⑥碧绿的莲叶、快乐的鱼儿引来了美丽的采莲姑娘，你猜采莲姑娘这时会是什么样的心情？ 指导朗读 ⑦汉乐府《江南》是可以唱出来的诗歌。下面我们一起加上动作来唱一唱 ⑧学校正在组织"古诗新唱"的比赛，我们全班都学会了，正好就可以在"古诗新唱"的比赛上表演这个节目了，我们赶紧再来试一试吧	师生表演读，读出鱼儿的自由和快乐 ⑤学生体会采莲姑娘的心情，练习朗读诗句 学生跟着老师先来试一遍 请两条小鱼到前面来领着大家一起表演，其他同学一边唱一边表演
设计意图：①猜字谜识记"鱼"可以让学生发现汉字演变之趣。通过观看鱼儿嬉戏的视频和游戏演读，学生感悟鱼儿从四面八方自由游动时的快乐，从而入情入境。师生表演读可以启发学生读好停顿，也可以让学生从不同角度感受到"鱼"之乐 ②汉乐府《江南》是可以唱出来的诗歌，鼓励学生自己先练习，然后唱出这首诗，为参加"古诗新唱"比赛做准备，实现了课堂上朗读成果转化为新的学习资源，也为学生背诵古诗打下了基础	

| 学习活动二：指导书写，拓展背诵 ||
教师活动	学生活动
教师活动1：关注学生的写字姿势，指导写字 ①七八月的江南特别适合采摘莲子，所以诗中说"江南可采莲"。重读"可"，指导书写"可"字 ②教师范写"可" ③教师关注学生的写字姿势 ④评价修改	学生活动1： ①学生通过"三看法"观察字 ②学生观察笔画、笔顺、占格 ③学生在学习单上练写 ④学生修改书写不规范的生字
教师活动2：拓展阅读，延伸任务 ①指导学生结合板书背诵古诗 ②拓展阅读白居易的《池上》	学生活动2： ①学生练习背诵 ②延伸任务：让学生找一找这首诗与《江南》有什么相同的地方和不同的地方
设计意图：书写"可"时，引导学生通过观察和比较，从整体感受入手进一步把握汉字结构。同时关注学生的写字姿势和执笔方法，重视良好书写习惯的养成。拓展阅读白居易的《池上》，在阅读中感受异同，引导学生体会不同的乐趣与情感	

（三）作业布置

（1）找一找生活中的"东""西""南""北"4个字。

（2）再写两个"可"字：学习单课上写两个，课下在书上再写两个。

（3）将这首古诗背给爸爸妈妈听。

（4）拓展阅读：说一说白居易的《池上》与《江南》有什么相同的地方？有什么不同的地方？

池 上

[唐] 白居易

小娃撑小艇，
偷采白莲回。
不解藏踪迹，
浮萍一道开。

（四）朗读评价设计

评价方法：

（1）学生可以采取涂色或画"√"的方式完成自我评价和伙伴评价。

（2）教师组织学生完成自我评价和伙伴评价，请每个人数一数自己一共获得了多少颗星。

（3）根据获得"星星"数量及课堂上的朗读表现，评选班级"金牌朗读者""银牌朗读者""铜牌朗读者"，如下表所示。

"金牌朗读者"评价表	
1. 我能正确朗读古诗	2. 我能流利地朗读古诗
自我评价： ☆☆☆☆☆	自我评价： ☆☆☆☆☆
伙伴评价： ☆☆☆☆☆	伙伴评价： ☆☆☆☆☆
3. 我能注意读好古诗中的停顿	4. 我能在头脑中想象着画面来读古诗
自我评价： ☆☆☆☆☆	自我评价： ☆☆☆☆☆
伙伴评价： ☆☆☆☆☆	伙伴评价： ☆☆☆☆☆

续表

"金牌朗读者"评价表	
5. 我能读出鱼儿的快乐和采莲姑娘的开心	6. 我能在朗读古诗时，语速适中，流畅自然，还能加上动作
自我评价： ☆☆☆☆☆	自我评价： ☆☆☆☆☆
伙伴评价： ☆☆☆☆☆	伙伴评价： ☆☆☆☆☆

七、设计反思

（一）本节课的优点

1. 多种资源支持，助力朗读

教师运用富有感染力的体态语，带领学生进行手势接读，启发学生感受鱼之乐。在课堂教学中，教师不仅是资源的提供者，教师的体态语也为学生的学习提供了资源。本课利用视频让学生直观地感受鱼儿在水中嬉戏的场景；播放歌曲《江南》，让学生了解汉乐府《江南》是可以唱出来的诗歌。通过这些音视频资料的使用，可以更好地让学生理解古诗。

2. 多种识记方法，强化识字

本课学习中，教师综合运用多种识字方法，帮助学生识记生字，提升学生的思维水平。如，随文认识了方位词；又如字理识记"采"和"鱼"；再如，偏旁归类识记"江""莲"两个字。

（二）本节课的不足

江南景色秀丽，除了古诗中展现的景物外，还有很多其他的风景。课上由于时间紧张并没有进行过多的展示。教师可以再搜集一些图片，鼓励学生尝试用简单的叠词说短语（第二课已进行过练习），这就为第四课的仿说提供了更多的素材。另外，还可以拓展《江南》的吟诵，这样可以为歌咏自然之美的朗诵会增添一种形式，让朗诵会更加丰富多彩，带给学生美的享受。在丰富的素材拓展和巧妙运用上，本节课还有不足之处，这也是未来自己在语文学习活动设计上需要努力的一个方面。

课例点评

朗读能力是语文学习的重要能力之一。义务教育语文课程标准中强调：各个学段的阅读教学都要重视朗读和默读。各学段关于朗读的目标中都要求"有感情地朗读"，这是指，要让学生在朗读中通过品味语言，体会作者及作品中传递的情感态度，学习用恰当的语气、语调朗读，表现自己对作者及其作品情感态度的理解。

本文从"重音和停连，感情基调，语气、节奏—单篇教学设计—如何把学生的朗读成果转化为新的学习资源—设计评价学生朗读表现的评价量规"等方面进行了阐述，条理清晰。在教学设计的过程中关注识字写字这一低年级学生的教学重点，并能通过学情调研的形式了解学生在识字、写字等方面存在的问题。如果能够提出相应的解决问题的策略，将更有利于促进学生能力的发展。同时，在整体设计框架中能够以大任务为统领，引导学生在学习过程中发现自然之景，诵读自然之美，层次清晰，逐层深入。另外，在朗读评价设计方面也做了有价值的探索和尝试，体现了自评、互评和老师评价相结合的方式。同时，也关注到了学生在阅读过程中的感受、体验和理解。此外，建议可以进一步关注教学过程中对低年级学生朗读方法的指导。

北京市海淀区教师进修学校小学教研室主任、北京市语文学科带头人，柏春庆

六、"梳理情节"教学设计案例

（一）题目解析

学科基本知识	梳理情节
课前教学设计问题	学生任务设计（学习活动设计）
课中教与学的问题	如何关注个体差异，开展分层教学，落实目标
课后评价问题	如何设计分层评价学生梳理情节的能力

任务驱动的教与学方式，能为学生提供体验实践的情境和感悟问题的情境，围绕任务展开学习，以任务的完成结果检验和总结学习过程等，改变学生的学习状态，使学生主动建构探究、实践、思考、运用、解决高智慧的学习体系。因此，在课堂教学过程中，通过创设情境—确定学习任务—学生自主、合作完成学习任务—进行分享、交流和评价，可以使学生在此过程中主动探究，思考并解决问题。

分层教学，指教师根据学生现有的知识、能力水平和潜力倾向，把学生科学地分成各自水平相近的群体，采用一定的分层策略。分层教学主要关注的是学生的现有知识、能力水平，在此过程中，从学习目标开始就进行分层，将教学目标划分为不同的水平，保证每一水平的学生都能落实学习目标；同时，教师时常关

注学生之间的差异以及学生的成长，适时调整分层策略。分层教学的最终目的是使每一个群体的学生，在教师恰当的分层策略和相互作用中，与自身相比，得到最好的发展和提高。

根据分层教学的概念，以及对梳理情节能力的要求，设计评价标准（见表3-3）：

表3-3　对梳理情节能力的评价标准

等级	标准
A级	按照记叙文的要素，说清楚主要情节，并且抓住线索，利用串联等方法，简洁、准确地概括文章的主要内容；在梳理情节的过程中，对人物情感上的变化有所感知和关注
B级	能够按照记叙文的要素，说清楚主要情节，并且抓住线索，利用串联等方法，简洁地概括文章的主要内容
C级	能够基本说清楚每一个情节，并且利用串联等方法，概括出文章的主要内容

《父爱之舟》这一课文中呈现的情节比较多，在时间上有一定的先后顺序，作者在回忆父亲对自己在生活上、学业上无微不至的照料时，也有一定的情感上的递进变化，但是学生在梳理多个情节时，尤其是在分享自己的体会时，主要存在两个问题：一是可能有少部分学生无法抓住细节，用恰当的语言表达自己的体会和情感；二是有比较多的学生，可能在多个情节中较多地体会父亲的形象，无法准确地抓住"我"的情感变化。

对于第一个问题，在学生进行自主批注时，教师也要抓紧时间，充分了解学生在批注中对课文内容、人物形象的体会；在不同的学生进行课堂发言、讨论时，教师也要及时根据不同情况，使用适当的课堂评价语言。例如，有的学生在发言时，只抓住了文本给出的信息，推测作者当时的家庭情况等信息，对于自己的感受分享得较少，这时候教师应当及时对学生找到了重要信息这一点给予鼓励，这对于理解课文内容、体会文中的情感是很有帮助的；有的学生在发言时分享了自己独特的感受，教师更应该及时给予表扬和鼓励。

对于第二个问题，教师需要在充分了解学生情况的基础上，先提出恰当的问题，在对情节进行梳理的基础上，引导学生自主讨论作者的成长经历，在成长的过程中，是否有一定情感上、行为上的变化；可以鼓励有所体会的学生带动其他学生进行分享；在本课中，最后在了解"父爱之舟"的线索作用基础上，梳理作者的成长过程，设计师生接读的环节，更加深入地体会作者在情感、行为上的变化。

（二）教学案例及评析

《父爱之舟》教学设计

张译方　北京市海淀区双榆树第一小学

一、学情分析

义务教育语文课程标准要求第三学段的学生能够阅读叙事性作品，了解事件梗概，能简单描述让自己印象最深的场景、人物、细节，说出自己的喜爱、憎恶、崇敬、向往、同情等感受。在"体会课文表达的思想感情"这一方面，从四年级下册第一单元开始进行"抓住关键词句，初步体会课文表达的思想感情"的训练，到五年级上册第一单元的初步了解课文借助具体事物抒发情感的方法、第四单元结合资料体会课文表达的思想感情，再到第六单元体会作者描写的场景、细节中蕴含的感情等等，为五年级下册学生能够整体利用各种方式体会课文表达的思想感情做准备。

四年级下册	五年级上册	五年级下册
抓住关键词句，初步体会课文表达的思想感情	初步了解课文具体事物抒发情感的方法；结合资料，体会课文表达的思想感情；体会作者描写的场景、细节中蕴含的感情	体会课文表达的思想感情

本篇文章结构比较清晰，学生经过之前的学习，对文章中所描述的几个场景、事件的主要内容已经基本掌握；在文章主旨理解上，学生基本能够理解，可以为学生拓展首尾呼应等文章结构上的写法，并且理解写法对于情感表达

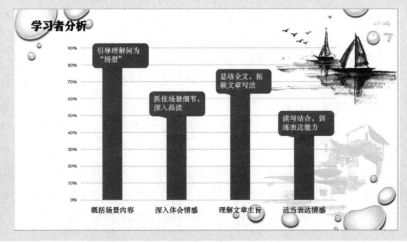

的作用；在情感体悟过程中，学生体会到了父子之间的深情，需要通过抓住场景细节深入品读，使学生对情感的体会更加深刻；另外，在恰当表达情感方面，需要进一步通过读写结合进行语言积累和训练。

二、教学内容

（一）文本的特点或课文在教材中的位置

《父爱之舟》是部编版语文五年级上册第六单元第二篇的主体课文，是一篇回忆性散文。文章形散而神聚，描写的事件较多，但是整体来看，文章中对父亲的怀念、感激之情是从始至终的，从中能够感受到的来自父亲的细腻、深沉的关爱也是一以贯之的。文章首尾呼应、结构严谨，使作者对父亲的感激、怀念之情贯穿全文。在文章成文之时，作者吴冠中先生的父亲已经去世许久，他在梦醒时不禁泪湿枕巾，更显"子欲养而亲不待"的心酸。课文的语言平实质朴，饱含深情，感人至深。

在梳理课文的情节时，可以关注两条线索：

第一，"父爱之舟"伴随着"我"成长，父亲在"我"生活和学业上都一直支持着我，标题揭示了文章的主题，也是全文情节发展的线索。

第二，在成长、求学的过程中，父亲对"我"的心疼、体贴和关爱一直都在，课文中的每一个情节以及其中的细节，都饱含父亲对"我"的爱；同样，课文中也有多处提到了"我"对父亲的态度、对父爱的理解。作者在求学过程中，受父亲的影响、家境的影响，心理上产生了明显的变化，有了巨大的成长，正因如此，才有了他之后以努力学习、学业有成回报父亲的行动。从思想情感到行动上的变化，也可以作为情节发展的一条线索。

（二）课文中可学习的点

（1）标题"父爱之舟"在课文中的线索作用，以及其更深层的含义。

（2）在梳理情节的过程中关注细节，分析父亲的人物形象。

（3）"我"在成长的过程中一直能体会到细腻深沉的父爱，而在成长过程中，"我"的情感、行动也产生了一定的变化。

（三）教学内容确定

（1）以"父爱之舟"为线索，以及父亲的行动为主线，梳理文章中的情节。

（2）通过主要情节和细节来分析父亲的人物形象，体会深切的父爱。

（3）通过梳理情节，体会从"我"心疼、理解父亲到回馈父爱的过程。

三、学习目标

1. 语言目标

理解课文题目和句子的含义，能说出在"我"梦中出现的难忘的情节；用恰当的语言表达自己对亲情的理解和感受。

2. 思维目标

能够梳理清楚主要情节，并且理解从"我"心疼、理解父亲到回馈父爱的过程；结合文章中的细节描写，分析父亲的人物形象，培养理解能力、分析能力和概括能力。

3. 价值目标

能从主要的情节、细节中体会深切的父爱和"我"对父亲的心疼和理解。

四、教学重点/难点

教学重点：能从主要的情节、细节中分析父亲的人物形象，体会深切的父爱，体会从"我"心疼、理解父亲到回馈父爱的过程。

教学难点：用恰当的语言表达自己对亲情的理解和感受。

五、课时安排预测

共2课时，第一课时学习生字词，以及梳理课文主要内容，了解"我"梦中出现的难忘的情节。第二课时主要品读情节中的细节，体会深切的父爱和"我"对父亲的心疼和理解。

六、教学过程

（一）教学导入

听写重点生字词，检验第一课时学习效果，夯实基础。

（二）学习活动

（1）在教师引导下，学生回忆之前概括过的，"我"梦中梦到的主要情节，并据此回顾之前学习到的文章主要内容，见下图：

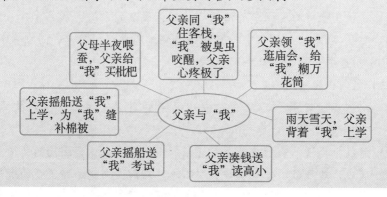

评价标准如下：

等级	标准
A级	能够以父亲和"我"的行动为线索，说清楚每一个情节的内容，并且利用串联等方法，简洁、准确地概括文章的主要内容；在梳理情节的过程中，对人物情感上的变化有所感知和关注
B级	能够以父亲和"我"的行动为线索，说清楚每一个情节的内容，并且利用串联等方法，简洁地概括文章的主要内容
C级	能够基本说清楚每一个情节的主要内容，并且利用串联等方法，概括出文章的主要内容

（2）分析人物形象，体会"我"的情感变化。

1）以第一个情节为例，指导学生通过抓住细节和关键词句的方式深入表达体会。

PPT 出示：父母半夜喂蚕，父亲给"我"买枇杷。

师：文中那么多情节，这个情节所用的笔墨最少，但是为什么要放在最前面？你从中了解到了什么信息？

学生分享自己的批注和感受。

师：这一自然段文字虽然不多，却让我们看到了一个终日忙碌、对孩子疼爱有加的父亲形象。让我们一起来读读这段话吧！

2）自主学习和讨论活动。

师：刚才大家通过抓住关键词句的方式，已从一些细节当中有所体会。那么现在就请大家再用这种方式进行自主学习，深入体会一下最令你感动、让你印象最深刻的情节吧！

首先，出示自学要求，时间4分钟。

默读课文，文中哪些情节给你留下了深刻的印象？请你抓住细节，画出关键词句；并且在感受深的地方做批注，简单写一写你的感受。

其次，出示小组学习要求，时间4分钟。

小组任务：和同伴交流以下两个问题。

A. 令你印象最深的是哪个情节？

B. 你找到了哪些关键词句或者细节？从中你感受到了什么？

最后，学生根据要求，进行自主学习、批注和小组交流分享。

● 情节1：送考途中，父亲同"我"住客栈，"我"被臭虫咬醒，父亲心疼极了。

学生分享自己的批注和感受。

预设："父亲动心了"；"他平时节省到极点，自己是一分冤枉钱也不肯花的。"说明父亲对"我"的疼爱。"但我年纪虽小却早已深深体会到父亲挣钱的艰难。""我反正已被咬了半夜，只剩下后半夜，就不肯再加钱换房子。"说明"我"也同样爱父亲。

● 情节2：父亲领"我"逛庙会，给"我"糊万花筒。

师：在这段中，大家有没有注意到，有一处非常生动的、热闹的情景。

PPT出示课文原文：我看各样彩排着的戏人边走边唱，看踩高跷走路，看虾兵、蚌精、牛头、马面……人山人海，卖小吃的挤得密密层层，各式各样的糖果点心、鸡鸭鱼肉都有。我和父亲都饿了，我多馋啊！但不敢，也不忍心叫父亲买。

大家都来读一读，想象一下当时的画面，你觉得这样写有什么作用呢？

学生分享自己的批注和感受。

预设：这样的情景更能衬托出"我"家境的贫穷，突出我当时的心情。

● 情节3：雨天雪天，父亲背"我"上学。

PPT出示课文原文：读初小的时候，遇上大雨大雪天，路滑难走，父亲便背着我上学。我背着书包伏在他背上，双手撑起一把结结实实的大黄油布雨伞。他扎紧裤脚，穿一双深筒钉鞋，将棉袍的下半截撩起扎在腰里，腰里那条极长的粉绿色丝绸汗巾可以围腰两三圈，那还是母亲出嫁时的陪嫁呢。

学生分享自己的批注和感受。

预设：父亲的衣着十分朴素；父亲为了送"我"上学不顾形象，能看出父亲非常疼爱"我"。

● 情节4：父亲凑钱送"我"读高小。

学生分享批注和感受。

师：我们可以看出当时作者家境的艰难，这钱不是随随便便拿出来的。

PPT出示课文原文：要住在鹅山当寄宿生，就要缴饭费、宿费、学杂费，书本费也贵了，于是家里粜稻、卖猪，每学期开学要凑一笔不少的钱。

如果你就是当时的小冠中，拿着这些凑来的学费，看到父亲为自己铺床，会怎样想？

PPT出示课文原文：这是我第一次真正心酸的哭，与在家里撒娇的哭、发脾气的哭、打架的哭都大不一样，是人生道路中品尝到的新滋味了。

预设：学生将自己带入情境，想象"我"当时的心情。"新滋味"意味着作者长大了，想到了父亲为自己凑学费的不容易，学会了心疼父亲。

带着这样的"新滋味"，再读一读这段话吧！

● 情节 5：父亲摇船送"我"考试。

学生分享自己的批注和感受。预设：父亲没有把船停到无锡师范附近，是为了不让"我"在同学面前没面子，照顾到"我"的自尊。

师：父亲不仅在生活上照顾我，在面子上、自尊上也很细心地照顾到我的感受，父亲对"我"的关怀真是无微不至。

● 情节 6：父亲摇船送"我"上学，为"我"缝补棉被。

师：在我们读过的许多文学作品中，母亲常常在家中承担照顾子女生活的责任。而在吴冠中先生的家里，这位父亲不仅扛起了父亲的责任，还扮演了母亲的角色。吴冠中先生在回忆录中这样写道：

（PPT 出示）我的母亲常年卧病，不断服汤药。因为母亲的病，父亲便放弃了自己的理想，不再去无锡教书，他在家里围起母亲的围裙洗菜，做饭，喂猪，照顾孩子，也不怕被人嘲笑。当门外来人有事高叫"吴先生"时，他匆匆解下围裙，以"先生"的身份出门见客。

看到父亲为自己缝补棉被的样子，他会想到什么？

谁能带着自己的感受读一读？

（3）了解"父爱之舟"在文章中的线索作用。

师：之前大家也注意到，课文中的两幅插图正是吴先生本人的画作，他的画中多次出现小渔船，长大后的他，真的用自己手中的画笔，将记忆中的小渔船画出来了。此时此刻，你知道课文为什么要反复出现小渔船，课文为什么以"父爱之舟"为题吗？

PPT 出示问题：

课文为什么以"父爱之舟"为题？从课文中找到相关内容说说你的理解。

教师引导学生按照课文的行文顺序，梳理"父爱之舟"在文中所代表的"小渔船"出现的位置，从而感受到，父亲撑着的小渔船在"我"求学的路上一直陪伴。

在此基础上，学生分享自己对标题"父爱之舟"的理解，并且进一步理解"父爱之舟"在文章中的线索作用。

（4）在了解"父爱之舟"的线索作用基础上，梳理父亲对"我"在学业上的支持以及"我"在成长过程中的情感变化。

师生接读，共同梳理课文情节，体会父亲对"我"在学业和生活上的照料，以及在成长过程中，作者在情感和行动上发生了哪些变化。

出示课文第 1 自然段：是昨夜梦中的经历吧，我刚刚梦醒！

师生接读，由教师读父亲的部分，学生朗读相对应的"我"的部分：

半夜我被臭虫咬醒，身上都是被咬的大红疙瘩。父亲心疼极了。

茶房说没办法，要么加点儿钱换个较好的房间，父亲动心了。

他平时节省到极点，自己是一分冤枉钱也不肯花的。

但我年纪虽小却早已深深体会到父亲挣钱的艰难。

我反正已被咬了半夜，只剩下后半夜，就不肯再加钱换房子。

于是家里卖稻、卖猪，每学期开学要凑一笔不少的钱。钱很紧，但家里愿意把钱都花在我身上。

父亲送我到学校，替我铺好床。他回家时……

我拿着凑来的钱去缴学费，感到十分心酸。

我偷偷哭了。这是我第一次真正心酸的哭，与在家里撒娇的哭、发脾气的哭、打架的哭都大不一样，是人生道路中品尝到的新滋味了。

我唯一的法宝就是考试，从未落过榜。我又要去报考无锡师范了。

老天不负苦心人，他的儿子考取了。

时值暑天，为避免炎热，夜晚便开船，父亲和姑爹轮换摇橹，让我在小舱里睡觉。

父亲不摇橹的时候，便抓紧时间为我缝补棉被，因我那长期卧病的母亲未能给我备齐行装。

我从舱里往外看，父亲那弯腰低头缝补的背影挡住了我的视线。后来我读到朱自清先生的《背影》时，这个船舱里的背影也就分外明显，永难磨灭了！

师：父亲对我的爱，一如既往，日日辛劳，悉心照料。而"我"在成长的过程中，对父亲的关爱，也总会有新的理解。

引导学生找到并用关键词梳理"我"在成长过程中的变化，体会"我"如何从思想到行动上发生了真正的成长，对父爱的体会愈见深刻：

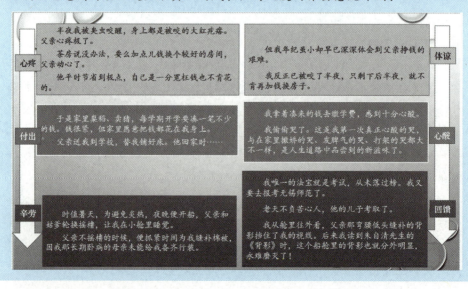

师：此时此刻，父爱之舟，不仅承载着父爱，也承载着"我"成长的希望，如果是你，你觉得"我"回报父亲最好的方式是什么？

评价标准：

等级	标准
A级	能够在分享时注意到"我"的成长过程和变化，用恰当的语言表达自己的体会和理解，并且能够将自己的情感体会读出来
B级	能够在分享时注意到"我"的成长过程和变化，勇于说出自己的理解

（5）了解首尾呼应的写法及作用。

出示文章开头和结尾。

师：梦中的一幕幕无比温暖，但是梦总有醒来的那一刻。此时此刻，作者从梦中惊醒，梦中回忆起父亲的点点滴滴，情不自禁地泪湿枕巾。子欲养而亲不待，人生中最大的遗憾莫过于此。

文章采用了首尾呼应的写作方法，使作者对父亲的怀念之情贯穿始终。

（三）作业布置

1. 课后练笔

在作者吴冠中的笔下，父爱细小入微，父亲的一言一行无不饱含着深深的爱。请你回忆一下与亲人相处的场景，以"亲情"为内容，通过叙述一件与一位亲人相处的小事，写一篇200字左右的小练笔，要表达出真情实感。

课后练笔的评价标准如下：

等级	内容要求
一类	符合题目要求，内容具体，能够写出具体的场景，并且深入刻画细节；语言生动流畅，主题鲜明，有真情实感，书写规范、整洁，不写错别字，标点符号使用正确
二类	符合题目要求，内容比较具体，语言表达通顺、连贯，能写出一定的细节，有一定的真情实感，书写规范，错别字少，标点符号使用基本正确
三类	符合题目要求，能按要求写作，内容不够具体，表达一般，错别字较多

2. 推荐阅读

作者在描写父亲弯腰缝补的背影时，提及朱自清先生的一篇文章《背影》。同样是写父亲的文章，朱自清笔下的父亲形象和本文又有所不同。如果你有兴趣，可以去读一读，体会另一种深沉的父爱。

七、设计反思

在这节课的教学设计过程中，我体会到，需要时时刻刻考虑学生在学习中是否能有所收获，将学生放在主体地位，充分尊重学生。

（一）本节课的优点

在学习过程中，采用批注式阅读的方式，引导学生抓住细节，深入情境，揣摩人物心理，体会父子之间的深情；在学习方式上，学生在独立学习的基础上进行小组分享，更充分地品读、感受文章中的细节，体会作者是如何借助主要情节、场景和细节来表达情感的；在作业设计上，读写结合，在感受作者表达的父爱的基础上，进一步体会身边的亲情，并达成"用恰当的语言表达自己的看法和感受"的培养目标。

（二）本节课的不足

作为新教师，自己在备课和上课的过程中总是害怕上课的流程不受控、不够顺利，于是在本节课的教学设计中，我设置了很多引导学生按照要求来表达的环节，并且在学生独立学习、理解文章含义的时候，把学生自主表达放在了自己的讲解之后。但是这样就极大地限制了学生的自主学习能力。今后我需要在充分了解学生情况的基础上，放手让学生进行自主表达。

课例点评

文章围绕"梳理情节—学生任务设计（学习活动设计）—如何关注个体差异，开展分层教学，落实目标—如何设计分层评价学生梳理情节的能力"展开阐述。并能根据分层教学的概念，以及对梳理情节能力的要求，设计出具体的评价标准。在教学设计过程中，能进行学情分析，说明老师关注学生的学习起点。但是，学情分析还比较简单，没有数据统计，但是还缺乏对数据的深层次分析。建议在分析数据的基础上发现学生现阶段知识和能力的起点，以及在学习新知识时存在的困难或问题，并能提出有针对性的改进策略。这样，学情分析的价值就可以进一步扩大。

在教学设计的过程中，能够关注文本的内容，引导学生在整体感知的基础上梳理情节，并体会人物情感的变化过程，思路清晰。建议进一步关注情节梳理的方法指导，同时，对于分层教学、分层任务的设计可以更充分、更具体，以增强设计的操作性。

北京市海淀区教师进修学校小学教研室主任、北京市语文学科带头人，柏春庆

七、"默读与速读"教学设计案例

（一）题目解析

学科基本知识	默读与速读
课前教学设计问题	多媒体与网络教学资源开发与利用
课中教与学的问题	厘清默读与速读的差异、提供相应的学习支架
课后评价问题	如何评价学生的默读与速读水平

阅读有两种基本模式：朗读与默读。在广义理解中，把"是否出声"作为区分这两种阅读的标准。而说到默读，在一些关于阅读的研究中，我发现默读分为不同的形式，比如"静读"和"速读"。

静读与速读的最大分别在于文字视觉信号的输入方式，一种是经过语言等中枢的点状输入，一种是由视觉中枢直接传递到记忆中枢（理解中心）的快速的线性输入。

从图3-1中可以直观地发现速读之所以更高效，正是因为通过眼脑直映，大脑直接将文字符号转换为内部语言，对文本进行分析、综合、抽象、概括、判断以及想象、联想等思维活动，达到理解和记忆的目的，因此比需要动用发音器官的传统默读更高效，虽然从外部观察并没有区别。

图3-1　默读与速读的神经传输差异

小学阶段，在从默读跨入速读的过程中，结合孩子的认知水平，着重训练他们尽可能去速读。为此，笔者以"点—线—面"为结构，为孩子搭建作为支架的三大"阅读加速器"：

（1）加速器：点。将原本的一个一个字化成一个个短语（意群），这样一次就能输入更多信息。加快阅读速度的关键其实是在每一次停顿时吸收更多的内容。吸收的内容多了，嘴巴就跟不上眼睛的速读，自然就"读"不出来了，那时间就节省下来了。

（2）加速器：线。通过使用笔和手指在书页右侧有规律地向下移动，引导视线以一定速度持续向下行进，阅读时便能感觉到自己目光的移动是有节奏的线性流动。保持这个节奏，不轻易停顿，更不轻易"返工"，这样能尽可能减少走神和重读（返回去读之前读过的句子），从而大幅提高阅读速度。

（3）加速器：面。带着问题读书，让眼睛更敏感，更灵活地有意识捕捉关键信息，有助于暂时忘记发声器官，而有角度、有立场地读书，更能从统领的高度去考虑全局，全面提升阅读理解力。

默读与速读水平有多个维度可进行评测，针对小学阶段，可采用三维阅读水平评测，即速度、记忆力和理解力。

1. 速度评测

默读与速读最明显的区别就在于速度，阅读速度的评测较之其他维度的评测更客观，所以指定如下评测方式：选定适当文本（虚构类与非虚构类均可，但不建议使用图表、算式等作为评测文本），统计出总字数（因标点符号辅助文字记录语言，是书面语的组成部分，因此也需计入总数）。以秒为单位记录阅读时间。

文本总字数×60秒/阅读所用时间（秒）＝阅读速度（字/分钟）

除了阅读速度之外，阅读能力有多个方面的体现。借助布鲁姆的认知理论，从最初的两个层级——记忆力和理解力两方面来设置评估方式。

2. 记忆力评测

记忆力评测即对记忆力的评测。考查对先前文本材料的记忆，包括具体事实、方法、过程、理论等的记忆，如记忆名词、事实、基本观念、原则等。

评测方式：在默读或速读过文本之后，试着说出文本内容。文本内容提前被切割成独立的句子，每说出一项便可给分。

此项考查原文识记而非概括能力，可不逐字，但说出的原文越多，细节越多，得分越高。

要求按顺序说出，如顺序颠倒换位，必须厘清来龙去脉。比如：未按照原文"起因—经过—结果"的顺序，而采用了"之所以……是因为……"的句式说清内容也可给分。

如一句中信息点较多，可酌情给小分。

3. 理解力评测

理解力评测即把握知识材料意义的能力、对文本的解读能力。可以从三个维度来设计考查问题。

（1）转换，即使用转述、近义词，改变顺序等方法表达原文本的内容。

（2）解释，即对文本中出现的信息（如细节、修辞手法、数据等）加以解释和说明。

（3）推断，即能通过文本内容，对事态发展的趋势有所判断。评测方式：在默读或速读文本之后，直接回答问题。

从速度、记忆力、理解力三个维度进行评测，可以直接得出相关数据，并可测算出阅读记忆理解率和阅读效率，进而有效判断阅读水平。

$$阅读效率＝阅读速度×阅读记忆理解率$$

其中：

$$阅读记忆理解率＝答对问题得分/题目总分×100\%$$

由于默读时学生不发出声音，他人看不出、听不到，加上课堂时间有限，要做到逐一评测难度很大。因此，可通过网络教学资源合理设置评测内容，及时完成检查与统计；再通过反馈学习效果，让老师有针对性地修改教学计划。

总之，指导默读要明确布置任务并提出要求，如果是中低学段，需要家长帮助评测，题目尽量设置为勾选方式，以减轻家长的工作量，也能有效提高结果的客观性。具体内容详见教学案例中的学情分析及过程性文件。

（二）教学案例及评析

《梅兰芳蓄须》教学设计

朱轶楠　南京新书院悠谷学校

一、学情分析

本人所教授班级为悠谷学校四年级一班，本班学生共 16 人，平均 10 岁。10 岁左右的儿童的思维发展正处于由具体形象思维向逻辑思维过渡的时期，其突出特点是思维不够系统，在语言表达和书面表达方面都呈现出缺乏逻辑、不完整的特性。因此，这段时间也是训练书面语言和思维的良机。

本班学生从二年级下学期开始学习默读，目前语文课上根据文本内容及教学要求，朗读与默读交替进行，课下自由阅读已全部进入默读阶段。此时学生还没有接受过有目的、有计划的默读专项训练，学生没有机会掌握默读和速读的技巧，主要还是依靠自觉和悟性进行阅读。

根据"默读与速读"的题目，我先进行了较为系统的学情分析，如果学生已掌握默读，便可以开展速读的训练。所以学情分析相当重要。

我选用了《梅兰芳蓄须》一课的第5～7自然段（含标点共315字）作为课前测评的文本，通过微信小程序"班级小管家"进行盲测。

按照阅读能力的基本标准，盲测内容主要有三个方面：

【阅读速度测试】用文本字数除以默读时间，所得即为学生的阅读速度，超过 300 字每分钟即为过关。

【记忆力测试】将文本内容切割为 10 个要点，每答出一个要点积 10 分，满分 100 分。

【理解力测试】采用惯常的阅读理解力测试题形式，学生在读完文本后直接用"对""错""未提及"答题，其间不重读文本。共 5 题，每题 20 分。

经过测试，本班同学默读的测评结果和基本数据如下表所示（有效填写人数：16 人）。

编号	姓名	速度	记忆力	理解力	总评	编号	姓名	速度	记忆力	理解力	总评
01	胡＊恩	390	60	80	70	09	朱＊宁	312	70	40	55
02	钟＊妍	345	90	60	75	10	刘＊瑞	397	70	60	65
03	唐＊轩	330	100	60	80	11	董＊宁	367	100	100	100
04	刘＊昆	322	90	40	65	12	贾＊晗	301	90	60	75
05	闻＊宁	240	100	60	80	13	董＊涵	351	50	80	65
06	宗＊希	336	100	60	80	14	李＊怡	301	80	60	70
07	余＊涵	378	90	60	75	15	董＊岚	390	60	60	75
08	陈＊荃	399	80	80	80	16	刘＊辰	320	100	60	80

注：阅读速度单位为字/分钟。

学情分析结果：由义务教育课程标准及教材看来，学生在 2～3 年级开始接触默读，而根据本班学生现实学情来看，已基本达到每分钟 300 字的阅读速度，而且记忆力和理解力达到了中高水平，可以适时开展速读的学习和训练。

附：学情分析过程性文件

1. 记忆力测试题目

复述《梅兰芳蓄须》第 5～7 自然段，通过微信小程序提交结果，每说出一点就在前面打一个"√"。（每题 10 分，满分 100 分）

☐ 日本侵略军要庆祝"大东亚圣战"，要求梅兰芳必须上台演出。

☐ 梅兰芳拒绝了演出。

☐ 梅兰芳找到了一位医生好友。

☐ 梅兰芳请朋友设法让他"生一场大病"以摆脱日本人的纠缠。

☐ 医生朋友被梅兰芳的爱国精神感动了，决心帮助他。

☐ 医生给梅兰芳打了伤寒预防针，梅兰芳开始发高烧。

☐ 日本人不相信梅兰芳病了，专门派了一个军医来检查。

☐ 日本军医看见梅兰芳盖着棉被躺在床上，床边放着很多药。

☐ 军医用手摸了摸梅兰芳的额头，认定他得了重病，不能上台。

☐ 日本侵略者的妄想最终没有实现，梅兰芳为此差点丢了性命。

2. 理解力测试题目

根据《梅兰芳蓄须》第5~7自然段文章内容，认为对的打"√"，认为错的打"×"，认为没有提到的打"○"。（自测，满分100，每题20分）

☐ 日本侵略军在庆祝"大东亚圣战"前找到梅兰芳要他登台。

☐ 打了伤寒预防针的人都会连日发高烧。

☐ 给梅兰芳打伤寒预防针的人是梅兰芳在国外留学时的朋友。

☐ 日本人非常谨慎，他们特意派了一位军医去梅兰芳家检查。

☐ 因为梅兰芳得了伤寒，所以他不能登台演出。

二、教学内容

（一）文本的特点或课文在教材中的位置

《梅兰芳蓄须》是小学语文部编版教材四年级上册的第23篇课文，位于第七单元中的第三篇，为自读课文。本单元以"家国情怀"为主题，编排了《古诗三首》《为中华之崛起而读书》《梅兰芳蓄须》《延安，我把你追寻》四篇课文。课文表现了不同历史时期的人们在家国大义面前的不同风采，本单元的语文要素是"关注主要人物和事件，学习把握文章的主要内容"。

《梅兰芳蓄须》一课侧重引导学生运用把几件事连起来去把握文章主要内容的方法，让学生从文本中发现，梅兰芳先生想尽办法拒演时，多个事例的危险度逐步升级，梅先生的处境愈发艰难。从"深居简出，荒废艺术"到"蓄须明志，卖房度日"的生活困窘，再到"打针装病，差点送命"的气节，感受到梅先生拒演过程中困难的加大和危险的逐步升级。

（二）课文中可学习的点

（1）事例的选取与布局，逐层推进的内在行文逻辑。

（2）从事件中体会梅兰芳的爱国情怀。

（3）在掌握了传统默读的基础上，通过学习速读来提高阅读效率（用更短时间获得更好的阅读效果）。

（三）教学内容确定

基于学情分析与教材分析，可确定本课的教学内容是：

（1）默读课文，了解文本大意。补充关于京剧行当的必要背景知识，理解"蓄须"这一举动的意义后再次默读，深入文本。

（2）利用圈画词组短语、带着问题阅读和保持眼部运动流畅性等"点、线、面"一系列的速读手段带领学生深入理解梅先生的其他做法，并利用自测及两人小组的形式进行阅读记忆力和理解力的测试，及时对阅读效果做出反馈。

（3）围绕梅先生愈加艰难的处境去感受梅先生的深明大义和义无反顾的爱国情怀。

三、学习目标

1. 语言目标

通过掌握速读的基本方式来提升阅读能力，将阅读速度、记忆力、理解力分别提升 15 分 、10 分及 10 分 。

2. 思维目标

能说出梅兰芳先生用了哪些方法来拒绝为日本人演戏，这些危险和困难是按照什么顺序来写的。

3. 价值目标

感受梅兰芳先生蓄须明志的高尚气节，能以"创想日记"的形式完成读后感，字数 100 字左右。

四、教学重点/难点

1. 教学重点

（1）通过几件相关的典型事例感受梅兰芳先生高尚的爱国情感和坚定的民族气节。

（2）学习使用"加速器"提升阅读能力。

2. 教学难点

随着梅先生遭遇到的困难和危险不断加剧，他的对策也在不断升级。

五、课时安排预测

1 课时（40 分钟）。

六、教学过程

（一）教学导入

1. 开课时即组织学生开始集体计时的自主默读，读完后抬头读时钟，将所用时间记录下来

2. 请同学们合上书本，提问课文讲了一个什么故事，其中梅兰芳都经历了哪些困难呢？（预设说不出或找不全，即进入第 2 段导入）

3. 解释课题

(1) 梅兰芳先生的简要介绍。

(2) "蓄须"的意思——通过"蓄电池""蓄水池"猜测"蓄"的意思;"须"在本册第 9 课学过,从"彡"代表纹路,"页"代表颜面的字源顺带复习。

(3) 京剧简介,重点放在介绍生旦净丑四个行当上,让学生了解"蓄须"对旦角的影响。

(4) 看剧照猜剧目《贵妃醉酒》《霸王别姬》。

(二) 学习活动

1. 再读课文,有的放矢

学法指导:有了背景资料的积累,请同学们带着"梅兰芳经历了哪些危险和困难"这个问题,再次默读课文第 2 自然段,在默读的过程中,将相关的内容短语画出来。

学生活动:提问学生,在第 2 自然段中梅兰芳经历了哪些危险和困难?(对比前一次的默读,使学生直观感受到带着问题去阅读,会比漫无目的地阅读容易抓取信息,实现更有效率的阅读)

师生共同梳理:学生回答时注意引导学生将具体的事件概括成明确的短语,同时以板书相配合:

原因	办法	危险和困难
不断纠缠	藏身租界,远避香港 深居简出,不再登台	虚度生命

2. 利器一出,谁与争锋

教师导学:在写板书时使用短语形式,引导学生发现使用短语的好处。如果每次阅读时,我们都是按短语输入的,就会发现不仅速读有了很大提高,记忆的留存度也会不一样。

学生思考:请学生阅读特殊格式的第 3 自然段后进行互动:

1941 年 12 月	香港沦陷	日本驻港司令官
亲自出马	多次	逼迫
梅兰芳演戏	梅兰芳	可以忍受
生活的困顿	直面	战争的危险
但他	难以抵抗	来自侵略者
随时随地的骚扰	拒绝的借口	都用尽了
梅兰芳	最后只能	蓄须明志

续表

表示	对日本帝国主义的	抗议
表明	不给侵略者演戏的	决心
后来	梅兰芳	不堪其扰
只好	又回到了	上海

● 看起来和之前的文章有什么不一样？（学生会误以为是提炼了关键词）读几行试试。

● 读完整段有什么感受？（从生理及心理两方面的感受来谈）

● 请一位同学上台读，另一位同学观察他的眼球活动（可发现明显的眼动，也能清晰地发现轨迹）

师生共同梳理：文字大小一样，排列在一起很容易让人觉得拥挤，也读不出特别之处。如果阅读时，将原本独立的字组成词组或短语，那不仅一次能更流畅地多输入内容，也能记得更牢。默读时不动头，而通过眼球转动移动视线，加上默读时以词组的方式吸收信息，阅读效率将有所提升。

3. 玉瓷之石，金刚试之

学生活动：学习了速读的"阅读加速器"，效果会怎么样呢？同样，带着以下问题默读第 4 自然段。读完后进行测试。

《梅兰芳蓄须》第 4 自然段理解力自测内容

（每人自测，满分 100，每题 12.5 分）

根据文章内容，认为对的打"√"，认为错的打"×"，认为没有提到的打"○"。

□ 梅兰芳原本生活就十分清贫。

□ 梅兰芳在北京有很多套可供出售的房子。

□ 有的戏园子老板愿意借钱给梅兰芳。

□ 戏园子老板们担心梅兰芳虚度生命，所以希望他早日登台。

□ 梅兰芳不愿意上台是因为他留着胡子。

□ 只要梅兰芳签订演出合同，就有老板愿意付他二十万两黄金。

□ 梅兰芳拒绝了所有合同，因为条件不够优厚。

□ 梅兰芳决不演戏给日本侵略者。

《梅兰芳蓄须》第 4 自然段记忆力测试内容

（两人一组单向测试）

每说出一点就在前面打一个"√"。

☐ 长期不演戏，没有了经济来源，又要养家，梅兰芳准备卖掉北京的房子。

☐ 听说梅兰芳要卖房子，很多戏园子老板找上门来。

☐ 老板们说梅先生没必要卖房子。

☐ 只要梅先生剃了胡子上台，就会有钱。

☐ 只要签订演出合同，就有老板预支二十两黄金给他。

☐ 无论戏园子老板们开出的条件多么优厚，梅兰芳都拒绝了。

☐ 他宁可卖房度日，也决不在日本侵略者的统治下登台演出。

学习指导：考虑到时间因素，此轮的理解力及记忆力测试不做书面统计，在课堂上请学生自行发现问题，如遇较大的问题可适当进行讲解或进行小组讨论。

教师总结：点、线、面三大"阅读加速器"。

学生梳理：新学习的方法要经过一段时间的练习和训练，才能逐渐取得好的效果。但再好的方法也是为了理解文本。小组讨论第3、4自然段，尝试梳理出的内容：

原因	办法	危险和困难
不断纠缠	藏身租界，远避香港 深居简出，不再登台	虚度生命
多次逼迫，随时骚扰	蓄须明志	卖房度日

4. 百尺竿头，十方世界

学生思考：重读第5~7自然段，经过背景知识的补充和前文提要之后，是否发现自己之前（课前盲测时）的记忆和理解与课文内容是有偏差的呢？

学生感受：在前面的文章中，梅兰芳先生已经不堪其扰了，视舞台为生命的他竟然蓄起了胡须，那日本侵略者会不会就此罢休呢？请接着往下看，注意接下来这个事例的写法与前面几个有些不同，它表现了日本侵略者的什么特点，这让你对梅先生抱有什么样的情感？

师生共同梳理：通过从不同维度观察下表，发现日本侵略者的步步紧逼及梅先生深陷危难，见下图。

原因	办法	危险和困难
不断纠缠	藏身租界，远避香港 深居简出，不再登台	虚度生命
多次逼迫，随时骚扰	蓄须明志	卖房度日
强令上台	打针装病	险丢性命

| 蛮横无理 步步紧逼 | 困难升级 危险加剧 |

抗战时期，梅兰芳先生通过蓄须明志、打针装病等办法来表示对日本帝国主义的抗议，坚决不给侵略者演戏，表现了他满腔的爱国热情和坚贞不屈的民族气节。

（三）作业布置

（1）以"创想日记"的形式写一篇 100 字左右的读后感，可查找网络资料获取更多梅兰芳生平事迹。（用时约 15 分钟）

（2）使用"阅读加速器"阅读课后"阅读链接"《难忘的一课》，读完后记录所用时间，完成阅读力评测，并能说出"我是中国人，我爱中国"都在哪些场景中出现过，以及从整篇课文中你感受到了什么。（用时约 8 分钟）

七、设计反思

本教学设计最初进行"文本阅读"及"阅读技巧"双线结构的设置时，最担心的就是课时不允许——如何能让孩子有时间去读，去适应新的阅读方法，又能读清内容、读出深意，成了这次教学设计的重中之重。得益于这是一篇自读课文，本身教学目标简洁明了，于是便大胆地穿插进一条"技能线"，同时也注意不要过分强调"技能线"，要贴合学生的初始水平，而不去生硬地、僵化地依赖数据，仅贴合学生现有水平设定教学目标后执行。

这次教学设计的"前、中、后"都有测评环节，前后两次书面统计具体分数，作为课堂效果的记录，课中公布答案由学生自己讨论。

在课程结束后收集学生的测评结果并进行统计后发现，基本完成了最初设置的教学目标。四（1）班默读能力测评结果见下表：

序号	学生姓名	速度（字/分钟）			记忆力			理解力			总评（二力均值）		
		B	A	R	B	A	R	B	A	R	B	A	R
01	胡＊恩	390	447	15	60	80	33	80	80	0	70	80	14
02	钟＊妍	345	398	15	90	90	0	60	100	67	75	95	27
03	唐＊轩	330	371	12	100	90	−10	60	80	33	80	85	6
04	刘＊昆	322	414	27	100	100	0	60	80	125	65	95	46
05	闻＊宁	240	329	37	100	40	−60	60	70	17	80	55	−31
06	宗＊希	336	411	22	100	80	−20	60	90	50	80	85	6

续表

	学生姓名	速度（字/分钟）			记忆力			理解力			总评（二力均值）		
		B	A	R	B	A	R	B	A	R	B	A	R
07	余＊涵	378	447	18	90	90	0	60	100	67	75	95	27
08	陈＊荃	399	435	9	80	90	13	80	90	13	80	90	13
09	朱＊宁	312	361	16	70	90	29	40	80	100	55	85	55
10	刘＊瑞	397	432	9	70	80	14	60	80	33	65	80	23
11	董＊宁	367	429	17	100	100	0	100	90	－10	100	95	－5
12	贾＊晗	301	398	32	90	70	－22	60	80	33	75	75	0
13	董＊涵	351	432	23	50	90	80	80	80	0	65	85	30
14	李＊怡	301	386	28	80	80	0	60	90	50	70	85	21
15	董＊岚	390	469	20	90	80	－11	60	80	33	75	80	7
16	刘＊辰	320	447	40	100	80	－20	60	100	67	80	90	13

注：B为前测结果，A为完成教学任务之后的结果，R为变动率（单位%）。

从统计中可以看出，根据学习目标中关于语言目标的提升分值测算，81%的学生完成了阅读速度的目标，38%完成了记忆力的目标，81%完成了理解力的目标。总体来说，超过80%的学生实现了阅读能力的显著提升。

课前的自测环节由家长协助完成，涉及评测标准及评测环境的影响，因此个别数据与课堂上进行的盲测有较大出入。但此次测评结果依然可以作为后续阅读能力变化的参考。从学生的百字读后感中可以看出，学生在课文内容、人物品质、人文主题等多个方面都有所感悟。

从评测结果来看，并不是读得越慢理解力越好，也不是记忆力越好理解力就会提升，在阅读的过程中，读得快（速度）、记得牢（记忆力）和读明白（理解力）之间并没有必然的联系。读产品说明书、读家信、读合同、随手翻看一本小说……面对不同文本，出于不同目的的阅读，或是在不同环境下的阅读，无法也不应用统一的"效率"来要求，但用于教学活动的评估却可以相对客观及直观地将隐性能力显性化，对学生的阅读能力进行数据化的评估。

作为小学老师的我们，应该在适当的时机给予学生关于速读方式的指导和实践，在课堂上多做引导，鼓励学生使用速读技术，有必要的话，建议安排专门课时进行专项训练，以帮助学生及时掌握速读方法，并熟练运用以真正进入高效速读阶段。

课例点评

　　默读是学生非常熟悉的一种阅读方式，也是贯穿义务教育课程标准四个学段呈现进阶式发展的基本能力，更是有益于学生终身学习的重要"工具"。朱老师针对这熟悉又陌生的内容所进行的细致研究和阐释非常有价值。说它熟悉，是因为我们几乎每节课都会让学生用到这种方式，已成常态；说它陌生，是因为我们很少有教师呈现或铺展指导学生默读的全过程、全周期，将默读作为学习结果或事实性知识传授的多，作为程序性知识甚至元认知知识研究的少。因此，默读在学生的心里，多是一个概念或一种结果，至于这个知识、这种能力是如何形成的，学生和教师多不甚明了。朱老师恰是选择了这样一个教学中容易被忽视的点，从概念界定、具体内涵、培养路径、评价方式几个方面进行了科学、具体的说明，既能看到其对理论的深入理解，也能看到心有学生的基本理念，更能体会到她教学评一体化的教学追求，带给读者以启示。

　　朱老师不仅是这样想的，也是这样做的。

　　在教学设计和实施中，我们可以看到，老师紧紧围绕默读与速读进行设计，关注学生的真实情况，通过问题设置、变换表达形式、方法介入等多种教学策略，让学生经历默读能力形成的全过程，体会速读的必要性和重要性。在整个过程中，关注学法的指导，让学生学而有法；关注学生活动的设计，让学生思维活跃起来；关注师生的共同梳理，在平等交流讨论的基础上达成认识的提升。另外，在教学过程中，能够以数据的积累与分析为基础，进一步改进教学，用数据说话，不断追求教学的科学性和适切性，提升课堂教学效果。

　　在这里有一个建议，那就是如果在整体设计和实施的过程中，能够更加凸显学段特点，更好地处理能力训练与素养提升的关系就更好了。

　　北京市海淀区教师进修学校小学教研室主任、北京市语文学科带头人，柏春庆

初中部分

一、"联想与想象"教学设计案例

（一）题目解析

学科基本知识	联想与想象
课前教学设计问题	思维可视化工具的使用
课中教与学的问题	如何把学生的学习成果、学习反馈转化为新的学习资源
课后评价问题	如何对学生的联想与想象质量进行评价

思维是人的大脑对信息有意识的反映，是大脑对接收到的信息进行加工处理，并最终形成认识的一种过程，即"获取信息—处理信息—呈现结果"（黎甜，2019）。其中，处理信息是较为复杂的一环。大脑在面对不同信息时，会做出不同反应，常见的有定性、分类、分解、理解、筛选、联想、想象、归纳、演绎等。当大脑需要理解抽象信息，需要联系相关信息，需要创造全新信息时，都需要运用联想与想象。联想与想象，是广泛存在于各类思维活动中的重要思维方式。

语文思维目前主要指高中课程标准提到的"直觉思维、形象思维、逻辑思维、辩证思维、创造思维"等，主要体现在语言运用之中。无论是形象思维，还是创造思维，抑或是直觉思维，学生以语言运用为载体的大多数思维活动，都需要借助联想与想象。可以说，联想与想象作为语文思维活动的重要方式，能够直接促进各类语文思维能力的发展。下面，以联想与想象对于形象思维能力和创造思维能力的促进为主，进行阐释。

联想与想象能增强形象思维能力。学生在语文学习中，常会遇到遵循情感逻辑的陌生化表达，或是抽象艰深的语文概念术语，在理解上存在较大困难。此时学生可以运用联想与想象，调动学习和生活经验，借助更为直观的形象去进行理解。例如在学习"若不撇开终是苦，各自捺住即成名"这一经典对联时，"执著则苦，按捺得名"的处世之道较为深奥，学生理解起来有难度，可以联系自己在学习中，在处理负面情绪或克制欲望方面的成功经历来加以理解。基于更为形象的亲身经历，去加深对现实生活和文学形象的领悟，获得形象思维能力的发展。

联想与想象能提升创造思维能力。联想与想象是一种创新的力量，也是激发创意的重要手段。大多数文艺作品，都是创作者基于现实生活展开想象，精骛八极、心游万仞的结果。熟练地掌握联想与想象的方法，如"黏合""夸张"等（黎甜，2019），可以明显地提高创造思维能力。例如刘慈欣的《带上她的眼睛》，在现实中科学界往往将探索的重心放在太空，作者却耳目一新地叙写了人类向地心探索的故事，更想象人类创造出了地心飞船。这些都是作者在现实生活的基础上展开想象，将太空飞船和地底环境进行联想而创造出的新事物。又如《格列佛游记》中的大人国、小人国等，也是作者基于人类特点，进行夸张想象后创造出的国度。

思维是存在于人脑中的活动，所以思维不可视，因此联想和想象也具有思维的特质——不可视。语文思维的发展是语文核心素养之一，也是学生应具备的高阶素养。然而正是因为思维不可视，也给语文教学带来了一定的困难：如何培育不可视的思维素养，如何让学生的思维在课堂上更为明晰，甚至能被科学测量和评价？语文思维发展型课堂进行了一些有价值的实践——引入思维可视化的概念。思维可视化的实质是将人们的思维过程和思维结果以某种方式呈现出来，形成能够作用于人的感官的外在表现形式，从而促进两个或两个以上的人之间的知识创造与传递（赵国庆，2009）。在思维发展型课堂中引入的思维可视化是以表征关系为主的可视化，比较典型的关系可视化工具包括概念图、思维导图和思维地图（赵国庆，2005）。

在思维可视化工具中，联想与想象有相对应的图示。语文教学中，学生的联想可以用圆圈图进行可视化，圆圈图能够反映头脑风暴，呈现出自由联想的结果。学生的想象可以用气泡图进行可视化，气泡图适合表征事物的特点，便于进行事物再造和创造。除此之外，学生也可以对文本中运用了联想与想象的内容，借助思维导图或流程图等进行梳理，使碎片化信息结构化。

学生使用思维可视化工具所生成的思维成果，是极具学习价值的学习资源，教师可以在课堂教学中加以利用：

1. 作为课堂后续环节的铺垫

学生生成的资源可以在教学推进的过程中被反复使用，充分发挥其学习价值。例如，在课堂导入环节，教师可以让学生使用圆圈图、气泡图等进行联想或想象的热身训练。在正式开始学习文本时，可以让学生用思维导图等梳理文本中联想与想象的思路和特点。再指导学生基于思维导图、圆圈图、气泡图等，将自己的联想与想象，同作者较为成熟的联想与想象进行对比，在比较分析中更深入地学习文本中联想与想象的方法。也可以让学生在学习联想与想象的方法后，再次使用气泡图、圆圈图等进行联想与想象的训练。然后与在课堂导入环节所取得的联想与想象成果进行比较，进一步了解自己的学习效果，也便于教师对教学效果进行评价。

2. 作为学生探究分享的案例

思维可视化工具，让每一名学生的思维轨迹与成果都能够可视化，让思维在课堂上的创造和传递得以实现。学生运用联想与想象的相关生成，便可以作为案例在全班范围内进行探究和分享。教师可以选出学生生成的资源中较为优秀或存有缺陷的典型案例，指导学生探究问题所在；也可以展示多维案例，供学生相互补充完善。

当思维变得可视，且思维的显性制品能够在课堂上被广为利用和呈现时，对于学生联想与想象质量的评价也变得相对容易和科学。教师在课堂教学中，对学生联想与想象的质量进行评价，有利于把握学情，灵活调整课堂教学内容与进度，也有助于学生及时了解自身学习情况。

评价学生联想与想象的质量，教师应首先根据联想与想象的思维特点，确定评价维度，针对学生联想与想象的过程、结果等，制定评价量规。例如，对于联想质量的评价，可以从联想事物的数量、联想事物的新颖度、联想类型的广度等方面入手。其次，要明确评价量规的操作方法，在课堂教学中，学生完成联想与想象活动后，教师都应该使用评价量规，可以交予学生互评，然后教师再评。

（二）教学案例及评析

"心"之所"相"，神思以往
——《天上的街市》《蔚蓝的王国》比较阅读教学设计

刘晓磊　宜昌市夷陵区实验初级中学

一、学情分析

（一）学段分析

七年级是学生创造思维发展的第二个飞跃期，其创造思维水平要远高于六年级，且持续快速发展至八年级时达到高峰。

从心理上看，七年级学生整体上还不够成熟，但自我意识开始迅速发展，开始对独立、自主有了更高的要求，对生活有了更多的追求。

可见，在学习具有创造思维且能表达对美好生活向往的文本方面，七年级学生是具备有利条件的。

（二）学生已有知识积累分析

从学生的生活经验来看，日益发展的自我意识，让他们对生活有了更多追求。而父母的约束，则会带来不符合预期的生活状态。这种矛盾必然会导致他们希望改变生活现状。这是学生能与文本主题产生共鸣的重要经验，也是在教学过程中可以利用的经验。

从认知基础来看，七年级的学生不具备关于作者郭沫若和屠格涅夫时期社会状况的史实储备。这不利于他们理解作者创作意图，教师可以在教学中适时加以解决。

通过对《金色花》和《荷叶·母亲》的学习，学生初步了解了散文诗以及联想、想象的特点，这有助于学生学习本课时能够快速把握文本语言特点和艺术手法。此外，学生在学习与《天上的街市》同一单元的课文《皇帝的新装》时，又进一步学习了联想与想象，为学生在课本中学习运用联想与想象奠定了基础。

（三）学生学习能力的分析

《天上的街市》所在单元的阅读策略是快速阅读，寻找关键词。学生在《皇帝的新装》中已经充分学习过这一策略，所以学生在学习本课时能够有策略地进行阅读，迅速把握作者思路，梳理关键信息。诗歌适合朗读，在本册书的第一、二单元学习中，学生已经系统地学习并实践过朗读，在本课的学习、诵读中可以进一步掌握朗读技巧。

课前48人参与问卷调查。数据显示，95.8%的学生认为文本语言浅近易懂，没有难以理解的语句；85.4%的学生认为文本思路清晰，并能够快速地梳理出主要内容。基于这两项数据，可考虑本课只设计1课时。

对于语文要素"联想与想象"，97.9%的学生反映已经在之前的学习中多次接触这个概念，77.1%的学生认为自己能够理解联想与想象的区别。6.3%的学生认为自己已经掌握了在阅读和写作中发挥联想与想象的方法。问卷中有一道测试题：说说由"太阳"能想到什么？有81.3%的学生进行了相似联想，只有16.7%的学生进行了相关联想，如"银河""太阳能热水器"等，只有1人进行了相反联想："黑暗"。可见，学生在联想与想象这一思维活动上，出现了明显的知行脱节。应将学习运用联想与想象，而不是联想与想象的概念以及区别，作为教学重点。可采用探究方式，并借助思维可视化工具，让学生自主生成对联想与想象的认知。

对于人文主题"向往美好生活",需要学生对作者郭沫若和屠格涅夫的生平和创作背景有一定的了解。但调查数据显示,只有1人对作者的相关背景有所了解,对此,教师有必要在教学过程中进行拓展。

二、教学内容

(一)文本的特点或课文在教材中的位置

本课是《天上的街市》与《蔚蓝的王国》的比较阅读。

《蔚蓝的王国》是苏教版教材七年级上册第六单元的第三篇课文。在课后"探究练习"中提到了"《天上的街市》与《蔚蓝的王国》所想象的世界有何异同",还提到了对"驾驶它的是我们自己无忧无虑的心灵""一切都在倾诉着爱情"等语句的理解。

《天上的街市》是部编版教材七年级上册第六单元的第二篇课文。单元导语提出了"调动自己的体验,发挥联想和想象"和"把握作者思路,深入理解课文"等语言目标。再梳理本课助学系统,预习中提到"诗人的想象和牛郎织女的故事有何不同",思考探究提到"这样想象,表达了诗人怎样的思想情感"。

以上教学内容,需要教师依据教学目标进行取舍与组织。

(二)课文中可学习的点

比较《天上的街市》与《蔚蓝的王国》是本教学设计主要的教学内容。

从语言特色来看,两篇文章的修饰词都较多,这些学习内容值得学生品味。但相较于《天上的街市》,《蔚蓝的王国》中标点符号更为丰富,省略号的使用极具特色,也值得学习。

从主题来看,两个文本都借助想象的世界来描绘自己理想生活的状貌,表达作者内心美好的愿望。《天上的街市》对神话再创造,想象大胆,可引导学生在比较中体会。而《蔚蓝的王国》则有较多语句意蕴丰富,如"驾驶它的是我们自己无忧无虑的心灵""我看见过你……在梦中"等句子,需要细细品味。

(三)教学内容确定

依据学情分析和教材分析,确定教学内容为以下几点:

1. 联想与想象的思维路径

2. 修饰词、省略号等的表达效果

3. 王国与街市美好自由的意境

4. 郭沫若和屠格涅夫对美好生活的向往

三、学习目标

1. 语言目标

初步掌握联想与想象的方法；品味关键词、标点的表达效果。

2. 思维目标

发展创造思维能力。

3. 价值目标

体会作者对美好生活的向往，能够树立对美好生活的信念。

四、教学重点/难点

教学重点：体会修饰词、省略号、感叹号等在作者塑造想象世界时发挥的作用。

教学难点：掌握联想与想象的思维路径，能发挥联想与想象，书写出自己对美好生活的向往。

五、课时安排预测

1课时。

六、教学过程

（一）以"想"导入

开始学习前，先做一个热身游戏。给大家两个中心词，"街灯"和"大海"。看到这两个词你是否产生了奇思妙想呢？请将你想到的用圆圈图呈现出来。

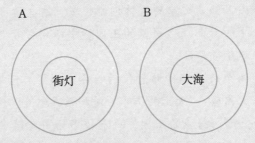

A   B

街灯   大海

评价建议：

1. 教师出示联想评价表（如下表所示），学生进行自评

2. 对小组内得分较高的，教师再进行评价

评价维度	评价细则	权重	自评
联想的事物数量	1. 联想8个及以上，5分 2. 联想4~7个，3分 3. 联想3个及以下，1分	5	

续表

评价维度	评价细则	权重	自评
联想的角度	1. 与中心词相反、相似、相关的都能联想到，10 分 2. 能联想到与中心词相似、相关的，6 分 3. 只能联想到与中心词相关的，3 分	10	
联想与中心词的关联度	联想到的事物与中心词有关联即可得 5 分，否则 0 分	5	

　　同学们保管好这两张图，我们待会儿再来展示它。今天这节课学习的两篇文章，便和奇思妙想有关，分别是郭沫若的《天上的街市》以及屠格涅夫的《蔚蓝的王国》。让我们跟随作者的笔触，在他们的想象世界中畅游吧！

　　(二) 理"想"的思路

　　(1) 请梳理《天上的街市》"想"的思路，完成以下流程图：

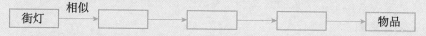

　　(2)《蔚蓝的王国》中作者跟随心灵的引导，"想"到了什么？请完成下面的思维导图：

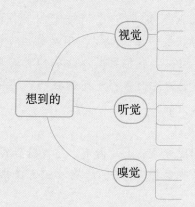

　　小结与过渡：梳理了文章之后，大家应该已经初步感受到，两位作者笔下的世界，确实充满着瑰丽的奇思妙想。为什么我们想不到这么丰富的内容呢？这时候再来比对下自己前面所想的，看看差别在哪儿？

　　(三) 习"想"的方法

　　(1) 结合《天上的街市》的流程图，聚焦"中心词与所想事物间的联系"，比较你在圆圈图 A 中想到的和郭沫若想到的，有何异同？

　　提示：如果异同点较多，可以使用双气泡图呈现。

　　预设：郭沫若想到的，既有与街灯相似的，还有与街灯相关的。如果有学生想到与街灯有相反特性的，也可以引导学生从中提炼出相反联想。相同之处在于，想到的多为现实中的事物。

设计意图

学生的想象，多为基于中心词特点的想象，实质是一种相似联想。但联想的路径还可以是基于相关、相反的联系。掌握不到这三点，学生的联想就会呈现一种不可操作的状态，把握不到联想的路径。

(2) 结合《蔚蓝的王国》的思维导图，聚焦"所想事物的真实性"，比较你在圆圈图 B 中想到的和屠格涅夫想到的，有何异同？

提示：如果异同点较多，可以使用双气泡图呈现。

预设：不同点在于屠格涅夫想到的多为虚构的事物，如"天上是大海""仙岛""心灵驱动的船""露笑脸的太阳""海上的吟诗声"等，实质为创造想象。相同点在于，学生的想象和屠格涅夫的虚构都源于生活。

设计意图

通过比较，让学生初步了解"想"的另一种方法，基于现实虚构。且让学生在深入比较中发现，无论是联想还是想象，都是基于现实的。

小结与过渡：可见我们的"想"，相较于两位作者，还是少了些技巧。想，既可以从一个事物联系到与之相似、相关或相对的事物，也可以无中生有，基于现实来虚构。当然，我们之所以能从作者的文字中感受到如此天马行空的想象，并不只是因为他们掌握了想的技巧，还在于他们能够将自己的所想最生动形象地表达出来。

(四) 品"想"的表达

(1) 请用双气泡图比较《天上的街市》与《蔚蓝的王国》表达上的异同。

提示：可从用词、标点符号、表现手法、语言风格、意境等方面比较。

预设：

设计意图

这一环节的设计旨在以比较两个文本表达上的异同为基础，进行后续环节的语言品味。该环节如果有学生生成超出预设内容，也可以将有价值的部分灵活地选入教学内容中。

（2）举例说明《天上的街市》中修饰词的表达效果。

预设：陈列的。陈列是指有规律地、集中地摆放。没有用摆放等词语，而用陈列一词，可以体现出是非常有价值的物品，与下文的"珍奇"相呼应。

浅浅的。天河原本是深不可测的，却用"浅浅的"来修饰，说明作者是非常有底气的，在作者的眼里，并没有把天河视作多么不可逾越的鸿沟，与下文的"定"呼应。

闲。体现了牛郎织女能够非常惬意悠闲地在街市游玩，这是他们美好幸福生活的体现。

（3）结合你所知的牛郎织女神话原型，思考这个神话被再次虚构后，有了哪些特点？

预设：由原来的悲伤结局，变为了美好结局。故事整体的意境也变得更加轻松美好自由。

（4）请概括《蔚蓝的王国》中"大海"或"仙岛"的相关场景，并将你概括出来的文字和原文进行比较，体会大量修饰词对塑造蔚蓝王国的形象有何作用。

预设：原文的修饰有不少形容色彩的，有不少赋予动态美感的，有比喻，有彰显特点的，这让作者的想象表达得更为细腻、真实，让王国在其笔下变得更为美好，令人向往。

（5）品读《蔚蓝的王国》最后一段感叹号和省略号的表达效果，发挥想象，填充省略号的空白，并带着你的理解进行朗读。

蔚蓝的王国呀！我看见过你……在梦中。

提示：可以填充短语、句子，也可以填充语气词。

预设：却只能，然而，为什么是；唉，啊。

小结与过渡：从街灯与大海想起，通过标点、修饰词、虚虚实实的联想与想象，让作者的表达或清新平淡，或华丽热烈，也借此为我们再现了美好而幸福的街市与王国。

（五）明"想"的目的

（1）深入学习这篇课文后，你对"街市"与"王国"有了怎样的认识？请用气泡图对它们进行描述。

提示：尽量用修饰性的词语或短语。

预设：如下图所示。

（2）作者为何要想象出这般美好的"街市"与"王国"？请结合背景资料，合作探究。

《天上的街市》发表于1922年3月，五四运动高潮已过，中国正处于军阀混战时期。面对半殖民地半封建社会的黑暗现实，作者产生了极大的忧愤之情。

《蔚蓝的王国》是屠格涅夫晚年的创作，当时他已身患绝症，远离祖国。这一时期的俄罗斯帝国在沙皇亚历山大二世统治下，无情镇压俄国革命运动，致使革命团体活动不断增多。1874年之后，革命者屡次试图刺杀沙皇。对外，沙俄政府力图废除克里米亚战争失败后被迫签订的1856年《巴黎和约》。

小结：《蔚蓝的王国》中说"我们快速的小舟……是我们欢腾跃动的心引导它前进"。这与"想"的字义不谋而合。"想"下面是"心"，上面是"相"。"相"在《尔雅》中解释为"导"。因为它是"以木代替目"，指盲人的拐杖，有引导、向导的作用。所以"想"，便是"心"之所"相"，是心灵在引导我们的"想"。作者之所以会有如此多的奇思妙想，正是因为他们的经历激发了他们向往美好生活的心愿，需要借助美好的想象去表达。

（六）总结与作业

请你在"街市"与"王国"中任选一个作为中心词，根据你上一环节的描述发挥联想与想象，写一首小诗或不少于200字的短文来表达你的心愿。

要求：

（1）明确"想"的目的。

（2）厘清"想"的思路（可以在写作前用流程图或概念图呈现）。

（3）运用"想"的方法。

（4）锤炼"想"的表达。

评价建议：

（1）教师将评价表（如下表所示）随作业布置。

（2）学生完成习作后，进行自评。

（3）教师审阅习作时，再行评分。

（4）学生根据教师评分，比较课堂导入的联想得分，总结收获。

评价维度	评价细则	权重	自评	师评
联想的事物数量	1. 联想8个及以上，5分 2. 联想4～7个，3分 3. 联想3个及以下，1分	5		
联想的角度	1. 与中心词相反、相似、相关的都能联想到，10分 2. 联想到与中心词相似、相关的，6分 3. 只联想到与中心词相关的，3分	10		
想象的角度	1. 从五种感官角度进行想象，5分 2. 每少一种感官角度扣1分	5		
表达的创意	1. 表达富有创意，能活用标点、修饰词等，10分 2. 表达较有新意，5分 3. 常规化表达，0分	10		
联想与想象的主题	1. 符合表达美好心愿的主题，5分 2. 不符合主题，0分	5		
联想与想象的思路	1. 联想与想象的路径清晰，5分 2. 思路不明，0分	5		

（七）板书设计

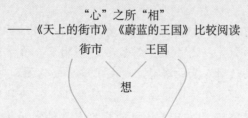

"心"之所"相"

——《天上的街市》《蔚蓝的王国》比较阅读

街市　　　王国

想

街灯大海

七、设计反思

（一）围绕联想与想象展开

本设计围绕联想与想象展开，突出了比赛指定的"学科基本内容"。以"想"

切入，用"想"的活动为学生思维热身。再从整体上梳理两个文本"想"的思路，让学生形成对文本的整体认识。又让学生将自己的"想"与作者的"想"进行反复比较，探究"想"的方法和路径。然后重点围绕"想"的表达，让学生多维度比较两个文本的区别，进行语言训练和想象训练，体会修饰词和标点对塑造想象世界的作用。最后结合写作背景，帮助学生感悟文本主旨——对美好生活的向往，并对"想"进行说文解字，引导学生理解用联想与想象是为表达心中愿望。

（二）综合使用思维可视化工具

本节课指导学生使用了气泡图、圆圈图、流程图、双气泡图等思维图示来呈现学生的联想、比较分析、逻辑等思维。也使用了思维导图帮助学生梳理《蔚蓝的王国》中的诸多信息。思维工具的使用，让学生的思维得以可视，使整堂课的学习目标更为明确。

（三）充分利用学生的学习成果

导入环节的圆圈图成果，以及"理'想'的思路"环节的流程图和思维导图，在第三个环节被拿出来进行比较，以探究联想和想象的方法。

课堂实施阶段，学生在"品'想'的表达"环节，发现《蔚蓝的王国》使用破折号也较多，且发现了《天上的街市》与《蔚蓝的王国》的成人、儿童叙述视角，这是超出我的预设和准备的。但我认为这是有教学价值的内容，所以便在感受省略号的作用之前，临时加入了对破折号的探究。在"明'想'的目的"环节，拓展了背景后，再次让学生寻找《天上的街市》中的成人视角。

作业的设计，同样需要学生利用到他们的学习成果。学生在"明'想'的目的"环节对"王国"和"街市"进行了描述，他们需要在自己描述的基础上展开联想或想象进行创作，这会让学生更顺利地完成作业。

（四）改进

阅读教学是学生、教师、教科书编者和文本之间对话的过程。本课我做到了对学生思维的引导，尤其是"课后思辨"环节，给学生广阔的空间去说出自己的想法，畅谈对人生的思考。达成了编者的意图，也还原了作者意图，对文本中的细节，也处理得比较细腻。但是教师个人的见解未能在课堂中呈现出来。实际上教师不应该只是文本的代言人、编者的执行人、学生的主持人，更应有自己的话语权。教师凭借自身的知识储备、人生阅历，其观点恰恰是课堂上能够开化学生心智的黄钟大吕，不应沉寂。所以在接下来的教学中，我会再次进行文本细读，生成个人见解，将其合理地纳入教学内容，让课堂真正呈现出文本、学生、教师、编者的多维互动。

课例点评

教师能够打通初中、小学两个学段来审视学生思维发展的阶段，以此作为初中学生学习联想与想象的起点，非常可贵，无论是哪个学段的教师，都应当想着学生"从哪里来""到了哪里""将去向哪里"，这样才能做到教学之始有依据，教学之终有方向。

另一个可贵之处在于没有过分纠结于思维概念（注意，思维概念有时未必是语文核心概念）的界定与区分，而是把重点放在了能理解、会运用上，这也是符合初中学段教学要求的。

图形组织器的使用，一方面，为学生提供了与语言工具相配合的思维工具，"语言"与"图形"两种思维工具的综合使用，有助于学生的理解与创造，是促成学生"思维发展与提升的有效路径"，老师们可以在教学中尝试使用；另一方面，也使学生的学习思维得以外显，或曰"可视化"，这种"可视"，既是教师的可视，又是学生的可视，教师"可视"学生思维，则便于评估与指导，学生"可视"自我思维，则便于反思、改进、建构，学习同伴"可视"彼此的思维，则能够丰富学习资源，发挥集体学习的优势。

当然，在具体的设计与实施层面，此设计还有可以进一步完善之处：

首先，比较阅读的关键在于"比"，求同或求异的"比"，因此，找准比较点很重要。学习任务是把两篇统摄在一起，能真正比较起来，在比较异同中深化思维、深化认识。我们可以反观这个教学设计，有哪些环节是真正做到了把两篇文章放在一起比，学生通过比较，不仅在某一个角度分别理解或鉴赏了两篇文章，而且加深了对两篇文章的认识，这个认识是不是不比就无法得到或者难以得到，比了才能呈现出来？比的目的究竟是什么，对这一点要非常清楚。

另一个需要注意的是教学目标。只有目标表述清楚了，一节课的魂才立得住，这节课要往哪走、走到什么程度，才更加清楚。这个问题解决了，上一个关于"比"的问题可能也就解决了。这节课，关于联想与想象，学生学到了什么？我们的教学设计是不是真的有助于学生学习这些内容，或者说单篇讲和比较讲，对于学生来说是不是效果不一样，也要考虑清楚。

最后，要思考一节课完成多少个任务合适，这些任务是否可以综合，要提供多少个工具，怎样才能让学生的学习既充实又不忙乱，既丰富又不零碎。

北京市海淀区教师进修学校教研员，赵岩

二、"品味、欣赏文学作品语言"教学设计案例

(一)题目解析

学科基本知识	品味、欣赏文学作品语言
课前教学设计问题	单元教学设计
课中教与学的问题	如何运用以文解文、互文比读的策略
课后评价问题	如何评价单元整体学习的成效

近几年来,随着学科素养和新课标理念的提出,以及与之配套的部编版教材的使用,单元教学再次受到大家的普遍重视。特别是重构单元教学内容、设计单元教学方案等,已成为研究热点。

1. 关于单元教学设计

单元教学设计对于改变当下语文学科知识点碎片化、思维扁平化的教学现状,实现教学设计与素养目标有效对接有较好的效果。钟启泉教授认为,"基于学科素养的单元设计是一线教师的基本功"(钟启泉,2015)。但是,单元教学设计需要教师具备较强的课程能力与教学能力,对于长期习惯于单篇教学设计的中小学教师而言,具有一定的挑战性。

单元教学在我国的发展,可以上溯到 20 世纪二三十年代,梁启超在《中学以上作文教学法》中曾提出"我主张教学须启发学生自动在讲堂以外预备,须选文令学生能多看,不能篇篇文章讲,须一组一组地讲……要通盘打算,要分期、分类、分组。"20 世纪 30 年代,夏丏尊、叶圣陶编著的《国文百八课》,正式形成了以单元教学为主的授课方式。此后,单元教学在我国逐步发展,形成了诸如钱梦龙的"自读—教读—作业—复读"单元教学法、黎世法的"六课型单元教学法"、钟德赣的"六步三课型单元教学法"等。

仔细研读上述单元教学法,我们可以发现,课型是语文单元教学法的关键词。也就是说,分课型设计是单元教学设计的关键构成。这对当下普遍只重视研究单元教学内容的重构、设计单元教学方案等的倾向来说,无疑是一个重要的提醒。

然而,崔允漷教授指出:"当前教学设计通常以'课时'为单位,导致'时间决定学习',而不是'学习决定时间'。"换言之,即单元教学设计需要"大课时",那么怎么办? 中小学课时设置比较机械,完全按单元学习决定课时,较难实现。语文单元教学要落实核心素养,仍然必须以每一节"课"为单位来"落地"。因此,借鉴分课型进行单元教学设计,仍是比较切实可行的路径。

　　笔者近年对单元教学也做了一些尝试。在借鉴传统分课型单元教学的基础上，以新时代大单元学习理念为指引，结合部编版教材的使用特点，设计了"'导读·教读·自读·比读'单元教学"的学习方案，也是为区别于当下只重视单元教学内容重构、忽略单元课型构建的倾向。

　　"导读—教读—自读—比读"单元教学，实质是一种课型组合的单元教学法，它以新课标理念为指引，依据现代大单元教学理论，一般以部编版初中教材"双线组元"的单元为单元，结合部编版教材教读、自读、课外阅读"三位一体"的阅读教学体系，借鉴吸纳传统的单元导读法、单元比较归纳法等教学经验，形成了在一个单元中，由单元导读课、单篇教读课、单篇自读课、单元比读课等四种课型组合而成的大单元教学形式。如图 4-1 所示：

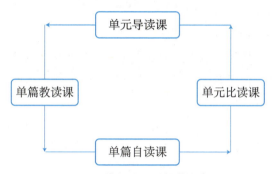

图 4-1　单元分课型教学示意图

2. 运用以文解文、互文比读的策略

　　以文解文、互文比读是语文阅读教学的重要策略。叶圣陶先生曾提出"不要抽出而讲之"的语文教学原则；陈日亮老师也认为，语文教学要"在文章中把文章读懂"（陈日亮，2011），意即要引导学生在阅读时要联系上下文或找到字里行间的关联，通过一篇课文的学习，获取阅读课文的方法或能力。蒋成瑀教授也指出："以课文文本的此言为轴心，与相关的他文本的彼意相对照，实现词句、题旨之间以及其他方面的比勘，以期达到互识、互补与互证的目的，谓之互文对读。"（蒋成瑀，2006）互文对读即互文比读，其要领就是运用学生已有的阅读经验，去比较阅读同类的新文本，从而获得新知，其实质是一种发展学生语言与思维的比较阅读策略。

　　结合"导读—教读—自读—比读"单元教学，在运用以文解文、互文比读的策略时，须注意以下两点：

　　（1）单元组合的逻辑。

　　单元教学把教材的各单元看成一个个相互联系的模块或整体。这种联系，包括单元之间的纵向组合与单元内部的横向组合，单元的组合方式体现了编者意图。准确把握编者意图，是我们正确使用教材的前提。部编版教材每个单元的组合，是人文主题与语文要素的双线组元。这也为确定单元教学目标，择定单元教学内容提供了依据。由于"双线"主要体现在单元内的选文组合上，因此，讨论单元内部的选文组合方式就显得十分重要。方智范教授认为，教材选文的单元组合大致分为三大类：一是按文体或文学史线索；二是按生活内容或人文话题；三是按活动板块或语言功能与学习方法。上述种种编排方式，虽多以一种因素为主，但编者往往会尽可能地综合和兼顾其他因素，其本意可能是为了避免单一编排方式带来的不足（方智范，2008）。在部编版教材的双线组元中，单元选文的人文主题的联系相对清晰，而语文要素的逻辑则比较松散，引导学生建构单元知识时，仍然要考虑其他逻辑的参与。

（2）"得得"策略的运用。

一课一得，得得相连，是由上海陆继椿老师提出的语文教学观，曾经产生巨大影响，后被称为"得得派"。其核心理念是"一个教学时间单位中一定要有一个突出的、具有整合价值的主要收获，这个主要收获可以带动其他收获"（李华平，2017）。这一教学观实际上也是整体教学观的体现。部编版教材总主编温儒敏教授在谈到教材的使用时，也强调要做到"一课一得"。结合单元教学的实践，笔者以为，可以把这句话调过来理解：得得相连，一课一得，即一个单元中，教师首先应明确本单元的"得得相连"，然后才能深入设计"一课一得"。这一策略反映在一个单元教学中，先要有单元整体导读的设计，然后才能有单篇课文的教学设计；当然，一个单元学习结束，还必须来一个整体的单元整合教学，实现"一单元一大得"。如是，单元整合教学就可以尝试运用互文比读的策略，设计为一个单元比读课，那么，这个单元就可由"导读—教读—自读—比读"课型群组成，形成"总—分—总"的单元课时结构。

单元导读课，主要通过导读的形式，梳理单元课文大意，收集学生的质疑与困惑，以了解学情与需要，引导学生明确单元教学的核心问题或主要任务，在单元目标确立的基础上，为下一步开展单篇教学做准备。单元导读课在单元教学中发挥统领单元、明确任务的功能。

单篇教读课，则是针对统编版教材的教读课文而设计的。主要围绕单元教学目标来指导学生精读课文，掌握教读课文所黏附的主要知识，习得阅读单元课文的有效技能与策略，这是"以文"得"文"，同时，又为下一课开展单篇自读课的学习做好"解文"准备。单篇教读课，主要是教给学生"解文"的阅读技能与策略。

单篇自读课，按部编版教材的定位，其功能是学生运用在教读中获得的阅读经验，自主阅读，进一步强化阅读方法，沉淀为自主阅读能力。单篇自读课的功能，主要是训练学生"以文解文"的自主阅读能力。

单元比读课，是在单元课文全部上完后，运用比较归纳的教学方法，再次整合单元课文，重构单元教学内容，将相似点或不同点，采用"互文比读"策略，进行多维度梳理、比较、归纳，以巩固学生认知，发展学生思维，深化对单元课文的理解，进一步达成单元教学目标。

例如，部编版七年级上册第五单元最后一篇课文学完了，学生对人与动物的不同关系基本了然于胸，但单元整体学习的成果，还需要通过一次内容重构的学习，才能达到巩固与深化。为此，笔者设计了一节以"动物犯'罪'的比读——第五单元语段赏析"为题的单元比读课，将猫之"罪"、鹦鹉之"罪"、狼之"罪"整合在一个主题下，从情节概述、细节比较、形象特点、表达效果、语言风格、阅读美感等维度，进行多角度比较阅读，从而激发学生的探究兴趣，深化对单元主题的理解。

3. 单元整体学习的评价

首先是课堂评价。其根本着眼点是学生能否理解与运用以文解文、互文比读的策略进行学习，运用已知去解决问题，在创设情境的参与式学习中得到深化。按照单元导读课、单篇教读课、单篇自读课、单元比读课的整体教学设想，四种课型的课堂评价各有侧重。单元导读课的课堂主要评价视角，是学生能否从纵向上把握本单元人文主题与语文要素，梳理单元课文大意，以及前后单元的具体联系，尤其是与上一单元的联系。单篇教读课的评价重点，是学生能否习得由单元导语中提及的语文要素所转化而成的能力，并灵活加以运用。单篇自读课学生参与课堂教学的时间一般要求不少于 2/3，其评价一般包括自我评价、相互评价、小组评价和教师评价。还可以针对自读内容和课标的要求设计多项练习题，对学生做出书面评定。单元比读课的评价重点是学生能否在纵向与横向的多维度比读中，提高语言建构与运用、思维发展与提升的效果。

其次是作业评价。主要体现在课外作业的设计与检查。单元导读课的课外作业，在设计上是否有助于学生快速梳理文本信息，抓住内容要点，促进自主合作学习；检查方面主要看是否能较好完成单元课文基本信息梳理，特别是巩固上一单元的学习成果，也是为本单元学习打好基础。单篇教学课中，作业的检查则主要看比读策略的学习与运用情况。

最后是读写评价，根据教材的编排，组织一次单元作文训练；检测评价，单元学习结束，组织一次单元练习，检验与巩固单元比读的学习成果等。

（二）教学案例及评析

动物犯"罪"的比读
——部编版七年级上册第五单元"以文解文、互文比读"教学设计

徐日纯　深圳市坪山区中山中学

一、学情分析

一般规律与个性化学情：经验与调查

（一）问卷星质疑（比较单元课文异同或质疑）

同学们经过了前面的单元导读、单篇课文的学习，接下来从整体上比较单元课文，又提出了以下体会或困惑：

第一，课文都写到了动物与人，但动物不同，（课文中）人对动物的情感也不同；第二，都是写生活中与动物有关的一些琐事见闻，但都各有意义，很有意思；第三，都写到了动物的结局，但都不一样；第四，动物的性格特点都不一样；第五，这个单元中文章的文体都不相同，这样编排课文是不是有什么特别的用意；第六，作者写动物的时候，都很细致，观察与描绘都很好，但作者对待动物的态度很不一样。

（二）质疑分析

第一，说明学生对本单元的人文主题把握得很好，且对文章的中心思想也把握较好，能明确指出表达的情感不一样；第二，说明学生会关注作者的选材，这比较难得，说明学生会把阅读与写作进行联系；第三，学生对动物的结局比较留意，也是关注动物命运，具有人文情怀；第四，关注到了单元动物的不同形象，会进行横向比较；第五，注意到了编者意图，能从文体不一这个角度去思考；第六，关注到了本单元的表现手法和细节描写，并能做出评价，还能对作者的情感态度做横向比较。

尽管反馈的质疑不多，但反映了学生能从单元的角度思考与比较。不足之处是不太会从整体角度进行整合，不太能区分比较维度，比较角度相对分散，聚焦度不高，需要再作指导引领。

【设计说明】开展单元群文比读，从比较异同开始，为提炼单元主题做准备，为比较阅读做铺垫。

二、教学内容

（一）文本的特点或课文在教材中的位置

人与动物的关系容易唤起学生的体验。三篇课文有一个颇为相似的情节，

就是动物的"犯罪"。《猫》第25自然段对第三只猫这样写道,"于是猫的罪状证实了……真是'畏罪潜逃'了,我以为"。《动物笑谈》第18自然段"我跑到'犯罪'现场一看,果然……"。《狼》第4自然段将两只犯了"杀人未遂"大罪的狼,写得简练传神。这三处文字都值得玩味与欣赏,指向的事件可比性强,提炼成"动物犯'罪'的比读"的主题,进行群文比较阅读,会是一个很好的课例。

(二)课文中可学习的点

这三部分内容,可学习的点较多:内容概括、细节描写、表现手法、语言风格、突出主题、关键词的运用等等。

基于学情分析与教材分析,可确定本课的教学内容是:以语言的品味与欣赏为主线,以三处经典语段为素材,进行语言比较阅读设计,以期在品读语言中,学习比较阅读,体会形象特点,深化单元主题理解。

(三)教学内容确定

(1)起点:明确比较阅读的三个经典语段,发现内容相同点。

(2)落点:从事件、细节、形象、表达效果、语言风格、阅读美感等多维度进行比较。

(3)终点:学习散文比读方法,深化单元主题理解。

三、学习目标

1. 语言目标

通过通读三个语段,学生能从中自主发现这些语段在内容上的相同点;能在讨论交流中指出两个以上可以比较的不同点,并能联系全文,阐释自己对这些不同点的理解或看法。

2. 思维目标

通过确立事件概括、细节描写、形象特点等多维度的比较,联系全篇,深入体会三个语段所指的事件在文章中的作用,分析其不同的表达效果、语言风格与阅读美感,发展整体思维与分析思维。

3. 价值目标

探究单元主题,增进对人与动物关系的理解,表达对动物乃至万物生命应持的正确态度。

四、教学重点/难点

通过比事件、比细节、比形象、比表达效果、比语言风格、比阅读美感等多维度比读,提升思维品质,深化对主题的理解。

五、课时安排预测

1课时。

六、教学过程

（一）教学导入

同学们，这节课我们来比较阅读第五单元的三篇课文。老师选了三篇课文中的这几个语段，大家来读一读，看能不能找出一个共同点。这节课我们就围绕这些语段指向的事件，进行"动物犯'罪'的比读"，学习如何多角度进行比读。

【设计说明】导入有悬念，课题很新奇，目标很明确，教学内容也很吸引人，会调动学生的阅读期待。

（二）学习活动

1. 明确文本比读的任务单

任务	类别	猫（第17~25段）/鹦鹉（第15~18段）/狼（第4段）
一	比事件	概括三个语段中提到的事件
二	比细节、比形象	三件事中，找一处动物或人物（"我"、劳伦兹、屠夫）的细节，说说其形象特点
三	比表达效果	联系全篇，比较三件事在文中有什么表达作用？
四	比语言风格	联系全篇，说一说三篇课文的语言风格有何不同？
五	比阅读美感	回味一下，说一说三篇课文带给你怎样的阅读美感？

【设计说明】比读任务单，一是给支架，让学生在这些问题的具体指引下完成接下来对任务表的讨论；二是有抓手，小组长领取任务单，了解问题要求后，可组织开展阅读讨论。

2. 小组合作完成比较项目

根据任务单与下表，小组合作完成比较项目。

类别	猫（第17~25段）	鹦鹉（第15~18段）	狼（第4段）
比事件			
比细节（动物/人物）、比形象特点			
比表达效果			
比语言风格			
比阅读美感			

【设计说明】预设比较的维度，主要从文章阅读的一般类别中列出来，提供比较阅读的支架，降低任务的难度，提高完成任务的效率。

3. 分享交流

参考要点如下表所示：

类别	猫（第 17～25 段）	鹦鹉（第 15～18 段）	狼（第 4 段）
比事件	疑咬死芙蓉鸟	咬掉父亲的扣子	谋杀屠夫
比细节（动物/人物）、比形象特点	猫：疑凶逃犯；我：偏见武断	可可：小淘气；我：老顽童	两狼：狡诈阴险；屠夫：果敢机智
比表达效果	以怒写悲，为下文永不养猫做铺垫，突出中心	以怒写乐，表达对可可的宠溺，突出中心	以狡黠之狼与智勇屠夫对比，突出中心
比语言风格	率真坦诚	幽默风趣	精确传神
比阅读美感	忧伤之美	和谐之美	酣畅之美

比读后，拟预设一至两个问题供学生探究：

问题一：以上课文反映了人与动物相处的哪几种关系？结合课文，试谈谈人对待动物乃至大自然，应持有怎样的态度？

问题二：以上表为例，试说说你对语言风格与文章中心的一致性的理解。

小结：学生分享本课的阅读心得。

老师小结：文学作品比读，首先是求同求异。横向上可比事件、比细节、比形象、比表达效果、比语言风格、比阅读美感等；纵向上，还可以比字、比词、比句、比段、比篇、比美，甚至比标点。其次，比读的关键是要在比较的基础上，提出需要深入探究的问题，这样才能进一步引向深度阅读，提升学生的语文素养。

【设计说明】边阅读边讨论，边分享边批注，边碰撞边有新知，活跃学习气氛，将思维不断打开、补充、拓展，体现单元比较阅读、互文比读令人着迷之处。

板书设计：

动物犯"罪"的比读
横比事件、比细节、比形象、比表达效果、比语言风格、比阅读美感
纵比字、比词、比句、比段、比篇、比美、比标点

（三）作业布置

以部编版七年级上册第二单元《秋天的怀念》与《散步》为例，可选景物

描写的语段，进行景物、景物特点、表达效果、语言风格、阅读美感等维度的比较。也可另选篇目或角度进行比读。

【设计说明】学以致用，重在迁移。布置第二单元较简单的环境描写作为比较阅读任务，重在训练比较维度与掌握互文比读的方法。

下图为学生作业成果：

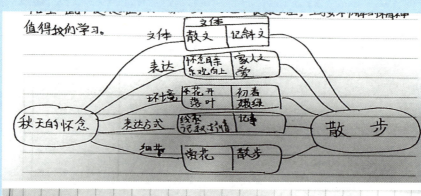

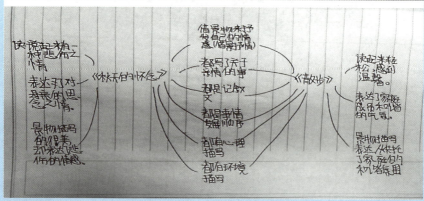

（四）自我评价量表

自我评价量表如下表所示：

维度	优秀	良好	合格	自评
比事件概括	A. 能用动宾词组概括	B. 能概括基本事实	C. 能概括出两个基本事实	
比细节与形象分析	A. 能各找一个细节进行形象分析	B. 能找出两个细节进行形象分析	C. 能找出一个细节进行形象分析	
比表现手法	A. 能读出三种表现手法	B. 能读出两种表现手法	C. 能读出一种表现手法	
比语言风格	A. 能品味出不同风格，且用词准确	B. 能基本说出不同风格	C. 能说出其中一个风格	
比阅读美感	A. 能真切体验到	B. 能基本体会到	C. 能大概知道一些	
评价自我收获	A. 4个A以上	B. 2个A以上	C. 4个B以上	
评价老师教学	A. 非常满意	B. 满意	C. 还可以	

学习体会（100字以上）：

七、设计反思

本教学设计，力求体现以下三点：

1. 精心提炼单元主题

常言说，题好文一半。对比读课的设计来说，有一个好的单元主题，等于这节课成功了一半。以"动物犯'罪'的比读"为单元教学主题，匹配了单元的核心任务——学习概括中心思想。本课的教学重点，则是通过对组合语段的多维度比较阅读，从单元整体上体会形象特点，深化对单元主题的理解，从中学习比读策略，培养思维品质。从实践意义上来看，本课是教材单元教学基本要求的整合与提升。本设计还巧妙重构了教学内容，选取三篇课文的语段组成一个有意义、有价值的教学材料。本设计的新颖主题能激发学生的学习兴趣。

2. 努力凸显比读策略

以文解文、互文比读，是本课要努力凸显的教学策略。在教学内容上，注意从课文内容相似的角度出发，筛选语段进行重组，形成适合比读策略运用的教学材料。在活动设计上，从单元整体阅读出发，设计多维度的比读项目表，这些比读维度，横向上体现由浅到深、层层推进的原则；纵向上体现结构化的理念，帮助学生从横向与纵向上进行比较，学习比读策略。同时，为了进一步使任务清晰化，特别设计了"比读任务单"作为教学支架，将教学任务情境化、具体化，避免了学生在讨论时因不明白任务要求而耗费时间，从而提高了课堂学习效率。在学习方式上，采取自主、合作、探究的方式，注重小组合作探究，将比较阅读与思维碰撞相结合，取得了较好的教学效果。

3. 致力于发展思维品质

语文思维发展型课堂的突出特点，就是致力于发展学生思维品质。本课的设计，特别注重从思维发展的角度出发，设计有思维含量的教学活动。首先，并不是一开始就呈现课题，而是通过阅读三个语段，提出内容相似点，从起点明白比读课是在求同求异中进行。其次，在设计比读任务单时，注意从不同维度训练学生的思维。比事件，是训练概括思维；比细节，是训练具体思维；等等。特别是在课堂教学中，围绕细节比较，注意创设情境教学，发展想象思维。例如，在学生找出文中关于猫对着鸟笼凝望的细节后，展开想象：假如这只猫能说话，它想对笼中的芙蓉鸟说些什么？再如学生品析鹦鹉可可把扣子排作一堆时，想象假如可可会说话，它会对劳伦兹说什么？劳伦兹又会对可可说些什么？这些极富想象力的问题，不但将课文理解引向深入，而且锻炼了学生的想象思维与创造思维。

教学是遗憾的艺术，本课也有不足之处。教学过程中学生学习成果的呈现方式相对单一，基本通过口头形式分享，如果能辅之以表演等其他形式，例如让学生分别扮演可可与劳伦兹进行对话，效果应该会更好。

课例点评

在单元学习的背景下，群文比读是一种常见的方式，部编版教材双线组元的方式，使比读的角度既可以是人文主题，也可以是语文学习要素。本设计试图从人文主题角度进行比较，是一种很常见的比读思路。可贵的是，教师没有笼而统之地抓住"人与动物"这个大主题进行粗放式的比较，而是试图从一个小切口切入，找到一个更加细致的比较点，这可以让比较有的放矢。

为了让学生完成比较阅读的任务，教师设计了一个表格工具，这个表格既明确了比较的维度，有很强的学习引导价值，同时，又因"学习心得"一栏的设计而具有一定的开放性，考虑到了学生与文本对话之后不同的学习收获，非常不错。

比较不是目的，是手段，比较阅读是为了更加深刻地理解文本或习得概念、方法。所以比较后的思维引导是比比较本身更重要的事情，徐老师在引导学生使用表格工具进行比较阅读之后，从两个方向提出了问题预设，这两个方向恰恰构成了向内和向外两个方向的思维引导：向内，通过比较文章中人与动物之间的关系来实现群文视角下对单篇主题的再认识，引导学生获得更深层次的认知；向外，通过比较文本语言风格，建立起语言形式与情感主题之间的联系，深化了学生的学科认知。因此，在这节课的比较阅读中，学生取得了比单篇阅读更充分的学习收获。

需要提出来的另一点是，徐老师在设计文稿中提出了自己对单元教学的理解，并给出了一个设计框架，这可以成为单元教学的一种可选方式，但老师们需要注意，这并非单元教学的唯一形式，可能也并非最主要、最恰切的单元学习引导方式。这里需要澄清的是，单元学习、群文阅读不是对单篇教学的忽视，不能因单元学习设计而忽略了对单篇文本的有效解读和深刻理解，这应该是徐老师与许多老师的共识，并且在这节比较阅读课中，群文阅读与单篇深入理解之间的融合实际上已经呈现出来了。

北京市海淀区教师进修学校教研员，赵岩

三、"小说中环境描写与人物塑造之间的关系"教学设计案例

（一）题目解析

学科基本知识	小说中环境描写与人物塑造之间的关系
课前教学设计问题	教学问题的设计
课中教与学的问题	设计引发学生深度思考的真问题，以及在实施过程中帮助学生深度思考的追问策略
课后评价问题	如何借助评价帮助学生辨识真问题和深度思考

小说中的环境描写和人物塑造、中心思想有着极其重要的关系。在环境描写中，社会环境是重点，揭示了种种复杂的社会关系，如人物的身份、地位、成长背景，人物活动的氛围以及人物关系等。自然环境包括人物活动的时间、地点、季节、气候以及相关景物等，用于表达人物心情、渲染气氛等。

在实际的小说教学中，无论是整本书，还是教材中的单篇课文，一般的教学程序都是先梳理故事情节、分析人物形象，再探讨环境。到探讨环境时，学生对情节已很熟悉，对人物形象也理解得比较充分全面，对小说主题有了初步思考。此时，探究环境描写的意义在于：进一步理解小说中的人物、时代背景、社会生活，从而更深入地理解小说中心主旨和作者情感态度。

这一教学环节的难点在于：小说中的环境描写往往较为分散甚至隐蔽，穿插在情节推进和人物描写文段之中。如果教师只是简单直白地提出课堂问题——请找出文中描写环境的语句，并分析其表达效果或作用——那么在课堂教学中很容易形成"寻找—赏析—再寻找—再赏析—总结环境描写作用"这样的刻板套路。造成的后果是：要么浮于表面"炒剩饭"，把前面分析过的关于情节和人物的内容、结论拿出来反复论证；要么陷于"格式化"，把学生分析环境描写作用的答题模板翻新套用。

想要突破环境描写的教学难点，首先要明确：环境是文学作品中人物赖以生存的客观条件的总和。人是在特定环境中活动的，不了解人所活动的环境，就不可能认识人，因此小说作者对环境的描写是为刻画人物而服务的。在设计教学问题时，不能无视这一点，要结合具体文本内容，提出能深挖环境与人物关系的真问题。如：环境描写会随人物心理而发生细微变化，在《我的叔叔于勒》中就可以这样来提问："随着上船前后父母心态的变化，小若瑟夫眼中的景色有何变化？为什么？"再如：环境描写可以影射人与人之间的关系，在《范进中举》中就可以让学生"结合文本内容，分析范进时代的社会风俗画特点"。而整本小说的环境描写往往更加丰富、立体，可以给学生一些有高难度的问题，如"本书的环境描写有什么规律？可从推动情节、人物心情、性格变化等角度分析"。上述几种提问方式，遵循教与学的思维起点和提升点，能调动学生深度探究的兴趣，体现不同小说作品独有的艺术魅力和价值。

在这个教学环节中，教师不可忽视追问策略。分析环境描写要为下一阶段分析小说的艺术价值和所反映的社会生活提供思维铺垫。课堂追问时，教师要在提问基础上顾及思维梯度，引导学生以某种具体方式或思考路径，实现完整、深入的探究。如针对《我的叔叔于勒》一文可追问："菲利普夫妇和小若瑟夫对待亲人的不同态度体现了当时什么样的社会风气？"针对《范进中举》一文可追问："导致范进所生活的时代的畸形社会关系的根本原因是什么？"针对整本小说可追问："主人公生活中矛盾冲突的根源是什么？主人公做出某种选择是必然还是偶然的？"以上举例只是单一角度，在真实的课堂互动中，学生的深度思考不是一蹴而就的，需要教师进行个性化的启发追问，实现思维的不断深化。

（二）教学案例及评析

▶ 案例一

《骆驼祥子》教学设计

马　姗　中国农业大学附属中学

一、学情分析

《骆驼祥子》是部编版教材七年级下册的必读名著。学生喜欢读《骆驼祥子》，通过读原著、看电影、前期导读课等方式，学生对本书的情节很熟悉，也能准确把握主人公祥子的人物性格，但对导致祥子悲剧命运的原因的理解还浮于表面。

学生同情祥子，大都认为他命运多舛是因为运气不好，每次都在快要实现买车目标时，被坏人坑害，导致三起三落后理想破灭。可见学生对祥子悲剧命运的深层原因——黑暗扭曲的社会现状——认识不够深刻。

学生对书中刻画的许多次要人物很感兴趣，也有一些碎片化的人物形象认识，但缺乏条理性、综合性。笔者试图在这一思维起点下，以明确的任务引导学生全面深入地分析这些围绕在祥子周围的次要人物形象，并按他们对祥子所产生的影响的性质和大小来分类归纳，次要人物构成社会，课堂上师生共同来构建和探讨祥子"社会交往圈"的特点，分析这个社会对祥子的命运产生的巨大影响。

小组合作探究是笔者语文课上的常规活动，学生喜欢并能熟练运用这一学习方式。将5~6个学生分为一组，组内兼顾不同水平的学生，小组之间没有明显的水平差异。成员先各自独立做小任务，再在组内交流，最后在课堂上共同登台展示。本课前，各小组从给定的范围"曹先生、杨家、老马、小福子、虎妞、刘四爷、孙侦探"中任选一人，制作人物海报，内容包括：人物简介、此人与祥子相关的情节概括、对祥子产生的影响、作者对此人的评价、"我"如何理解此人的言行表现和命运走向。课上各组学生依次展示本组制作的人物海报。以此为基础，逐步突破教学重难点。

二、教学内容

《骆驼祥子》这部经典作品，可学习的点有很多，比如：把握主要人物形象、社会时代背景、小说主题。具体可表述为：能用自己的话全面评价人物形象，理解次要人物对主人公祥子的重要影响，分析典型人物的命运走向及其原因，理解并用自己的话概括小说主题等。在教学过程中还可以引导学生学习读书的方法，比如：运用圈点批注进行细读精思，通过细读文本多角度分析人物形象，读写结合等。在师生互动交流和课堂上丰富多彩的学习活动中，发展学生分析、评价、创造等高阶思维能力。

对人物命运和小说主题的理解，离不开对社会环境的深刻认识。作者借围绕在祥子周围的一个个生动鲜活的次要人物，借人群中所体现出的社会风气，营造了20世纪初北平城的时代风貌。小说一开头就讲了"洋车夫"的几个派别，勾勒出拉车这条路从青壮期到40岁后的整个历程，今天"年轻力壮，腿脚灵利，出车收车有自由"的，明天就会变成"岁数稍大的，拉八成新的车"，后天就成了"四十以上，车破，跑得慢，多走路少要钱"，渐渐明白"早晚是一个跟头会死在马路上"。这样的车夫，有二强子，有老马、小马，还有刘四爷车厂里白天拉车夜里聚赌的人。初入北平城的祥子觉得自己和他们不一样，自己身体棒还勤劳肯吃苦，肯定能凭拉车过上好日子。但在黑暗腐朽的旧社会，丢车后，祥子也一度想到"要强又怎样呢？这个世界并不因为自己要强而公道一些"。经历孙侦探的敲诈勒索、虎妞的欺骗胁迫、刘四爷的蔑视辱骂，眼见学生可以因为教授给不及格分数而翻脸举报恩师，一辈子拉自己车的老实人连仅存的小孙子都失去了，纯真善良的好女子被父亲卖掉沦落风尘乃至死亡，祥子彻底泯灭了内心的良知和善意，从人变成了"兽"。封建主义、官僚资本主义、帝国主义三座大山，在《骆驼祥子》中清晰地具体化为军阀、侦探、痞子，对最底层人民——车夫、大杂院的人、只剩一口气的老人、底层妇女、没长大的小男孩的种种显性或隐性的压迫。

祥子的悲剧是不可避免的，他即使没有遭遇三起三落的命运，买了自己的车，一辈子拉车，书中也清楚写着"看见小马仿佛是自己的过去，老马是自己的未来"。若混得好些，开了车厂，黄天霸一样的刘四爷就是这条路尽头的模样，面甜心苦、自私狠辣，一点良知早已被黑暗腐朽的时代吞噬，而且自己也成了时代巨兽的"打手"，继续吞噬更底层人民的生命、精神。

更深一步探究，书中两个女性形象，无论是颇有积蓄的虎妞，还是命如蒲草的小福子，她们最终的悲惨结局，都离不开祥子或多或少的"助推"。当祥子被社会环境逐步吞噬碾压时，他和虎妞悲剧式的婚姻，加速了虎妞难产而死的悲惨命运。他不堪抚养小福子两个弟弟和醉爸爸的重担，狠心告别，带走了小福子生命中的一线光明，使小福子陷入绝望。

综上可见，在《骆驼祥子》这部小说中，呈现的是环境与人物的互相作用关系。社会环境影响着祥子，造成其悲剧命运；祥子也在一定程度上影响着社会环境，虽不足以改变社会，但当他最后堕落时，给这个黑暗的大酱缸又加一点恶酱，出卖阮明标志着他也变成了阮明那类人，使他也成了这个腐朽社会的小小推手，就像他周围人之前"助推"他的悲剧命运一样。

基于学情分析与教材分析，可确定本课的教学内容：

（1）各小组提前选定一个次要人物，组内深入合作探究，当堂展示探究成果，以此作为后续环节的思维起点。

（2）师生分析围绕在祥子周围的"社会交往圈"的特点，进而探究社会环境对人物命运的影响。深入理解祥子悲剧命运的深层社会环境原因，以及尝试分析祥子对社会环境的影响。

（3）理解次要人物本身的行为和命运，也带有深刻的社会环境烙印。

三、学习目标

1. 语言目标

能全面深入分析祥子周围人物的特点，表达清晰准确，有理有据。

2. 思维目标

能归纳分析出祥子"社会交往圈"特点，并延伸分析小说中人群所体现出的社会风气、作者所营造的时代风貌，能有条理地解释社会环境对祥子命运的深刻影响。

3. 价值目标

能用自己的话解说社会环境与人物命运之间的关系。

四、教学重点/难点

教学重点：全面深入分析祥子周围人物的特点，归类分析祥子"社会交往圈"的特点，认识小说中社会环境与人物命运之间的关系。

教学难点：有条理地解释社会环境对祥子命运的深刻影响，从"祥子对社会的影响"这一角度认识环境与人物之间的关系。

五、课时安排预测

1课时。

六、教学过程

（一）教学导入

图片导入：给学生展示电影《骆驼祥子》中曹先生、老马、小福子、虎妞、刘四爷、孙侦探等角色的剧照。学生看图就能说出人物身份。老师引导思考：

（1）这些人物都是祥子进北平后先后遇到的人，他们与祥子有什么联系？

（2）对祥子怀着怎样的情感？

（3）他们的出现，与祥子的悲惨命运是否相关？

这节课我们就来一起探究祥子的"社会交往圈"。

（二）学习活动

学习活动一：初看"市民世界"。

课前各学习小组从老师给定的范围"曹先生、老马、小福子、虎妞、刘四爷、孙侦探"中选择一人，利用课后时间组内合作探究。

各小组皆须完成以下任务：

A. 此人的简介

B. 概括此人与祥子的故事

C. 作者对此人的评价

D. 此人对祥子产生的影响

E. 本组如何理解此人的言行表现和命运走向

课上小组依次上台，汇报本组的研究成果。要求：汇报时，所有组员都要上台参与，分工负责讲解、答疑、写板书的任务。

【以学生分析孙侦探为例】学生的课堂表达如下：

孙侦探以前是一个排长，后来当了侦探。

他和祥子的交集主要有两次：刚拉上自己车的祥子被孙排长抓壮丁，导致丢车；祥子给曹先生拉包月时，被孙侦探跟踪，孙侦探将祥子买第二辆车的钱洗劫一空。

文中没有直接评价孙侦探的语句，但我读完后认为孙侦探是一个贪婪、狡猾的人。

孙侦探对祥子的影响：第一次，抓壮丁让淳朴憨厚老实的祥子第一次跌了人生大跟头，遭遇了重要的挫折，体验到了社会的险恶。孙侦探的霸道和贪婪也可见一斑。第二次，祥子为了掩护曹先生，被孙侦探勒索逼迫，祥子又空欢喜一场，几乎都要彻底绝望了，甚至产生了偷曹先生家钱的念头。

我们认为：孙侦探加剧了祥子的"黑化"和堕落。因为孙侦探的两次压榨，祥子开始有心机，意识到光靠自己善良没法在这个社会上生存。总之，孙侦探的出场一点点磨灭了祥子的善良。孙侦探是祥子命运走向的重要推动人物。

孙侦探会有什么样的命运呢？孙侦探导致了祥子的两起两落，一看就不是好人。虽然书里对他的命运没什么具体表述，但他所代表的这种稍微有点权势就拼命欺压穷苦人的行为非常可憎。如果说杨家是整体畸形剥削，那孙侦探就更疯狂，他直接"拿钱买命"，我认为作者想借这个人物表现社会的畸形和扭曲。

设计意图

在本环节中，A—E任务是分层的，A最简单，E最综合。组内成员根据自己的学习能力，完成相应的任务，并加以整合。在学生们从A—E的探究过程中，必须回归文本，精读、批注，多角度分析和理解人物，甚至需要查找一些拓展资料和作者自述，在这个过程中，学生们会逐步加深对所分析人物形象的理解和认识，并初步勾勒出人物所处社会环境的特征，有利于师生共同探究祥子的"社会交往圈"和环境对人物产生的巨大影响。

学习活动二：走入制造"怪胎"的社会。

同学们，刚才大家依次上台展示了你们对次要人物形象的分析，并互相质疑、补充，你们的分享和交流十分精彩。围绕在祥子周围的形形色色的人物不少，他们共同构成了祥子的"社会交往圈"。请按下图结构，将这些人物分成两类，并分析这两类人物分别是如何影响祥子的命运的。

学生思考后全班交流，填写如下：

探究主问题：分析这两类人物是如何影响祥子的命运的。

追问1：为什么周围压迫欺凌祥子的人特别多？可见当时的社会环境是什么样的？

敲骨吸髓的刘四爷、冷酷刻薄的杨家、蛮横抢车的匪兵、贪婪狡猾的孙侦探、水性杨花的夏太太、愚弄祥子的陈二奶奶……祥子身处社会最底层，任何一个稍有地位、稍有权势的人都可以压榨他，任何打击都可能落到他的头上。这些打击来得越是偶然，越能反映出这种打击的必然。因为在这样的社会环境里，只有这种丧着良心做坏事、欺压别人的人才能得到一点钱财、权势，如祥子这般想凭自己本事老老实实拉车挣钱的人，永远是被欺负的那个。恶人们的恶行，是罪恶时代浇灌出的罪恶产物。

追问 2：祥子生活中爱与温暖的存在，有什么意义？

曹先生是大学教授，祥子眼中的孔圣人，他的家庭是沙漠中的小绿洲。他能在一定程度上改善祥子的生计，却无力改变其命运。他倾听祥子诉说其痛苦和迷茫，给他出主意，但他来去突然，再出现也很突然。这让祥子模模糊糊意识到：曹先生是善良的大好人，却不是能真正理解自己痛苦的人，两人的阶级差距太大。在这个世道，曹先生遇到阮明和孙侦探这样的人时也会自顾不暇，曹先生能帮自己一时，帮不了一世。

小福子善良、纯真、柔弱，与祥子互为精神依靠。她是祥子心中最美、最爱的人。祥子见证了这样美好的灵魂从生到死的过程，被亲爹卖掉、被军官遗弃，为了养活弟弟沦落风尘，直至最终失去希望自杀。祥子看明白了：穷人没有爱情，甚至连决定自己生死的权力都没有，这个世道让你变成什么样，你就只能乖乖接受命运的安排。

老马有车、有家、有小孙子，这一切都是祥子理想生活的模样，是祥子羡慕的独立劳动者的晚年光景。老马或许也过了几天踏实日子，但这个一辈子拉自己车的老实人，连仅有的小孙子都死了，他并没有因有车而掌握自己的命运，同样是家破人亡。包括酗酒度日的二强子，年轻时何尝不是个要强的高等车夫呢？他们是祥子生活的镜子，照出了这条路即使能顺顺当当走下去也不过如此。

追问 3：祥子悲惨命运与社会环境的关系？

祥子身边的每一个人，都是导致其走向堕落深渊的推手。有些是主动、外显的，如那些压迫欺凌祥子的人，制造了他命运起伏的转折点，使他步步沉沦，他们代表着历史背景中封建主义、官僚资本主义、帝国主义的三座大山。有些是无意的、隐性的，如曹先生、小福子给了祥子关爱和温暖，老马的遭遇让他伸出了同情和善意之手，这些人也让他萌生希望，但希望又破碎，最终祥子灵魂中最后一抹人性的光亮被掐灭了，他成了社会病胎诞下的产儿。祥子的悲惨命运证明在那个黑暗腐朽的时代，劳动人民想通过个人奋斗来改变生存环境，是根本不可能的。

设计意图

在学习活动一的铺垫下，学生能很快完成分类，但对主问题"这两类人物是如何影响祥子的命运的"尚不能综合思考，因此拆分成三个追问，层层铺开，帮助学生厘清思路，准确、细致说明白在那样的社会环境下人物逐步走向扭曲堕落、生命之火渐渐熄灭的过程。

学习活动三：拓展延伸——人物对环境的反作用

同学们，祥子周围的人以不同方式对他施加影响，从而在很大程度上改变了祥子的命运与性格。我们的讨论很有深度，不妨再深挖一步：祥子对这个社会，已经产生了/未来可能产生哪些影响呢？

已经产生的影响：

（1）他和虎妞悲剧式的婚姻，加速了虎妞难产而死的命运。

（2）他不堪抚养小福子两个弟弟和醉爸爸的重担，狠心告别，带走了小福子生命中的最后一线光明，使小福子陷入绝望。

（3）祥子为钱出卖阮明，致其死亡，人性中的良知彻底泯灭。

"可能产生的影响"以作业形式呈现，学生课下继续思考后分点阐述：

如果祥子躲避了三起三落的每一个转折点，他的人生列车会路过什么样的风景？会到达怎样的终点站？

【课堂小结】

老舍先生作为民主革命的战士，通过对市民生活的生动描绘，写出了善良小人物的悲剧。和英雄的悲剧相比，普通人的死亡沉沦并不炫目，更多的是让读者于血痕中看到社会症结：军阀混战、道德沦丧的社会环境，被金钱腐蚀的畸形人伦关系，仿佛一个大染缸，把身处其中的人都染成五颜六色、截然不同的另一个人。人被社会环境所吞噬，也成了那种社会环境中丑恶风景的一部分。

设计意图

本课旨在探究小说环境和人物的关系，学习活动一和学习活动二已经能让大多数学生充分思考并理解社会环境对人物命运的影响。学习活动三的拓展延伸，旨在引导学有余力的学生进一步思考，丰富自己的阅读体验。

七、设计反思

学生课前分小组探究，课堂上高效展示，容量很大，也给这堂课增添了许多即兴生成的挑战。为了使"社会环境"这个概念更落地、更具象，我从学生展示中找到切入点——"社会交往圈"这个关键词，由祥子这一个点串联起形形色色的圈里人，这些人共同构成祥子生活的社会环境，这个环境对人物命运产生了深远影响。

我也希望通过这堂课，引导学生今后再读小说时，有意识地关注社会环境和时代背景，在特定的环境背景中去理解小说中主人公及出现的各类人物的言行表现、性格特征，乃至命运走向。

教学是不断产生遗憾的艺术。其实书中还有许多精彩的描写可以作为学习材料，比如：小说开篇对"洋车夫"几个派别的精彩描写、车夫夜间聚赌浑噩度日、刘四爷过寿的人情百态、大杂院里老人妇女儿童的生存处境……都值得精讲精读，深入分析。但一节课的容量是有限的，几经取舍我最终选定了以次要人物为抓手，切入对小说环境和人物关系的解读。还有许多可推敲琢磨之处，比如课堂上可呈现一些书中对次要人物描写的精彩语料，如虎妞的语言和神态、祥子对杨家和曹先生家的不同态度等等，结合具体段落分析其中的人物形象和社会关系。

课例点评

本设计试图先引导学生理解非主要人物构成的人群特点，进而探究祥子的交往特点及命运走向。这使小说社会环境与人物命运的关系这一话题落在了实处。学生将在学习过程中真切感受到所谓"社会"，不是一个抽象的概念，而正是由一个个鲜活的人（甚至包括祥子在内）组成的；换言之，这样的设计，把"抽象的社会"具象化了，学生面对的作品中的社会不是一个社会历史或政治领域的"概念"，而是由一些具体的"人物形象"组成的。分析"语言"，理解"形象"，进而理解"思想情感"是文学阅读的重要任务，也是文学阅读的基本路径（当然，走完这个路径之后，还可以对艺术形式、文学手法进行审美层面的鉴赏）。由"人"到"人群"再到"社会"的设计，有效避免了阅读理解的空洞和概念化。

两类人群对祥子命运的影响引导学生阅读走向深入，特别是那些"温暖的人物"在给祥子的生命带来短暂光亮的同时，也最终将祥子引向失望，甚至绝望，这样的思考认识，能够引导学生告别浅层阅读的"善恶分野"式解读，而真正认识到作品中所表现的社会环境对个体的性格与命运的影响。

更可贵的是，马老师的设计没有止步于社会对人的影响，而是引导学生从另一个角度思考祥子对他人的影响，这个任务使学生避免了对"社会决定论"进行机械解读，而发现主人公祥子也对他人的命运产生了影响；换言之，若是以虎妞、小福子、阮明的视角来看，祥子也是他们所面临的"社会"中的成员，也是社会环境的组成部分。祥子是一个走向堕落的悲剧人物，但我们同情祥子，并不意味着祥子的绝对无辜。被社会所戕害的祥子，何尝不是组成这个旧社会的一分子呢？

深度阅读、深度思考的达成，常常有赖于教师设计出不浮于表面的学习任务，这些任务不流于空洞的概念，不止于表面的认知，而能引导学生从看似"无疑问"处提出疑问，进而回到文本，走向文本深处，仔细探寻，终有收获。

北京市海淀区教师进修学校教研员，赵岩

▶▶ 案例二

《刘姥姥进大观园》教学设计

陈 婷 苏州高新区实验初级中学

一、学情分析

（一）学段分析

初中学生"抽象思维日益占主导地位，正处于经验型向理论型过渡的阶段"，他们有一定的判断推理能力和论证能力。由于中学生的抽象思维还属于经验型，在训练学生具备抓住事物本质的思维能力的同时，也需要提供感性材料，激发学生的兴趣，辅助学生理解、把握抽象知识。

笔者所带班级学生大多性格开朗，思维较为活跃，敢于发表自己的看法。但对于事物的看法仍较简单，一些较深刻的理念仍需巧妙地加以引导。

（二）学生已有知识积累和学习能力分析

经过小说单元的学习，初三学生基本都能准确知道小说中的环境分为自然环境和社会环境。且经过对《骆驼祥子》《故乡》《范进中举》的学习，学生在一定程度上掌握了自然环境和社会环境与人物的关系。

本课选择《刘姥姥进大观园》和《红楼梦》其他选段作为学习材料，选择相应教学内容。笔者就班级学生对《红楼梦》的了解情况进行了调查。100%的学生听说过《红楼梦》，80%的学生对《红楼梦》感兴趣，63%的学生看过部分或整本《红楼梦》，69%的学生知道故事梗概，50%的学生大致了解主要人物形象。大部分学生对《红楼梦》故事和人物有一定的了解，加上学生已有的思维能力，这些都有利于《刘姥姥进大观园》教学过程的推进，也使开展"小说中环境与人物之间的关系"的教学活动具有可行性，教学难度在学生最近发展区之内。

基于以上分析，笔者在课堂上采取了以下措施：

（1）因部分学生对《红楼梦》不太了解，在《刘姥姥进大观园》第一课时，结合文本相关内容，补充《红楼梦》相关背景知识和人物介绍，减少学生进入文本的障碍。

（2）因学生对小说环境和小说人物有一定了解，尝试选择有较高思维难度的教学内容。

（3）针对真问题和深度思考，课上以教师提问为范例设计活动，借助量表，让学生提问，最后在作业中进行整体考查。

二、教学内容

鲁迅这样评价《红楼梦》："和从前的小说叙好人完全是好，坏人完全是坏的，大不相同，所以其中所叙的人物，都是真的人物。"《红楼梦》写了典型环境中的典型人物。它打破了人物类型化，表现出性格的复杂性，描写的是"真"人。而《红楼梦》又是封建社会的一面镜子。贾府作为封建礼教和封建秩序的代表，是人物生活的典型环境。

中国古典小说的话语方式借鉴史传传统、志人志怪小说等，多是写一些奇闻逸事，几乎没有什么景物描写。其中的自然景物描写也多作为单纯的背景，主要为情节发展服务。而《红楼梦》中不仅有背景式的景物描写，还有更多与人物形象紧密相关的景物描写。

因此，《红楼梦》文本可充分反映"小说中环境与人物之间的关系"。

九年级上册第六单元为古代白话小说单元。"小说中环境与人物之间的关系"与单元导语的要求有一定的适切性。同时，对《红楼梦》的学习和探究可以激发学生对中国古代文学的学习兴趣。教参中写道："借此篇课文，让学生展开对《红楼梦》的专题性阅读，对人物、写法、诗词等问题进行探究，引导学生了解优秀的传统文化，增强文化认同感。"当然，也可为高中阶段的《红楼梦》学习奠定基础。因此，在《刘姥姥进大观园》教学中对"小说中环境与人物之间的关系"进行分析具有合理性。

《刘姥姥进大观园》这篇课文中自然环境描写较少，因此确定本课的主要教学内容是：小说中社会环境对人物的作用分析及引申性思考。

（1）探究本课次要人物言行，把握刘姥姥这个人物形象背后等级分明、贫富悬殊的封建社会因素。

（2）把握刘姥姥和贾母所代表的两种生活状态的特点及关系。认识到社会环境会影响人物，但人物形象和生活状态仍具有复杂性，对人物的分析和理解不应扁平化和模式化。

（3）感悟作者的悲悯情怀，以及他对不同人生的悲悯观照。

三、学习目标

1. 语言目标

（1）通读全文。学生能借助注释，准确完整地说出故事内容，正确分析出人物形象，具有阅读白话小说的能力。

（2）学生配文朗读，能通过对语气、语调等的处理准确读出文字背后的情感。

2. 思维目标

（1）在不断追问中，学生深入思考，能在老师引导下关注到刘姥姥是在主动夸张逗趣，并体悟出鸳鸯和凤姐拿刘姥姥取笑的深层原因。

（2）利用思维工具，学生能在对比后较清晰整理出贾母与刘姥姥身上的多个异同点。

（3）学生能在教师对贾母与刘姥姥的对话所进行的分析引导中，打破富贵必定好、贫穷必定不好的惯性思维，辩证看待两种生活状态，能再简单举例。

（4）学生能在交流合作中创造性地自拟题目，并借助评价量表辨析问题的好坏真假，至少能拟出 2 道真问题。

3. 价值目标

（1）学生配文朗读，能通过书写概括精练的文句，表达出自己对刘姥姥及环境与刘姥姥的关系的看法。

（2）学生能够在平时针对课文进行交流，并写下一些自己对生活与社会的思考。

（3）部分学生能产生兴趣，在课后翻阅《红楼梦》原著或相关书籍。

四、教学重点/难点

教学重点：在不断追问中，学生深入思考，能在老师引导下关注到刘姥姥是在主动夸张逗趣，并体悟出鸳鸯和凤姐拿刘姥姥取笑的深层原因。

教学难点：学生能在教师对贾母与刘姥姥的对话所进行的分析引导中，打破富贵必定好、贫穷必定不好的惯性思维，辩证看待两种不同生活状态，能再简单举例。

五、课时安排预测

2 课时。本节课为《刘姥姥进大观园》第二课时。

六、教学过程

（一）教学导入

学校拟举办 AI 古典名著展，班级承担了《红楼梦》展厅的布置任务，现邀请你为展厅中的刘姥姥展墙布置出谋划策。

（二）学习活动

刘姥姥展墙以智能互动体验形式呈现，参观者提出简单问题后，屏幕就会自动出示相关答案。现需要你搜集整理刘姥姥展墙可能出现的一些问题和对应的答案。

请以小组为单位，设计有代表性的问题并探讨答案。提问评价量表如下表所示：

有效提问评价量表					
指标	评估标准	权重	自评	他评	师评
针对性	问题紧扣刘姥姥	10			
适合性	问题符合参观者（学生）的现有知识、思维水平	20			
价值性	忌脱离文本，仅凭主观想象或感觉提问	30			
适度性	简单问题和有思维深度的问题的数量比例适当	30			
规范性	问题语言表述清晰规范，指向明确	10			

具体流程预设：

小组根据量表筛选整理问题。

全班问题汇总整理，问题一般围绕刘姥姥个人情况介绍、刘姥姥形象分析、刘姥姥在小说中的作用等提出，分组解决问题。

重点问题全班一起探究，如：

问题一：针对刘姥姥形象进行深入探讨，分析社会环境对人的影响。以"刘姥姥是丑角吗?"为主问题，设计子问题，构成问题链：

a. 什么是丑角？

b. 刘姥姥的夸张逗趣是主动的还是被动的？

c. 为什么刘姥姥被人取笑却不恼？

d. 鸳鸯和凤姐为什么会取笑刘姥姥？

设计意图

学生自己提问，通过小组合作及教师引导，分析答案。通过评价量表，以自评、他评、师评的形式，帮助学生辨识真问题，提高有效提问的能力。学生初步尝试提问，教师提问作为范例，再在作业中进行巩固，以有梯度的问题追问，促进学生深度思考。

分析刘姥姥的形象，从她的生存智慧反观生存现状，并通过本课次要人物鸳鸯和凤姐的行为来理解当时等级分明、贫富悬殊的封建社会大环境。这是本课重点，也是对社会环境和人物的关系的基本把握。

刘姥姥的夸张逗趣是主动的还是被动的？更偏向于主动。（生1）

被人取笑，刘姥姥为什么不恼？因为她本是社会底层的一个农家老妇，而她进入的是京城的贵族之家。阶级思想根深蒂固，她不敢在大观园恼怒。同时，刘姥姥心中也有奉承贾家的想法，她有意出丑来逗她们笑。（生2）

鸳鸯和凤姐为什么会取笑刘姥姥？看刘姥姥是乡下来的，有意想捉弄她；取笑刘姥姥不会有任何问题，还能讨贾母开心。（生3）

刘姥姥看似卖乖可笑，其实大智若愚、机敏圆滑。在她的这些智慧背后是一种对生活的无奈，贫困的生活让她不得不在贾府扮演一个丑角。鸳鸯和凤姐的行为也印证了这一点，这场"笑剧"的舞台既是贾府，也是整个等级分明、贫富悬殊的封建社会环境。刘姥姥、鸳鸯、凤姐等都是在这个大环境中生活的人，她们身上都有这个大环境的影子。

部分问题小组解决，如：

问题二：针对刘姥姥在小说中的作用，结合"刘姥姥三进贾府"补充材料（此助读资料在第一课时已发给学生）进行分析。

刘姥姥在小说中的作用：反衬贾府生活的奢侈；写活了许多人物；千里伏线，首尾呼应；见证贾府由盛而衰的过程。

这场笑剧也为大观园的人带来了一次真正的开怀大笑，而这不是金钱、富贵能换来的，如与元妃省亲比较也能看出这一点。此外，一个外人给大观园带来了这么多欢乐，在乐的背后反映出的正是生活在府里的人平时的压抑，这个压抑源自哪，或多或少又与环境相关。

问题三：针对刘姥姥的个人情况，制作"刘姥姥个人信息表"，介绍其身份、家庭、主要事迹等，示例表如下：

姓名	刘姥姥
身份	农村老太
家庭情况	女儿女婿、外孙、外孙女
性格	聪明、风趣幽默、社交能力强、有胆识、知恩图报等
主要事迹	三进贾府

展厅最后有投票互动环节，其中一个投票选项为：在贾母和刘姥姥这两个老人中，你认为谁是《红楼梦》中最有福的老人？请你做出判断并说明理由。

（1）请用双气泡图分析贾母和刘姥姥的异同。（提示：可从不同角度分析，如衣食住行、性格、命运等）

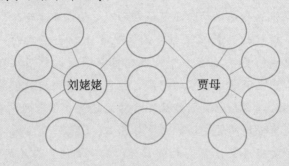

设计意图

在整体层面把握刘姥姥和贾母两个人物的异同，能基本判定两者的对话其实是富贵与贫穷的对话。

一些学生的思考，如下图所示：

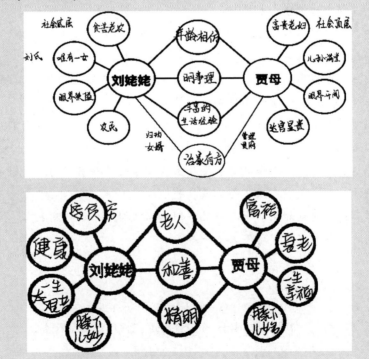

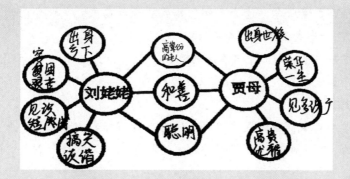

（2）分析贾母与刘姥姥的对话，把握到底什么是福？谁是《红楼梦》中最有福的老人？（补充材料）

设计意图

品味富贵与贫穷对话背后揭示的两种生命状态。人受环境影响，又不仅仅受环境影响，环境影响下的人的生命状态具有多重复杂性。这是本课的难点，也是对小说中环境与人的一种辩证看待。以此设计打破惯性思维，促进批判性思维的发展。最后感悟曹雪芹的悲悯情怀，感悟他对不同人生的悲悯观照。

刘姥姥认为自己生来是受苦的人，而贾母生来是享福的，主要从生活条件优越、儿孙满堂等方面来看。

贾母一上来便问年龄、身体情况，这不仅是日常话题，也说明这些正是贾母关注的内容，贾母虽然享受着荣华富贵，却说自己是"老废物"，身体状况不佳。其实正是因为贾母身份尊贵，无须劳动，所以成了一个"老废物"。相反，穷困的刘姥姥，虽然食不果腹，身体却很硬朗，赶路不是大事，即使摔一跤也无大碍。

贾母吃腻了山珍海味，想吃田地里的瓜菜。相较于经过精细加工的菜肴，田地的瓜菜更天然、更新鲜。我们不禁也想问一问，"茄鲞"还是茄子吗？相反，刘姥姥吃不起鱼肉，但她常吃的田地瓜菜却是最天然、新鲜的。

这里面处处有对比。可以说两个人在一定程度上互相羡慕着对方。所以福并不是单纯的富贵与贫穷，它还包含着不同的方面，有时也是相对的。

可以说，人受社会环境影响，但是环境影响下人的生活状态仍有着复杂性，不可简单看待之。

富贵与贫穷都有着自己的"缺失"，正如蒋勋在《细说红楼梦》中所说，富贵值得悲悯，贫贱值得悲悯，曹雪芹在这里有着对不同生命状态的观照，有着对生命的悲悯。

（3）结合本课所学，请你为刘姥姥展墙设计前言，并配音朗读，供参观者点击聆听。（形式不限，字数不限）

生于贫苦乡下地，心中自有海阔天。（生1）

村乡老妇进贾府，赏尽人生。（生2）

设计意图

考查学生对本节课的吸收程度，同时进行写作和朗读练习，来提高写作和朗读能力。形式不限，鼓励用诗歌、对联等多种形式进行创作，激发学生的创造力。

（三）作业布置

（1）结合如下量表，自拟问题分析贾母这个人物形象，设计关于贾母的展墙。

促进深度思考的提问评价量表					
指标	评估标准	权重	自评	他评	师评
针对性	问题紧扣贾母	10			
适合性	问题符合学生的现有知识、思维水平	10			
价值性	忌脱离文本，仅凭主观想象或感觉提问	20			
适度性	简单问题和有思维深度的问题的数量比例适当	20			
梯度性	问题链具有整体性，问题之间相互关联，具有适宜的梯度，由浅入深、由表及里	30			
规范性	问题语言表述清晰规范，指向明确	10			

针对问题的分类，特别是"有思维深度的问题"辨析，可结合 SOLO 分类评价理论，如下表所示。其中"前结构"问题没有价值，从"单点结构"到"多点结构"，再到"关联结构"和"抽象扩展结构"，问题思维层次不断加深。

提问和回答质量的 SOLO 层次评价表		
SOLO 层次	提问特征	回答特征
前结构	脱离文本，仅凭主观想象或感觉提问	基本无法理解问题，只提供一些逻辑混乱、没有依据的答案
单点结构	仅就一个孤立的点或素材进行提问	找到一个思路或依据就进行总结，得出答案
多点结构	联系学习内容的若干方面进行提问，但不能形成有机整体的联系	找到了多个思路或依据并得出结论，但未能找到这些思路或依据之间的联系，不能将它们整合起来

续表

提问和回答质量的 SOLO 层次评价表		
SOLO 层次	提问特征	回答特征
关联结构	就学习内容的若干方面进行有联系的提问	找到了多个思路或依据，并能将这些思路或依据联系起来，进行整合
抽象扩展结构	在关联结构的基础上，发现新的问题，指向新的领域	在关联结构的基础上，能运用未提供的素材或原理，将分析扩展至新的领域，使问题的意义得到扩展

（2）拓展作业：阅读《杨家府演义》中佘太君相关片段，思考当时环境与佘太君这一人物形象的关系，结合刘姥姥和贾母这两个人物形象，选择一个点，试做年老女性形象分析思考并撰写小文章。

七、设计反思

（一）本节课的优点

第一，注重情境化设置和整体性。以布置展墙为整体情境，设置设计和探究刘姥姥展墙可能出现的一些问题和对应的答案，以及为你心中《红楼梦》最有福的老人投票等活动任务。情境融入 AI 元素，让技术赋能教学，也在一定程度上增加趣味性，激发学生的学习兴趣，增强其学习内驱力。

第二，关注评价的多元化和过程化。以量表形式检测问题的有效性。以配文朗读形式检测学生的掌握程度。教师对学生的回答进行实时点评，关注过程性评价，评价学习效果，诊断思维发展。此外，量表中自评、他评、师评也体现出评价主体多元化的特点。

第三，注重语言和思维训练。录制朗诵，在掌握知识点、把握感情基础上，提高朗读能力。思维训练方面，思维图示将学生思维可视化。问题链设计有梯度，从课堂教学活动到作业布置的设计有梯度，拓展作业中由个性到共性的掌握等都符合学生认知规律，能促进学生思维发展。通过课堂重难点的问题设计，让学生在讨论交流、师生对话、生生对话中进行思维碰撞。这些都在一定程度上有助于高阶思维的发展。

第四，注重读写结合。课堂最后的配文朗读，既以读促写，又通过写作检测、巩固阅读所学。此外，由用一两句话分析一个人到写小文章分析一个群体，注重由浅入深。

第五，关注学生的差异性。作业设计为分层作业。根据学生不同个体情况，选择达标或拓展型。同时拓展题也可为之后的专题阅读打下基础。

（二）本节课的不足

针对"读"的练习和引导可增加。笔者希望通过这节课，学生不仅能学到关于环境和人物关系的知识，更能立体全面地看待人物，从中触摸到作者写作、观照人生的温度，进而反观自身，能使学生的内心被触动。不过能真正理解作者的悲悯情怀的学生并不多，因此第二个环节在这节课中的时间比重需要调整。

课例点评

深入理解小说中环境与人物的关系是小说阅读的一个难点，《红楼梦》的阅读也是初中生语文学习的一个难点，因此，做好这节课的设计很不容易。陈老师在难点突破方面所用的一些策略值得我们注意：

第一，是由浅入深的切入方式。越是困难的地方，越要找容易处突破。比如，在第一个教学环节中，关于刘姥姥的问答，首先呈现出学生通过检视性阅读就可以获取关于刘姥姥的基本信息；其次，是学生力所能及地对刘姥姥这一形象的某一侧面做出评价；再次，把刘姥姥放在特定的关系中，进而理解刘姥姥的行为。至此，刘姥姥这一"特殊形象"与大观园这一"特定环境"的关系，就以形象化的方式呈现出来了。本设计没有满足于此，而是进一步引导学生对刘姥姥和贾母这两个看似差别极大的人物进行了比较，这样的比较可以让学生发现不同身份、不同地位的人物在"环境"中的位置，从而更好地理解环境与人物之间的关系。浅得出来，又深得下去，这是这个设计特别值得学习的地方。

第二，利用SOLO评价表对学生的学习表现进行了客观的判断与评估，使不同认知水平、思维水平学生的学习成果得以呈现，这对于学生接下来的学习和教师的引导点拨都是非常重要的，越是难讲的、难学的、难懂的内容，教师越要用类似的评估工具去发现学生的理解程度和在理解上存在的问题，才能更好地进行教学引导。

第三，展厅设计的学习情境和气泡图等思维工具的使用，有效避免了初中语文教学难点问题带来的枯燥乏味，适应了初中学生的学习方式，如果实施到位，可以有效将教学的深度和趣味统一起来。

北京市海淀区教师进修学校教研员，赵岩

四、"新闻报道立场"教学设计案例

（一）题目解析

学科基本知识	新闻报道立场
课前教学设计问题	多媒体与网络教学资源的开发与利用
课中教与学的问题	树立新闻报道真实客观的意识
课后评价问题	设计一套评判新闻报道真实客观的标准

一般说来，新闻是对客观发生的事实的叙述，是新近发生或变动的事实信息。新闻事实则是构成新闻报道内容所必需的各种具体材料的总和，是从采访过程中获得的大量素材中提炼出来，具有某种新闻价值的客观事实。事实是新闻赖以传播的基础，离开事实就无所谓新闻，读者需要在新闻事实的阅读中，了解事情的来龙去脉，从而形成自己对新闻的看法。所谓新闻的客观性，是指新闻所报道的事实对客观事实的依赖性。也就是说，新闻报道必须从既有的事实出发，如实地反映客观事物的本来面目，无论其内容还是形式，都离不开客观事实，需要客观报道事实。客观叙述新闻事实是实现新闻报道真实性的前提。

新闻具有鲜明的主观倾向性，记者在新闻报道时都会受到自身因素的影响，只有公正客观、全面准确地反映新闻事实，才会给读者带来正确的价值引导。

部编版教材八年级上册第一单元是以新闻为载体的活动探究单元。从"新闻阅读""新闻采访""新闻写作"三个方面让学生了解新闻特点，并能将新闻的基本知识运用于写作中，让学生学习知识的同时，构建起新闻知识系统。新闻报道的客观真实是新闻写作的基础，像一条隐形的线牵动着新闻的命脉。

新闻采访则需要学生对新闻事实进行观察、询问、倾听、查阅、记录、思索，把大量的客观事实记录下来，然后在新闻写作中对新闻采访的素材整理、修改、加工，让事实得以真实而全面地呈现。

在互联网时代，学生可以轻而易举获取各种社会新闻。新闻是他们认识世界的重要途径之一。在新闻阅读与写作中，做到客观真实的表达，可以帮助他们形成求真求实、理性客观的思维方式，并用准确的语言负责任、言必有据地呈现事实。在面对浩如烟海的信息时，能够分辨信息真假，对信息持正确观点。

新闻的时效性对新闻报道的时间有严格要求，在呈现学生新闻作品的方式上，我们可以借助多媒体与网络教学资源。

比如借助微信群，学生和教师可以随时推送一些社会热点新闻，大家在群里可以随时点评，可以参照"中国新闻奖"的评选标准，推选一些好新闻，并写出推荐理由，思考这些好的新闻报道是如何做到真实客观的；注册一个新闻撰写的微博账号，学生可以在这个平台上发表自己的新闻作品，学生和老师可以在评论区留言，获奖的学生将利用多媒体资源呈现自己新闻采编的过程，并利用思维导图呈现新闻报道的设计思路。学生依托网络和多媒体，呈现自己新闻写作的过程和成果，教师及时跟进、评价；成立不同类别的班级报社，让学生参与到自己感兴趣的新闻话题中，以报纸张贴的形式完成一期主题新闻报道。

我们还可以在新闻写作中设计一个评判新闻报道客观真实性的标准，让学生参照事实材料、背景资料、内容选择、语言表达的评价，评改新闻作品。设计的标准如表 4-1 所示：

表 4-1　评判新闻报道客观真实性的标准

新闻报道项目			
事实材料	导语要素（时间、地点、人物、事件）具体准确（20分）	导语要素（时间、地点、人物、事件）不清晰、笼统（10分）	导语要素（时间、地点、人物、事件）缺少（5分）	没有导语要素（0分）
	多角度报道（加入背景、不同身份人的引言、呈现事件的真实细节）（20分）	多角度报道（加入背景、不同身份人的引言、呈现事件的真实细节）选择两处运用（10分）	多角度报道（加入背景、不同身份人的引言、呈现事件的真实细节）选择一处运用（5分）	没有运用（0分）
背景资料	引用全面、准确（10分）	引用角度单一（5分）	引用内容模糊不清（5分）	引用内容和事实没有关联（0分）
内容的选择	少而精，体现新闻的主题和价值（20分）	有一处和新闻的主题和价值无关（10分）	有两处和新闻的主题和价值无关（5分）	无效信息多，没有重点（0分）
语言	客观描述事实（20分）	有一处不是事实材料（10分）	有两处不是事实材料（5分）	主观表达抒情议论（0分）
	准确使用动词（20分）	使用一处带感情色彩的动词和形容词（10分）	使用两处带感情色彩的动词和形容词（5分）	使用两处及以上带感情色彩的动词和形容词（0分）
总得分				

（二）教学案例及评析

新闻写作："隐于形，现于思"

—— 新闻报道的客观真实

王 蕊 北京交通大学附属中学

一、学情分析

这是学生在初中语文学习中第一次接触新闻这一类课文，因此对新闻的写作格式还比较陌生，特别是在消息写作时把事件流程的叙述与日常训练的记叙文写作语言混淆，无法撇开自己的主观情感，而在事件后还会表达自己对事件的主观看法。调查显示，90%的学生已经不会再通过读报纸来了解新闻，而网络中的消息报道大多以夺人眼球为出发点，可能会失去事实本身的真实与客观性，这些都会影响学生对新闻报道规范的理解。

课前问卷星设计的问题：

1. 你获取新闻的渠道：A 报刊；B 网络

2. 你认为新闻报道应侧重：A 事实陈述；B 议论抒情

3. 新闻创作者是否应该在新闻报道中表明自己的个人观点？A 是；B 否

二、教学内容

新闻写作是部编版教材八年级上册第一单元中的学习任务之一。教师已经以新闻阅读的课文为例，让学生掌握了消息、新闻特写与通讯报道的特点，给新闻采访和新闻写作打下了基础。

（一）课文中可学习的点

新闻活动探究单元通过新闻阅读、新闻采访、新闻写作三个任务设计，由浅入深地帮助学生了解新闻，掌握新闻的写作方法，除了基本的新闻架构外，新闻报道的客观真实决定着一篇新闻存在的价值，可以让学生在对新闻的对比阅读中，找到使报道客观真实的方法。

（二）教学内容确定

通过选择多个新闻材料帮助学生了解保持新闻报道客观真实的方法，并将其应用于新闻写作中。

三、学习目标

（1）了解材料内容，理解作者通过新闻事实传达出的观点，感受新闻报道的客观性。

（2）学会运用保持新闻报道客观真实的方法进行新闻写作。

（3）能够在新闻写作中做出正确的价值判断，有是非观念。

四、教学重点/难点

教学重点：学会运用保持新闻报道客观真实的方法进行新闻写作。

教学难点：能够在新闻写作中做出正确的价值判断，有是非观念。

五、课时安排预测

1课时。

六、教学过程

（一）教学导入

北京交大附中校刊编辑部正在征集各年级活动的新闻稿件，以下内容为初二年级学生在参加年级组织的"前门传统技艺体验"活动后写的新闻报道。

新闻写作示例：

十四日交大附中初二 700 余名学生前往前门开展了有趣的冬游活动，其中三班去了"广誉远""荣宝斋""吴裕泰"三个地方参观。

我们到了广誉远，广誉远在清代是我国"四大药店"之一，在此我们学习了关于古代药品、医学发展的知识，还制作了香包。

随后我们又去了荣宝斋，在这里我们了解了版画、印刷，并体验了版画制作过程。在此我们还吃了午餐，大家有的吃面包，有的吃寿司，有的吃零食，各种各样，都令人垂涎三尺。

最后我们去了吴裕泰，手工制作了抹茶，了解了茶文化。在制作过程中，我仿佛回到了过去，好像自己就是被茶香包裹的制茶人。

这次的参观不仅让我们打开了眼界，了解了更多知识，更让我们感受到了中华文化的博大精深。

思考：这篇报道是否能刊登在校刊上？为什么？

分析：

不能刊登，主观色彩太强烈了，突出了太多的个人体验。用"我们"作主语来陈述不准确，作者只能代表班级，并不能代表初二年级；吃午餐的过程和参观学习无关，且使用过多文学化表述，并非对事实的客观陈述。

（二）学习活动

学习活动一：学习新闻报道真实客观的方法。

1. 认识新闻——重新审视新闻表述特点

思考：下面同学所写的内容，哪一个才是新闻的语言，为什么？

（1）他们把木头放进木碗里，用木棍去压木头，再把压好的木屑放入香包，闻了闻，真的带有特殊的香气。

（2）在我眼中，北京老字号里的非遗传统手工技艺是一个民族在历经风雨后的历史积淀。

（3）同学们先去了广誉远，广誉远在清代是我国"四大药店"之一。同学们在这里了解到医学与药材的相关知识，并试着制作香囊。后来同学们又去了荣宝斋和吴裕泰，了解木版水印和茶艺的相关知识，使同学们对中国非遗文化有了进一步了解。

分析：

（1）使用了文学化的语言，侧重描写事件的详细过程，带有很强的主观色彩。

（2）是评论，侧重理由陈述，是个人观点呈现，带有很强的主观色彩。

（3）是新闻化的语言，表达上侧重事实叙述。"了解""尝试"等动词使用准确，并没有把"了解"和"尝试"的具体细节描写出来，而是客观的事实呈现。

2. 思考

为什么新闻报道中不能发表过多个人看法？

【材料链接】

"扬州八怪"之一郑板桥10岁时曾随私塾先生外出游玩。行至河边时见一少女尸体仰面朝天，头发散乱，在漩涡中打转。老师随口吟诗一首：二八女多娇，风吹落小桥。三魂随浪转，七魄泛波涛。吟完后连说：可怜！可怜！

郑板桥说这首诗应改一下。郑板桥吟道：谁家女多娇，何故落小桥？青丝随浪转，粉面泛波涛。

思考：如果从新闻创作的角度分析，你认为哪首诗更好？为什么？

分析：他们并不认识这位少女，无从知道她的年纪、她是不是被吹落桥下的，更不会看到她的三魂七魄。所以，郑板桥老师的诗属于文学想象，而新闻报道不能有想象的成分。

郑板桥的诗则客观描述了他看到的：不知道这是谁家的女孩，是什么原因落到桥下的。诗中的"青丝"说明这个女孩子是黑头发，"粉面泛波涛"说明她是脸朝上漂着的。这些描述是客观的和真实的。

在新闻写作中加入太多个人表达，就会背离事实，从而让新闻失去客观性。所以在新闻报道中，要从多个角度观察，全面看清事实，并全面、客观叙述事实，少掺杂个人情感，才能让读者看到真实可信的新闻。

3. 如何在新闻写作中做到真实客观？

通过读"中国新闻奖"获奖作品，来了解一则新闻报道诞生的过程。

问题一：阅读采编过程这段话，说说记者为什么要这样做。

采编过程

作品简介

　　记者获取大学生德勒黑洪格尔回乡创业，发挥所学专业特长，研制牧业机械设备的新闻线索后，主动和他联系，一直关注着他。去年年初，记者了解到他的三项发明投入使用，深受牧民喜爱后，深入牧区采访牧民使用机械设备情况，并采访了德勒黑洪格尔本人，收集大量一手材料。稿件采写后，经编辑精雕细琢，并配发言论刊发。

学生活动：学生小组讨论，小组将组员总结的方法记录下来，全班交流。

　　学生通过阅读关于采编过程的内容，了解在写新闻前，记者需要对事件背景做全面的观察与记录。具体包含以下几个方面：

　　(1) 记者对自己所要报道的人物持续关注，了解动态，可以在第一时间及时有效地发掘有新闻价值的内容，也可以在新闻报道中客观真实地呈现人物事迹。

　　(2) 深入受访者的生活环境，了解实际情况。

　　(3) 采写后，经编辑精雕细琢，保证报道的内容是多角度、全面、真实客观的。

　　问题二：阅读根据采编过程所写的新闻报道的具体内容，思考如何才能使新闻报道真实客观。

回乡大学生三项发明为 800 多户牧民节省 1 亿元

本报讯（全媒体记者 苏日嘎拉图）阿巴嘎旗查干淖尔镇巴彦淖尔嘎查青年德勒黑洪格尔大学毕业后回乡创业，发挥专业特长，研制出适合草原畜牧业生产的草场无线监控系统、远程监控水井系统、牲畜喂料系统等三种牧业机械设备，均获得国家专利，使用这些机械设备的 800 多户牧民 3 年节省 1 亿元支出。

过去，对苏尼特左旗巴彦淖尔镇巴彦希勒嘎查牧民普日布来说，喂牛是一件费力费时的活儿，不仅要给每头牛准备一个槽子，还要 3 个人负责看管，防止牛群吃草料时互相挤斗，喂完 60 多头牛需要 2 个小时，为此他每年花费

2 万多元雇人干这项工作。去年冬天，他安装使用了德勒黑洪格尔研制的多功能喂牛设备，节省了人力财力，缩短了喂牛时间。"我们家养了 500 多只羊、60 头牛，以前雇用牛倌、羊倌每年支出 10 多万元。2016 年起使用这些机械设备后，不需要雇人了，每年节省支出 7 万元，家庭纯收入增加了一倍。"普日布一边用无线监控系统察看羊群的情况，一边告诉记者。

德勒黑洪格尔 2012 年毕业于内蒙古农业大学农业机械化及自动化专业，毕业后他回到家乡工作。在工作中，他发现牧区畜牧业生产方式仍然很传统，效率低、耗费人力，因此萌生了研发牧业生产机械设备的念头。他结合实践和所学知识，利用一年多的时间研制出草场无线监控系统，他的草原"千里眼"让牧民坐在家里也能察看牲畜情况。之后，他又研发出远程监控水井系统，实现了自动化喂养牛羊、草场灌溉。去年他研制的牲畜喂料系统投入使用。由于这三项发明能有效提高畜牧业生产效率、降低生产成本，均获得国家专利，受到牧民青睐，安装使用的牧民达到 800 多户。

如今，德勒黑洪格尔成立了自己的农牧业科技有限公司，他说："今后，要从牧区、牧民实际需要出发，研发出更多符合畜牧业生产的机械设备，为家乡的现代畜牧业发展做出贡献。"

活动问题参考：

概括新闻导语和主体部分的内容，思考作者是怎样做到让新闻报道具备真实性和客观性的。

分析：

导语用准确的语言介绍了德勒黑洪格尔研制出适合草原畜牧业生产的草场无线监控系统、远程监控水井系统、牲畜喂料系统等三种牧业机械设备，以及这些设备带来的社会效益。正文部分先用牧民普日布的事例来证实设备发明带给草原牧民的益处，再引入背景资料解说德勒黑洪格尔发明牧业机械设备的原因，最后采访德勒黑洪格尔，用他自己的话来说出未来现代畜牧业发展规划。

学生活动：

（1）学生小组讨论，以小组为单位到讲台对照屏幕的内容圈画交流。

（2）根据同学圈画解说的内容，组内成员共同完成思维导图，归纳新闻如何做到真实客观。

● 事实材料（新闻的主体材料）——准确性（人物生活的家乡、名字、成果，引用的资料，以及数据和受访者言论准确可靠，增加新闻内容的权威性。）

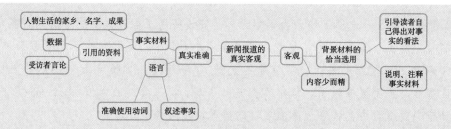

● 背景材料——增加新闻报道的信息量。新闻创作者在报道中引用一些与新闻事实有关的内容，来帮助读者理解新闻事实。第2、3段是对过去喂牛条件和作者学习经历的客观陈述，交代了研究设备的起因，并和现在的成果对比，让读者自己得出结论，认识到他革新成就的重要性。

● 内容选择少而精，这则新闻主要围绕着他对家乡畜牧业发展做出的贡献展开叙述。

● 叙述事实运用白描的手法，用词精练，用简洁的语言概括出了他的成就。

学习活动二：新闻写作修改。

组员根据评分表互相打分并修改课前所留的新闻写作（参观非遗展厅）。

1. 根据新闻报道要保持真实客观这一特征，指出下文的问题

十四日（时间要素不准确，应具体到年月日）交大附中初二700余名学生前往前门（地点不准确，应指出去前门参观的具体位置）开展了有趣的冬游活动，其中三班去了"广誉远""荣宝斋""吴裕泰"三个地方参观。（此处应把"三班"改为"初二年级"）

同学们（应为"初二年级同学"，因为是代表年级，应该客观报道）到了广誉远，广誉远在清代是我国"四大药店"之一，在此我们学习了关于古代药品、医学发展的知识，还制作了香包。

随后我们又去了荣宝斋，在这里我们了解了版画、印刷，并体验了版画制作过程。在此我们还吃了午餐，大家有的吃面包，有的吃寿司，有的吃零食，各种各样，令人垂涎三尺。（本段事件和主题无关，且细节描写过多，不符合新闻语言特征，此处可加入对版画概念，文化特色的介绍，准确说明版画制作过程）

最后我们去了吴裕泰，手工制作了抹茶，了解了茶文化。（此处可加入对吴裕泰制茶人的采访，通过他的口述，突出茶文化的魅力）最后我们去了吴裕泰，手工制作了抹茶，了解了茶文化。在制作过程中，我仿佛回到了过去，

好像自己就是被茶香包裹的制茶人。（新闻报道的客观真实中不应该加入自己的个人想象）

这次的参观不仅让我们打开了眼界，了解了更多知识，更让我们感受到了中华文化的博大精深。（应加入背景资料，借他人之口说出这次参观的影响力。或者引用数据，突出青少年对传统文化的兴趣）

注意：内容要少而精，所以在介绍制作香包、版画、抹茶等体验式活动时，对每个活动的报道应各有侧重。版画侧重制作过程，抹茶制作突出茶文化的魅力，这样可以让新闻报道丰富、全面。

2. 学生根据打分表的内容修改内容，让这篇新闻报道达到能刊登在校刊上的水平

打分标准详见表4-1。

（三）作业布置

依据上课所讲的方法，阅读中国新闻网"韬奋奖"获奖作品，总结撰写思路，并结合大家的修改作业再次进行新闻写作练习。

（四）板书设计

新闻报道的客观真实——事实的呈现

七、设计反思

（一）围绕新闻的真实客观性展开

从课堂效果看，这节课思维逻辑清晰，符合学生的认知水平，学生通过概念学习、方法学习、应用写作，基本了解了新闻真实、客观的重要性和写作方法。在教学材料的选择上，围绕新闻的真实客观性展开，同时让学生通过阅读获奖的新闻作品，提炼总结使新闻真实、客观的方法。

（二）借助多媒体资源，运用思维导图总结方法

在作品分析中，让学生在交互式白板上点评分析，同时借助思维导图，从新闻事实中提炼使新闻报道客观的方法，从个人到小组内部商讨，再到全班交流展示，逐步完善总结。

（三）从学生中来，回到学生中去

教学导入以学生的作品为例，让学生直观看到问题，进行思考，为寻找方法铺设思维预设。最终是重回作品，让学生修改自己的作品，借助具体可行的评价标准进行修改，使自己的作品水平得到提升。

（四）改进

课堂的新闻修改可以让学生讨论后写下自己的修改建议，修改的内容可带回家完成，这样学生就有了充足的讨论时间，对习得的方法会有一个更深刻的理解。

课例点评

真实性是新闻文体的第一生命，在教学中老师们都会告诉学生真实性是新闻文体最主要的特征，这一点似乎已是不言而喻的。然而，也正是因为"新闻是真实的"这一点看似显而易见，所以我们在日常教学中常常忽视了对新闻真实性的更细致的追问，以及对新闻叙事特点与其他文体叙事特点区别的进一步思考与呈现。从这个角度来讲，王老师的教学设计是非常有意义的，这个设计使新闻文体的教学突破了对"5W"等外在形式（当然，那也是重要的）的关注，而是将注意力集中在对新闻叙事本质的思考上。

更可贵的是，王老师对新闻叙事本身进行了学科层面的本体化追问与研究，不是把自己的思考简单地呈现出来（其实，即便是简单呈现，也可以看到教师学科认知的深度），而是通过真实的新闻读写情境，让学生面对什么样的文字适合作为新闻来刊发这样的一个既指向学生的现实社会生活又指向学生的语文学科认知的问题，通过阅读比较、思考探究、分析评价、归纳概括、结构化等一系列言语实践活动（同时也是思维活动），最终形成了自己的认识。学科的深度和学习的深度，在王老师的教学设计中得以融合。

北京市海淀区教师进修学校教研员，赵岩

高中部分

一、"论事说理的技巧与风格"教学设计案例

（一）题目解析

学科基本知识	论事说理的技巧与风格
课前教学设计问题	专题学习：建立逻辑思维的基本范式
课中教与学的问题	基于学科基本知识及思维发展的学习材料的选择
课后评价问题	如何设计评价判断学生"论事说理"时的思维类型与层级

"论事说理的技巧与风格"包含两个方面：技巧指的是说理方法的运用，高中阶段学生主要接触到的说理方法有：举例论证、引用论证、推理论证、对比论证、类比论证、比喻论证等。风格指某一时代或某个作家形成的说理的思维范式，比如，先秦时期的诸子作文的特点是运用比喻说理、类比说理来阐明各家的主张。可以说，风格的形成一部分源于作者对论事说理技巧的运用，同时也受时代思潮和表达媒介的影响。在进行文言文学习的过程中，很多人往往会持有一些偏见，认为中国古代说理散文，尤其是先秦散文缺乏论证过程，不如西方哲学思辨文本逻辑严谨。在学习语文时我们应摒弃这样的偏见，不同的说理方式正是时代思潮、文化思维的体现，这也是我们在学习时要强调说理风格的原因。

我们以往阅读论事说理的文章，更多关注的是作者的观点及其论证方法、对字句文脉的把握，使学生娴熟掌握文章的观点与论证过程。但这样做本质上也只是一味地被动接受他人之观点。高中学生对于论事说理技巧的掌握，主要在于文本分析与简单运用上，即能够辨别文本所运用的说理技巧，并说出其对于观点论证的基本作用，在表达时，能够有意识地运用一些说理技巧。而他们需要培养的地方在于：首先，学生习惯于默认文本的观点与论述，在分析文本时很少能提出合理的质疑；其次，在运用时往

往缺乏明确的逻辑关联，尽管使用了一些说理技巧，其说理效果却不尽如人意。

我们还要考虑到各种说理技巧在论证效果上的差异，以及不同作者乃至时代论事说理的风格。

我们需要引导学生建构起初步的针对说理方法的评价与运用的逻辑思维，借助思维可视化工具，引导学生将不同的论证方法提炼成论证要素，将之与论证的核心内容进行勾连比较，形成基本范式，以此来进行文本分析与写作运用。建构这些基本范式的好处在于，学生在处理含有大量信息的复杂文本时，可以更清晰、准确地判断论证要素与核心论点，在写作运用时也能厘清思路，明确表达出核心与重点。

一般而言，举例论证可以使抽象的论点更具体，引用权威的著作可以使观点更可信，引用文学的语言可以使平实的议论更具文采，采用鲜明的对比可以使事理的本质更突出，运用生动的比喻可以使深奥的道理更通俗。总之，运用论证技巧的目的都是要增强说理的生动性与说服力。

我们仍要追问，什么样的例子才是恰当的？什么样的比喻才是生动的？什么样的对比才是鲜明的？同样是比喻，为何孟子取材于现实而庄子天马行空？同样是举例，为何有人直截了当而有人暗藏机锋？只有解决了这些问题，阅读、表达、评价才有据可循。

由此看来，建立起一套逻辑思维的基本范式就十分重要。当然，这对于中学生来说很有难度，思维本身是十分抽象的，语言文字的准确性也难以用数据来衡量，但越是如此，我们就越需要尽可能地将其轨迹化、可视化，让学生的思维习得与发展有所依凭。目前较为可靠的方式是建立可视化的思维导图、思维量表，让学生在过程化与可视化的评价中，提升阅读与表达的能力。

以建立对比论证的思维范式为例，首先要明确构成对比论证的要素，即在一段对比论证中，必须具备可比较的"对比对象"，它们要具有充分的相似性，同时具有微小的差异性，这种差异就是我们要描述的"对比结果"，而这种结果产生于"对比本质"，我们姑且这样称呼这三个要素。其次，试着提出这三个要素需要达到的具体要求，比如，选取的"对比对象"是否具备充分的相似性与鲜明的差异性，"对比结果"是否能囊括普遍性与必然性等。这些量化的细目在学术界尚无定论，实际也无须过于限定，只是构建一个连接语言与思维的桥梁，通过这个桥梁，可以明确什么样的论证更有说服力。再次，我们可以运用这一量表来评价几组对比说理的说服力，以此判断哪些对比说理效果更好。最后，这一量表同样适用于写作与表达，让学生在组织语言的时候有了具体的依据。

（二）教学案例及评析

《劝学》《师说》——对比说理，你被说服了吗？
丁　悦　上海市卢湾高级中学

一、教学目标

1. 语言目标

能对文本信息自觉整理并用自己的语言加以解释。

2. 思维目标

（1）能分析和阐明观点与材料之间的关系并提出质疑。

（2）能正确评价文章论事说理技巧的效果并合理加以运用。

3. 价值目标

能感受不同作者的文章风格并欣赏古代名篇特点。

二、教学重点/难点

教学重点：比较分析对比说理的效果，从材料选择、材料分析、正反论述等方面归纳使对比说理具有说服力的要素。

教学难点：运用初步设计的对比说理的评价方式分析作品，并尝试修改作品使之更有说服力。

三、教学过程

导入：共同梳理文中所用的对比论证。

学习活动一：在梳理《劝学》对比论证思维导图的基础上，分析比较三组中更有说服力的那一组，并说明评价标准。

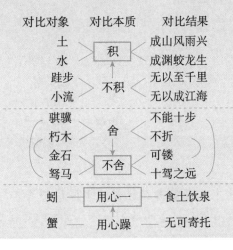

活动预设：

（1）叠加多个材料进行对比（不合理）。

有气势但未必有说服力，多个对象并不一定能使对比论证更有说服力。

（2）对象本身要有相似性。

"水"和"土"、"跬步"和"小流"之间没有关联，对比点只有"积"和"不积"，这样的话任何事物都能拿来对比。

（3）对象本身要有矛盾性。

第二组的"骐骥"与"驽马"，是基于同一事物的对比，且本身就有巨大反差，通过"舍"与"不舍"产生的结果又形成另一巨大的反差，因而更有说服力。

（4）对比结果要有必然性。

"上食埃土下饮黄泉""非蛇鳝之穴无可寄托"都是动物的本能，与用心专不专一没有根本性的关联，不够有说服力。

（5）通过条件补充或分析论述加强对比度。

蚯蚓和螃蟹本身不具有可比性，但作者加上"无爪牙之利筋骨之强""六跪而二螯"，让人产生对比的错觉，增强说服力。

明确对比论证的说服力强弱要通过以下几点来进行评价：

对比对象：矛盾性与相似性；

对比结果：必然性与普遍性；

分析论述：合理性与深刻性。

学习活动二：运用自制的评价量表，分析《师说》中的三组对比是否具有说服力，并补充完善量表。

活动预设：

（1）在预习作业中，有学生发现将"巫医乐师百工"从师与"士大夫"不从师对比，但并没有提到前者的结果如何，这个问题在思维导图中体现得更清晰。可见，本文的这组对比说理并不完整，其目的是强调"师道不复"的观点。

（2）一些表述的前提不一定成立，如：今之众人是愚的吗？不从师一定不能解惑吗？这在论述的合理性上需要打个问号。

（3）古之圣人能代表普遍人吗？对比结果应该具有普遍性。

追问思考：

（1）如果按照思维导图去建构文章，可以写成："爱其子，择师而教之，于其身也，则耻师焉，小学而大遗。"原文为什么花了大量笔墨在额外的描写、议论上？作者的目的不在对比论证本身，而是通过对比揭露社会现象，进行批判。

（2）这几组对比的顺序可以调换吗？为什么？——不能，这三组例子分别以古今之比，到人我之比，到地位之比，层层推进，其结果影响也从个人到学风到整个师道。可以看到，与先秦的简单堆砌不同，韩愈笔下的对比说理更具逻辑性。体现了不同时代、不同作者的论事说理风格。

学习活动三：修改或补充原文，也可用现代文表达，使对比论证更有说服力。

示例：滴水不舍，可以穿石；飘雨舍之，不可润土。

对比说理评价量表：

	符合	较符合	不符合
正反两方面表达明确对比鲜明			
对比对象具有矛盾性与相似性			
对比结果具有普遍性与必然性			
分析论述具有深刻性与合理性			

作业设计：

针对现实生活中某一现象进行论述，试用对比说理，组内参照量表互评。

课例点评

这个课例的精彩之处在于把"建立逻辑思维的基本范式"的学科任务落到了实处。丁悦老师对专题学习的内容要求理解得相当透彻，从目标设定到课堂讨论都体现出教师自身逻辑缜密、敢于质疑的思维特点。课堂紧扣"对比论证"这个中心任务，利用思维导图，帮助学生从"对比对象、对比本质、对比结果"等方面理解对比，发现缺憾，同时引导学生对发现的缺憾进行修补，使对比论证更加严谨。而学生在多次对比、发现缺憾、修补缺憾的过程中，进一步理解了经典的同时提升了思维品质，可谓一举多得。如果作业设计能更具体集中些，可能会更清楚地看到课堂学习的效果。

北京市语文学科带头人、国家级骨干教师、
清华大学附属中学语文特级教师，崔琪

丁老师的课例设计目标清晰，问题聚焦，通过分析两篇文章中的若干组对比，帮助学生建立起对比论证的思维范式。在授课过程中，教师引导学生从多个维度进行比较、分析和归纳，活动设计简捷有效，明确指向思维发展与提升，对使学生学会有技巧有逻辑地说理有较强的指导作用。同时，教学设计也体现了批判性思维的特点，通过重新审视经典作品，帮助学生反思议论文说理如何通过表达严密来增强说服力。既能激发学生的学习兴趣，又让学生当堂学以致用，获得学习成就感。在丁老师的课例设计中写作部分作为实践活动，承担着学习成果的应用与评价功能，由于学生在论证说理方面往往存在比较浅表、贴标签的现象，写作也可以作为前测，这样学生的问题可以暴露得更明显，教学的针对性也会更强，学习效果的前后对照也更加清晰。

北京市骨干教师、北京市第五中学备课组长，张婷

二、"古诗词鉴赏方法（知人论世、以意逆志）"教学设计案例

（一）题目解析

学科基本知识	古诗词鉴赏方法（知人论世、以意逆志）
课前教学设计问题	专题学习：促进形象思维的发展
课中教与学的问题	学习材料的选择及互文比读策略
课后评价问题	设计一个评价学习古诗词解读能力的自评表

所谓"知其人"，就是要了解作者的生平经历、气质性情、道德修养、知识经验等。而"论其世"，则是要把作者的举止言行、思想情感与他生活的环境联系起来进行考察，了解社会与时代对其产生的影响。孟子认为，"知其人"和"论其世"与文学作品的思想内容紧密关联。我们赏析古典诗歌，知人论世、以意逆志的诗歌解读、欣赏方法，贵在联系诗人、联系全篇，建立丰富的读解背景系统，然后以此关照读解某个作品，读出诗人的原意。因此，我们在读解古诗词

时，都应建立在客观依据之上，建构较为完整、丰富、可信的背景系统，才能有效避免理解与鉴赏的粗疏和主观。

通过开展阅读与鉴赏、表达与交流、梳理与探究等语文学习活动，引导学生在"知人论世"的基础上"以意逆志"，在"以意逆志"的过程中"知人论世"，不断攻克阅读障碍，逐渐贴近作者的内心。在此过程中，学生还须灵活运用互文比读、联想和想象等策略，由此获得对语言和文学形象的直觉体验，增强学生的形象思维能力，丰富对现实生活和文学形象的感受与理解。

所谓的"专题阅读"就是围绕某一个特定主题，汇集相关文本，通过梳理整合、拓展联系、比较异同等方式进行整体性阅读。它对于组织开展古诗词专题阅读课，主题的确定和学习材料的选择至关重要。首先，学习及参考材料的选择要确保权威、完整，在确保基本知识准确的基础上可以提供给学生具有思辨空间的素材；其次，学生通过"知人论世"的方法建构解读背景系统后，并不意味着就能真正了解诗人的情感和意图，把握诗歌的内涵和精髓。专题阅读教学目标的设定就要有一定的聚焦度，要时刻牢记"知人论世、以意逆志"是有效的策略，避免对教学目标的忽视。此外，广泛地发掘、仔细地研究与诗词作者、时代背景相关的外部材料的确是诗词鉴赏的有效方法，但这种诗词读解背景的建构只是一种建立在文本细读、涵泳体察基础上的辅助系统。除此之外，我们还可以借助社会学、文化学、心理学等各种解读视角，综合使用多种诗词阅读鉴赏策略，更好地走进作品的世界。

教师需要依据课标的要求及学生学情，选择日常生活和学习中、历史上或当今社会学生共同关心的话题。教师要对课内教材和课外补充的学习内容进行有机的重组和整合，力求广泛、可信、全面，并明确其用途与目的。另外，由于专题阅读课的阅读量较大，我们可以在课前详细列举出学习内容，对学生提出明确的阅读要求，为课堂学习做好充分的准备。在构筑专题教学素材时，需要关注以下几个方面的内容，确保专题学习内容的全面、准确。

在课堂上，具体、直观的物象往往更容易引起学生的注意，激发他们的兴趣。因此，教师可以在古诗词教学过程中抓住那些富有色彩美、音律美和能体现形态特征的重要词句，引导学生充分调动视听感官，运用联想与想象，在头脑中构造出与诗词中的表达相吻合的艺术形象，并运用流畅、准确、生动的语言将诗歌中的场景描绘出来，将无声的文字变为一幅幅有声、有色、有形的生动图景。

同时，当我们在结合重难点字词句分析古诗词的内涵和作者情感时，可以引导学生联想诗人的生平经历和创作背景，联想相似题材的诗歌，联想自己的亲身经历或所见所闻。也可以引导学生与以往学过的相似表达进行比较，替换相近的字词来分析差异，提供不同的注释版本让学生辨别优劣。这样，学生头脑中所构造出的艺术形象会越来越清晰，诗词中的留白也会得到有效的填补。当学生以读促想，利用互文比读、联想与想象等策略，将已知与未知、现实与文本、课内与课外有机整合在一起的时候，诗歌的内容和意境就得到了扩展和延伸。

基于学科核心素养，参考高中课程标准，以及现有部编版语文教材、国内外阅读测评项目等已有研究成果，建议建构包含四个一级指标（识记、理解、鉴赏、运用）和十四个二级指标（背诵诗词作品中的名句，根据课文下注释、工具书和前人评注来理解词语、句子的含义等）的古诗词解读能力自评框架。自评指标强调学生主体与学生发展，关注评价过程而非结果，重视真实的评价任务，力求能够较为全面而真实地反映学生在知识掌握、思维发展等方面的表现和水平。

（二）教学案例及评析①

《归园田居（其一）》教学设计

陈 硕 上海市第六十中学

一、学情分析

学生在初中阶段已经学习过《桃花源记》《归园田居（其三）》《五柳先生传》《饮酒（其五）》等作品，对于陶渊明的生平经历和创作风格有一定的了解，为陶渊明作品的专题阅读提供了有利条件。另外，学生在高中阶段的语文学习中，不断积累古诗词阅读经验，对于鉴赏的方法也有自己的认识和体会。而在课堂上，具体、直观的形象和事物往往更容易引起学生的注意，激发学生的兴趣。

以下是在课前分发给学生的《归园田居（其一）》课前预习任务单：

任务一：对初中阶段学习过的陶渊明作品进行梳理和回顾。

教材	八年级（上）		八年级（下）	
篇名	《桃花源记》	《归园田居（其三）》	《五柳先生传》	《饮酒（其五）》
名句默写				
内容回顾				
小结：你认为陶渊明是一个怎样的人？				

---

① 该案例中所指的八年级上、下册课文均为沪教版教材中的课文。

任务二：诵读《归园田居（其一）》，提出自己的困惑，并尝试查阅相关资料释疑。

序号	困惑	资料来源	资料摘抄	启发
1				
2				
3				

任务三：结合已学诗歌《芣苢》和《归园田居（其三）》，将以下表格填写完整。

	《芣苢》	《归园田居（其三）》
诗歌原文	采采芣苢，薄言采之。采采芣苢，薄言有之。采采芣苢，薄言掇之。采采芣苢，薄言捋之。采采芣苢，薄言袺之。采采芣苢，薄言襭之。	种豆南山下，草盛豆苗稀。晨兴理荒秽，带月荷锄归。道狭草木长，夕露沾我衣。衣沾不足惜，但使愿无违。
概括场景	女子采摘芣苢	
描绘场景优秀范例（闻一多）	那是一个夏天，芣苢都结子了，满山谷是采芣苢的妇女，满山谷响着歌声。这边人群中有一个新嫁的少妇，正捻着那希望的玑珠出神，羞涩忽然潮上她的靥辅，一个巧笑，急忙地把它揣在怀里了。……不过，那边山坳里，你瞧，还有一个伛偻的背影。她许是一个中年的晓确的女性。她在寻求一粒真实的新生的种子、一个祯祥，她在给她的命运寻求救星，因为她急于要取得母亲的资格以稳固她的妻的地位。	
经验总结	进行场景概括和描绘的过程中，你运用了哪些策略和方法？（例如：补充人物和环境，推断事件的前因后果，分析意象的特征及内涵等）	

根据学生完成课前预习任务单的情况，教师对学情试做以下分析：

第一，大部分学生对陶渊明有近乎标签式的刻板印象，但对于其所处的时代背景，其做出人生选择的原因和名家对其作品的评价都比较陌生。

第二，学生能够结合课本下的注释疏通诗歌大意，提出的困惑也有一定的价值，但资料来源较为单一，集中于利用"百度百科"等网络搜索工具，释疑过程和得出的启示不够准确，也较为粗浅。

第三，大部分学生能够准确分辨"概括"和"描绘"的差异。概括时能够包含主要人物和事件，保证信息准确，语言简练。在描绘场景时尽管能够自觉补充主语，细化动作，但对于人物心理的揣摩和特定环境的勾勒都有所欠缺。

二、教学内容

《归园田居（其一）》是部编版普通高中高一语文教科书必修上册第三单元的课文，第三单元从属于"文学阅读与写作"学习任务群，人文主题为"生命的诗意"。《归园田居（其一）》是陶渊明归隐后所做组诗中的第一首。这首诗歌描绘了清新自然的田园风光和宁静祥和的农村生活，流露出作者追求自由、坚守自我的志趣与精神。

在本诗的学习过程中，学生可以积累与陶渊明相关的文学文化知识，描绘恬淡自适的田园生活场景，分析诗歌写作的背景与意图，分析作者的艺术形象与精神品格，体悟山水田园诗派的语言风格，赏析诗歌中多样化的抒情方式，了解中国古代隐逸文化等。

三、学习目标

1. 语言目标

学生能够借助文本注释和工具书，关联已经积累的语言材料，理解诗义。

2. 思维目标

通过对诗歌文本的分析，学生能够运用多种鉴赏方法，再现、分析并评价诗歌中的田园生活。

3. 价值目标

通过对诗歌的学习和赏析，学生能够理解陶渊明任真固穷的志趣，探究其田园诗的价值与意义。

四、教学重点/难点

教学重点：通过细读和想象还原田园生活场景，提升学生的形象思维能力。

教学难点：引导学生通过知人论世、以意逆志和互文比读，探究作者的归因与情感。

五、课时安排预测

1课时。

六、教学过程

（一）教学导入

陶渊明是中国文学史上影响极为深远的著名诗人和散文家。他开了中国田园诗歌之先河，元好问曾评论："一语天然万古新，豪华落尽见真淳"；他在仕与隐之间抉择，苏轼曾说，陶渊明"欲仕则仕，不以求之为嫌；欲隐则隐，不以去之为高"。陶渊明是中国士大夫精神的一个归宿、一座丰碑。

今天，我们将走近其人，体悟其情，探究其志，学习陶渊明《归园田居》组诗中的第一首。

（二）学习活动

学习活动一：初读感悟，再现田园生活的场景。

（播放钢琴曲《归园田居》，展示石涛《陶诗采菊图轴》《对菊图》）

1. 诵读诗歌，定位诗中描绘田园生活的句子，围绕意象，用流畅、准确的文字再现田园生活场景

	诗句理解	场景再现
开荒南野际，守拙归园田。	从"开"与"守"这两个动词中，我们可以看到作者告别过去、回归初衷、保持真我的坚定决心和具体举措。	我从官场抽身而退，回归心之所往的田园生活，开垦荒废已久的农田，尽管干农活没有邻人那么娴熟，但也让我感到无比满足。
方宅十余亩，草屋八九间。	"十余"和"八九"皆为约数，作者简笔勾勒出生活环境的开阔、简朴和自己心境的安适、满足。	十多亩农田就围绕在我八九间茅草屋的周围。
榆柳荫后檐，桃李罗堂前。	桃红柳绿，榆李相衬，尽管是山村寻常之景却尽显生机。"荫"和"罗"二字赋予植物情义，仿佛它们主动为屋主增添景致、遮风挡雨。	我的屋前屋后还有桃李满园，榆柳遮檐。烈日炎炎的午后，我可以在榆荫下小憩，可以采摘些桃李瓜果。
暖暖远人村，依依墟里烟。	通过两个叠词，描绘远处迷蒙隐约的村庄和袅袅升起的炊烟，充满生活气息。	抬头远望，是袅袅炊烟下的小山村。
狗吠深巷中，鸡鸣桑树颠。	作者选择对狗和鸡这样村居生活中最常见的家畜家禽描写，以声衬静，体现环境的宁静、祥和。	侧耳聆听，是悠长巷子里的狗吠鸡鸣。
户庭无尘杂，虚室有余闲。	"无尘杂"一语双关既指环境的清新自然，也指没有官场的应酬，没有杂事的干扰。	无论是庭院还是居室，都是一副静谧美好的模样，没有外界的干扰，我乐得清闲。

2. 交流、总结在再现田园生活场景的过程中运用的诗词鉴赏策略和方法

第一，联系学过的诗文，可以帮助我们推断意象的内涵和诗歌的意境。

第二，基于诗歌中传达的基本信息，我们可以通过联想与想象，补充人物（陶渊明、家人、邻人等），明确身份（陶渊明由仕而隐，与一般农人的身份、习惯、思想都不同），细化人物的动作、神态和细节。

第三，在描绘环境的过程中可以充分调动视觉、听觉、触觉等多种身体感官，使画面更加完整、生动。

学习活动二：比读精思，探究归园田居的心境。

1. 结合以下丰富的学习材料，试分析作者田园生活的心情究竟如何？

<table>
<tr><td colspan="3" align="center">陶渊明诗文专题阅读材料</td></tr>
<tr><td rowspan="2">课内</td><td>初中阶段</td><td>《桃花源记》《归园田居（其三）》《五柳先生传》《饮酒（其五）》</td></tr>
<tr><td>高中阶段</td><td>《归园田居（其一）》</td></tr>
<tr><td rowspan="2">课外</td><td colspan="2">《杂诗（其五）》《戊申岁六月中遇火》《归去来兮辞·并序》《陶潜传》《宋书》</td></tr>
<tr><td colspan="2">（节选）</td></tr>
</table>

（1）初回田园，心情愉悦。

理由一：根据《归园田居（其一）》中所写，作者说自己的本性就是不喜世俗，喜爱山林的，自幼如此，并且在成长的过程中未曾改变，甚至更加坚定。这样的志趣和理想在《饮酒（其五）》等其他诗文中均可得到验证。那么，这样的田园生活正是顺应了作者的本性。

理由二：诗中描绘的场景和所体现出的意境与《桃花源记》非常相近："土地平旷，屋舍俨然，有良田、美池、桑竹之属。阡陌交通，鸡犬相闻。其中往来种作，男女衣着，悉如外人。黄发垂髫，并怡然自乐。"由此可见，这样的田园生活就是陶渊明心中理想的"桃花源"。

理由三：在《归园田居（其一）》中，作者用"尘网""樊笼""羁""池"等词来比喻官场，足见其对作者的约束。再结合《晋书·陶潜传》中"不为五斗米折腰"的典故，可见他厌倦了官场的繁缛礼节、迎来送往、虚情假意。

理由四：根据《归去来兮辞·并序》中所写，陶渊明刚辞彭泽县令时"载欣载奔"，"舟遥遥以轻飏，风飘飘而吹衣"，他高兴得快要"飘"起来了，完全陶醉在"复得返自然"的兴奋中。

理由五：从东晋时期的社会背景来看，当时统治阶级热衷争权夺利，内部矛盾尖锐，而田园生活仿佛独立于时代大背景之外，并未受到外界的影响和干扰，依然保持纯净与美好。

（2）生活不易，陶公叹息。

理由一：《归园田居（其三）》中真实呈现了陶渊明种豆的场景和体会，种田实在是艰难辛苦。

理由二：《戊申岁六月中遇火》中写到陶渊明归田不到三年，旧宅就遇火，为了活命，不得不挨家乞讨，陶渊明差不多被逼入了绝境。

理由三：无论是从《五柳先生传》的自述中，还是从《陶潜传》的陈述中，我们都可以看出陶渊明当时出仕为官的重要原因之一是供养家小。而如今弃官归乡后，势必又会使生活陷入艰难，对于自己的家庭责任也没有找到更好的解决办法。

理由四：作为一个官宦人家的子弟，陶渊明步入仕途乃是通常的选择；儒家思想的熏陶也使他很早就养成了入世情怀。从《杂诗（其五）》中，我们就能看到他有"猛志逸四海"的豪情，但是他的气质个性与他的斗志雄心相反。

2. 交流、总结在分析作者的归因和情感时运用的诗词鉴赏策略和方法

首先，我们可以采用知人论世的方法，将作者的举止言行、思想情感与他的生平经历、气质性情和他生活的环境联系起来进行考察，了解多方面因素对其产生的影响。其次，我们在鉴赏诗词时，往往首先建立在客观依据之上，然后也可以从自己的想法和感受出发，设身处地，顺应情理，揣度作者的情志。最后，在探究作者情志的过程中，我们既可以紧扣文本，不断加深理解；也可依据广泛的外部资料进行比较阅读，拓宽视野。

学习活动三：课堂小结。

学生对于本课学习的知识与方法进行小结。

本课中，我们通过联想与想象再现了陶渊明田园生活的场景，这样清新自然的环境与当时的官场、时局形成了鲜明的对照，是顺应作者本性、符合平生志趣的"桃花源"。但是，当我们知人论世、以意逆志、互文比读后，也会发现归园田居的生活并没有表面上看到的那么美好。劳作的艰辛、生活的困窘、大志的难成等都是必须直面的世俗问题。但是陶渊明诗歌的意义就在于，他用自己的诗歌为我们创造了纯净的生存空间，当我们受制于现实条件，面对世界自有的偶然性和荒诞性而无所适从、无能为力时，在此可以暂时疗愈内心的局促不安，忘却生活中的荣辱得失。建议同学们课后继续思考、讨论陶渊明"归园田居"的人生选择究竟是"返璞归真"还是"精神胜利"。

板书设计如下：

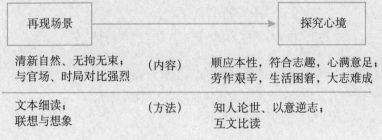

《归园田居（其一）》 陶渊明

再现场景		探究心境
清新自然、无拘无束； 与官场、时局对比强烈	（内容）	顺应本性，符合志趣，心满意足； 劳作艰辛，生活困窘，大志难成
文本细读； 联想与想象	（方法）	知人论世、以意逆志； 互文比读

附：古诗词阅读鉴赏能力自评表

（三）作业布置

1. 学校诗社计划在公众号上推送以"中国隐逸诗人"为主题的文章，请你撰写一篇相关文稿。

2. 请运用上课所学的方法，对以下词作中的送别场景进行细致描写，并简要分析作者的情感与写作意图。

雨霖铃·寒蝉凄切
（宋）柳永

寒蝉凄切，对长亭晚，骤雨初歇。都门帐饮无绪，留恋处，兰舟催发。执手相看泪眼，竟无语凝噎。念去去，千里烟波，暮霭沉沉楚天阔。

多情自古伤离别，更那堪，冷落清秋节！今宵酒醒何处？杨柳岸，晓风残月。此去经年，应是良辰好景虚设。便纵有千种风情，更与何人说？

	能力层级	具体表现	较好	一般	较差
1	识记	背诵诗词作品中的名句			
		掌握与作家、作品相关的文学、文化常识			
		积累诗词鉴赏中的相关概念与术语			
2	理解	根据课文下注释、工具书和前人评注，理解词语、句子的含义			
		筛选、整合作品中的重要信息			
		概括对象的特点、作品的主旨			
		结合作者生平及创作背景，分析作者的情感和写作意图			
3	鉴赏	赏析作品中的意象与意境			
		赏析作品中具有表现力的词句			
		结合作品中使用的具体手法，赏析其表达效果			
		赏析作品语言运用的特点			
4	运用	对于作品整体或部分内容，有自己的理解和体悟			
		评价作品内涵及其思想意义、社会价值			
		与相似相关作品进行比较阅读，积累、总结阅读的经验与方法			

课例点评

这个课例，聚焦"知人论世、以意逆志"的教学任务，可谓主题鲜明。从操作层面，在学习新内容时钩沉旧文，帮助学生把记忆中"片段"的、"平面"的陶渊明，变成了一个可视可感的立体的陶渊明，从人物的身世经历到诗歌传达的情感，完成了对这位重要作家的完整认识。

陈硕老师设计的"诗句理解　场景再现"的课堂环节非常重要。一旦学生能够根据诗句展开联想与想象，能够用自己的语言从声音、颜色、形状、景物等角度再现诗句描写的画面，他就能"复原"作者的眼前景象了：把看到景象变成文字，把读到的文字"还原"描绘为画面，这就是真正的语文了。而贯通多学段所学课文，具体了解作者的经历与心境，学生便能进一步体悟作者的"心中景、笔下情"了。陈老师按照"知人论世""再现画面""以意逆志"的路径，引领学生在复习、精读、比读中学习运用鉴赏古诗词的方法，是特别值得称赞的。

如果这个"路径"能够用思维导图的方式外显化、可视化就更好了，那样会让学生习得更有效的学习工具，今后即使面对熟悉作家的"陌生作品"时，也能理解、能鉴赏。

北京市语文学科带头人、国家级骨干教师、

清华大学附属中学语文特级教师，崔琪

陈老师的设计以专题阅读的方式展开，联系已知，构建群文阅读，让学生得以更加准确地体味诗歌情感，深化对诗人精神品格的认识，有助于去除符号化的理解。教学以解决学生实际问题为出发点，真实有效。通过"描绘场景"的活动，立足鉴赏语言，重点提升学生的形象思维能力；通过阅读一组陶渊明诗文，锻炼了学生提取整合信息的能力，在关联求同中发展了逻辑思维能力。诗词欣赏导入铺垫和课堂启发研读做得很好，富有独到见解。教学目标中对"语言"和"思维"两点的表述不够明晰，会影响教学过程的着力点。如：在学习活动一中，"描绘"是需要在语言表达上呈现生动形象的描写，还是贴近陶诗风格做简单白描，这需要在教学目标上有更清晰的设计；在学习活动二中，面对众多篇目，学生该怎样去比读，这些问题也应纳入教学目标。另外，既然知人论世是教学重难点，那么在专题阅读材料的选择上，还可以从不同维度提供更精当丰富的文本。

北京市骨干教师、北京市第五中学备课组长，张婷

三、"读写一体"教学设计案例

（一）题目解析

学科基本知识	读写一体
课前教学设计问题	以"学"为中心的教学活动设计
课中教与学的问题	如何运用互文阅读策略
课后评价问题	根据你选定的教学内容设计用于学生自评与互评的写作量规

读写一体是语文综合素养提升的必由之路，由阅读输入信息变为写作输出信息，由品赏名作变为实践运用。读写一体的教学关注文本的艺术形式、写作特色、文本内部的结构特点和文本所反映的时代精神或思想内核。在课堂教学中，教师讲解写作专题知识、指导写作方法，组织课堂活动，提供范例，学生搜集资料、阅读欣赏、品读群文，提出质疑、合作学习，掌握写作知识、积累写作素材、灵活运用策略，最后提升写作水平，形成读思写的良性循环，使学生实现阅读写作的双提升。

读写结合强调学生的深度学习，探究与实践，以"学"为中心的教学活动设计不可或缺。只有学生自主探索，主动研习，才能最终提高语言建构与运用的能力。在学生学习的过程中，教师安排的教学活动是可依靠的、有针对的路径。活动设计不仅要丰富生动，更要针对性强，丰富生动能激发学生的学习热情和兴趣，针对性强即有的放矢，根据专门的知识加强训练，有效提升学生的迁移能力和学习效率。教学活动的设计要有逻辑和思维递进性，使得读写过程层层推进而有序列性，这不仅是对一个课时的要求，更是对一个单元教学设计、一个学期训练计划的整体布局，这样可以避免课堂讨论浮于表面的热闹和"东一榔头、西一棒槌"的无序学习。

突出以"学"为中心的理念，以源于学生真实问题情境所引发的学习任务群为驱动进行教学活动设计。教师从知识的教授者变为活动的组织者、学生学习的引领者。教师不再一味教授知识与方法，而是精心设计能引发学生在学习前与学习后形成认知冲突的文学语言情境，培养起内在探究欲望，引领学生深入思考、合作学习、自主探究，激活课内外的生生交流、学伴影响，教师基于学生的学习过程情况进行有针对性的指导、示范，多方位促进学生思维品质和读写技能的发展。

为了更好地实现读写结合的教学目标，以互文阅读为策略的群文读写训练比单文本读写训练的价值更为丰富，为保障群文读写活动的效率，可从两方面着手：一方面要从群文中择定适合习作展开的议题。议题的选择必须契合读写教学的目标。所以议题要相对集中，可围绕读写的目标只择定一个议题，切口小而美，能激发学生认知兴趣，引发学生认知冲突，有思辨批判发散延展的空间；另一方面，互文阅读从理念上来说，就是所选群文在形式风格或内容主题上有所呼应，或矛盾或同一，或同中有异，或异中有同。所以，在群文的选择上，从形式来看，教师可以关注有典型文体特征、艺术手法、结构谋篇、论证方略或语言特色的文本。提醒学生从各个角度辨析异同，用以一御多或两相对比的方式提供学生范式与变式的参考模板。学习初期，可以用"攻其一点不及其余"的方法，定向学习某种写法；学习后期，可以选择多种写作手法融会贯通、综合运用的训练方式。

从内容来看，互文阅读还要注重专题的整体性。可以以主题写作任务为驱动，选择同元互文的阅读篇目，跨文体、跨学科研读。比如，引导学生阅读传主的小传，崇拜者的随感，传主思想的哲学渊源，传主作品的特色风格或生平的功过得失，传主对其他诸如政治、经济、文艺等领域的影响，各国各界对传主的多面评价，等等，形成关于传主的互文纵横"立体声"，从而使学生对传主有跨学科、跨文化、跨时代的整体认识，为后续写作的深度、广度、厚度打下扎实基础。

阅读和思索的深度往往决定了写作的深度，很多经典文本是多义的、经得起咀嚼的、常读常新的。所以，教师在问题引导时，既要尊重学生的疑问，也要设置开放性、可思辨的空间，这既是对学生阅读思维进阶的试炼，也是对教师眼光和积淀的考验。

为了落实习作的目标，可将群文阅读的议题内容设计成学习的支架，在完成学习支架的过程中归纳有效的读写方法。表格或思维导图式的归纳不仅可以降低读写的难度，也可将群文阅读中学到的读写知识清晰地内化为学生的写作能力。

完成读写训练后，写作量规也必不可少，多元评价促动态反馈。量规是一种结构化的定性与定量结合的评价技术，常以二维表格的形式呈现。作文评价量规是一个真实性评价工具，是对学生作文水平或等级进行评定的一套标准。同时，它也是一个科学、有效的教学工具，因为一个好的作文评价体系，一定可以帮助学生发现自己的作文能力结构现状和最适宜达成的习作目标，帮助师生发现教学与理想目标之间最便于开拓的路径。自评、互评、师评能使评价方式多元化，使语言、结构、素材、方法等评价项目多样化，可以帮助学生及时发现自己的作文能力、结构现状和最适宜达成的习作目标。

（二）教学案例及评析

▶▶ 案例一

从名篇阅读到有效写作

——以《荷塘月色》教学为例

曹　璟　上海市敬业中学

一、学情分析

写景散文的特点是作者能将情感寄托在几幅别致的风景绘画中，而且情感的表达不是一潭死水，是一条有灵性的河流。刚刚步入高一的学生，初中已接触过朱自清先生的《匆匆》和《春》，对局部写景片段的语言美和意境美有所领会，但很难贴近作者的内心，理解作者在特殊年代和特殊时期的独特情感。大多数学生不具备在散文中捕捉多幅图景以感悟作者所隐含的情思的能力，更勿论仿写一篇佳作了。根据问卷调查，两个班 60 位学生中有超过 45 位学生表示无话可说，无物可写，勉强写来，只能空表感叹，也写不具体，或者心中有景，又不知如何表达，一时语塞。针对这一现状，如何通过对名家经典散文的剖析帮助学生有话可说，进而仿写是这堂课的重点。

二、教学目标

（1）学习并能运用本文景物描写的艺术技巧，能从身边取材，准确、生动地描写景物。

（2）体悟写景抒情散文作者在写景中的情感抒发，理解作者通过寄情大自然排解心中的愁绪。

（3）学会运用感情线索，进行写景抒情散文的写作。

三、教学重点/难点

教学重点：能运用本文所展现的写景抒情的技巧进行写作。

教学难点：比较《故都的秋》与《荷塘月色》融情于景的差异。

四、教学安排

全文构思赏析、片段写作 2 个课时，比较阅读及完篇练习 1 个课时，共 3 个课时。

五、教学过程

（一）明确学习任务

（1）作者将"自华"改为"自清"，那何为"自清"？（自由、清净）

出自《楚辞·卜居》中的"宁廉洁正直以自清乎"。

（2）由《古都的秋》对自然的感悟引入主问题。

主问题：为什么文人学士总能在大自然中找到心灵的栖息地？

（二）梳理文本情感脉络，概括写景对象

（1）王国维在《人间词话》中曾提出："有我之境，以我观物，故物皆着我之色彩。"作者描写时往往把所写之景染上自己的感情色彩。请从课文中找出作者表达情感的语句，看看他是以怎样的感情色彩来描写荷塘月色的。（请在文中找到依据）

情感线索：心里颇不宁静→片刻的精神宁静与喜悦→归于不宁静

（2）在那个满月的晚上，在清华园的荷塘边，朱自清欣赏到了哪些美景？请分别概括第4～6自然段描写的主要对象。

明确：

第4段（月色下的荷塘）。

第5段（荷塘上的月色）。

第6段（荷塘四周的环境）。

（三）品读写景小节，解析构思过程

1. 第4小节写作构思过程解析

整体感受→局部构思（循环构思）→修辞处理→添加条件进一步描写→扣题处理（可以分析、解释，也可以点评、抒怀）

（1）整体感受："曲曲折折的荷塘上面，弥望的是田田的叶子"，这一句写的是整体感受。

（2）循环构思法：这一段的写景顺序是"叶子→花→花香→叶子→流水→叶子"，从"叶子"写起最后再回到"叶子"。

（3）修辞处理：在进行局部描写时，运用比喻、拟人的修辞手法，使之生动形象。

（4）添加条件进一步描写："微风过处，送来缕缕清香"，在写荷香时，添加了"微风"这一条件，然后，进一步描写就变得容易了。

（5）扣题处理：写景往往是为了表达主题，我们可以对所描写的景物进行分析、解释、点评，也可以借以抒怀。这里的"而叶子却更见风致了"，就表达了作者对眼前美景的赞赏。

2. 仿写：讲台上的盆景（学生写作）

佳作分享：这是一盆无名花草，绿色的叶子长满了红塑料盆。椭圆形的叶子，好像是蔫了一样，耷拉着，也许是天气太冷，把她冻蔫了吧，看她没精打采的样子，我给她起名为"病西施"。绿叶中间零星地长着几朵小花倒是很有精神，白色的花瓣中间一点红，仿佛是丹顶鹤隐藏了身段，只露出它那标志性的脑袋。这时，一缕阳光透过玻璃窗洒在这个盆景上，花儿和绿叶，好像被涂抹上了一层金色，原先那种没精打采的样子不见了。在寒冬里，能有这样一个绿色的盆景相伴，心里自然很开心。

3. 第 5 小节写作构思过程解析

（1）整体布局：（由分到总）月光照在叶子和花上→月光照在树上→评价塘中的月色。

（2）修辞处理：比喻。

（3）添加条件进一步描写：添加了条件"薄薄轻雾浮起在荷塘里"，下面的描写就更准确生动了。

（4）扣题处理："但我以为这恰是到了好处"，这句点评与主题是一致的。

（5）注意点：月光是写作的主体，在构思时一定要体现这一点。如果写成"荷叶、荷花在月光下""塘边的树在月光下"，就很难突出"塘中的月色"。

4. 实战演练：寒风中的花圃（学生写作）

佳作分享：凛冽的寒风吹进了校园，吹进了这花圃，花圃正面临着一场浩劫。寒风吹打着那棵银杏树，银杏树上满枝的黄叶纷纷飘落，银杏树像一只被霰弹击中的鸟儿，羽毛纷飞，不一会儿，地上就金黄一片了。寒风吹过高大的白玉兰，白玉兰发出"沙沙"的声响，像是在与寒风抗争。寒风贴着地面吹来，结满白霜的景观草，像是被冻得脸色发白的小孩，在风中瑟瑟发抖。寒风吹过池塘，水面泛起了涟漪，像平滑的绿布起了皱褶，水中的鱼儿也躲起来了，不见了踪影。这是入冬以来最冷的一天，虽然池塘还没有结冰，但严酷的冬天用这寒风给万物敲响了警钟。

5.《故都的秋》第 3 段写作构思过程解析

衬托引入→整体感受→局部构思→修辞处理→添加条件进一步描写→扣题处理

（1）衬托引入：联想北平著名的景色。

（2）整体感受：将空间定位在"租住的破屋"，清净的生活中带有悲伤。

（3）局部构思：视线转到破壁腰下的蓝色牵牛花上。

（4）修辞处理：比喻。

（5）添加条件进一步描写：冷色调的花更受作者喜爱，带给作者悲伤的感受。

（6）扣题处理："教长着几根疏疏落落的尖细且长的秋草，使作陪衬"，对疏落衰败的秋草的描写更显悲伤。

6. 实战演练：儿时的春天（学生写作）

佳作分享：我永远怀念儿时的春天，总能想起和煦的春光、温和的春风、浅绿的柳枝、粉透的桃花、春天的气息。我不喜欢初春，也不大爱暮春，就数桃花盛开的那段日子最好。即使不出门，就是在悠闲的周末，早晨起来，吃过早饭，在院里的桃树下席地而坐，你也能看到很粗很壮的结实的桃树干，听到灿烂的天底下麻雀的争论声。在湛蓝天下，仰视着像笑脸似的朵朵桃花，花香扑面而来。说到桃花，我以为粉嫩嫩的最佳，透着白的次之。最好，再飞来几只蝴蝶，就静静地落在花朵上，使作陪衬。记忆中的春天永远这么美，承载着自然万物的花样年华。

（四）比较《故都的秋》与《荷塘月色》在写景与抒情上的差异，如下表所示：

	借景抒情	
	相同	不同
《故都的秋》作者38岁	都将对失意世界、困境的感怀融于古典、传统意象中；"圆形"意脉结构	散点透视；浓烈，深厚，直抒胸臆；白描
《荷塘月色》作者29岁		焦点透视；含蓄，深掩的抒情方式；细致描摹，运用多种修辞

（五）课堂作文训练

以"走出迷惘"或"走出困苦"为题，写一篇写景抒情散文，字数不少于800。

（六）小结反思

中国古代文人爱说"人生如寄"，当朱自清先生和郁达夫先生步入中年，面对困境时，他们将人生寄于何处？（大自然）

大自然也许是中国古代文人最愿意借以安身立命的所在，它能令人摆脱物欲的牵累，忘却人事的纠缠，安适身心，感悟生命。从呈现于心中的意象群中，触摸到了一种超越时间的恒久的美，一种超越了个体生命有限性的更为广大的自在的生机，并且从那种永恒和广大中，得到内心的安慰。

（七）根据写作评价量表自评和小组互评。写景散文写作评价量表如下：

评价项目	评价指标	自评（30分）			互评（30分）			师评（40分）		
		好	一般	须努力	好	一般	须努力	好	一般	须努力
布局谋篇	结构合理 构思巧妙									
语言 手法运用	用词有表现力 手法自由灵活									
感官角度	角度丰富 形、声、色、味									
空间变换	视角多变 层次立体									
思想感情	思想精辟 文情并茂									
情景结合	寓情于景 紧密结合									
综合运用	形散神收 言近旨远									
自评评语										
互评评语										
教师评语										

课例点评

　　从思维流程可视化和写作指导的角度来看，这个课例的设计与课堂实践都很成功。首先，曹璟老师对文本的分析可谓细致深入，在引导学生阅读与仿写前自己先吃透了文本、做足了功课，这一点特别值得提倡。其次，对学情的分析准确到位。他确定的"通过对名家经典散文的剖析帮助同学们有话可说，进而仿写"的课堂重点，突出了以"学"为中心的教学理念；而学生们的仿写习作也充分证明他们学会了，证明教师的设计切中肯綮。最后，特别值得一提的是，曹璟老师在引导学生欣赏经典段落的同时帮助学生厘清作家写作的思维流程，这就为学生后面的仿写提供了思考路径和可操作的"把手"，使学生有"瓢"可画、有"法"可依。这样的设计拉近了学生与经典的距离，有助于学生在仿作中咀嚼品鉴经典，提升语文素养。

北京市语文学科带头人、国家级骨干教师、清华大学

附属中学语文特级教师，崔琪

曹老师的设计基于学生在写作中出现的实际问题，以课文为素材，从布局、修辞等角度分析经典作品的构思，以此为例带动学生仿写，从而提升学生的文学作品鉴赏能力，并且在运用文字表达自己的审美体验和情感时，可以有比较明确的思路的方法。操作性强，读写一体落实到位，作业设计能有效激发学生的写作热情。主问题设计提纲挈领，难度适宜，有助于学生打开视野、纵横比较，进行可深可浅的自主探索研究，也为教师组织活动、提供学习材料留有空间。在本课例设计中，对于主问题缺少相应的设计和挖掘，在整个教学设计中只作为引入和结语有点可惜。第四部分的比较阅读是教学难点，对学生的鉴赏和思维能力挑战较大，最好能给学生一些方法支架，帮助其跨越障碍。另外，比读和写作两部分稍显割裂，为什么要做比读？这部分设计对学生写作有什么帮助？可能还需要在教学目标上做整体考量。

北京市骨干教师、北京市第五中学备课组长，张婷

▶ 案例二

《世间最美的坟墓》教学设计

傅乐和　上海市光明中学

一、学情分析

1. 一般学情

（1）学习态度：学习主动性不够，预习、复习的质量不高，上课回答、质疑等主动思考探究行为不多。

（2）学习习惯：课下讨论、课外阅读积累、圈画旁批、笔记整理、写作素材积累等学习习惯没培养好。

（3）学习能力：新知化归、文本精读、论证逻辑、口头表达、发现问题、合作探究、生活体验、人文社科视野统合等能力较弱。

（4）思维品质：思维结构以单点、多点结构为主，缺乏知识体系网状结构的建设，缺乏理论到实践的情境运用能力，文史哲艺政经多角度整合思维等能力较弱。

（5）文体意识不够，应用文写作，如墓志铭、引导辞等写作有困难。

2. 个性化学情

课前，我回收学生自读后的疑问，做以下梳理：

首先，是对学生课前提问数量的分析，如下图所示：

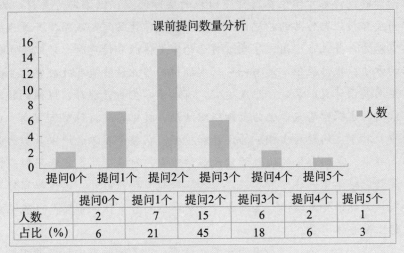

课前提问数量分析

	提问0个	提问1个	提问2个	提问3个	提问4个	提问5个
人数	2	7	15	6	2	1
占比（%）	6	21	45	18	6	3

其次，是关于学生提问质量的统计，如下图所示：

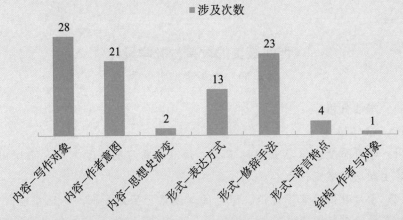

从内容上看，问题多集中在对"坟墓为何美？美在哪？"等写作对象的思考上，而很少能从作者写作动机、作者与对象的关系角度来质疑，是为思考角度的单一。

从文本的形式看，问题也多集中在"为何要将托尔斯泰的坟墓与莎士比亚等人的坟墓做对比""第2段为何连用4个没有""第2段对坟头四季之景的描写用了什么修辞手法？有什么好处？"等比较零散的方面，而没有涉及全文的直接、间接抒情，直接、间接描写的总体手法以及朴素、含蓄的用语特点，缺乏整体思考，缺乏"一切形式为内容服务"的阅读意识。

从知人论世来看，问题也仅仅涉及"'逼人'的朴素是何义""托尔斯泰为何要依照童年的愿望长眠在亲手栽种的树下，并从中得出什么美好的启示？"等碎片化、表层性的内容，这是因为缺乏对托尔斯泰生平的了解，所以难以走进大师的精神内核。

惊喜之处在于，有些学生能静下心来，细品作者意图。如学生根据全文第一句追问："一个破坟头究竟宏伟在哪呢？如果宏伟、感人的不是坟墓的外形，那么会是什么呢？茨威格为何如此推崇这个坟墓，他到底在借坟墓写什么呢？墓主既然是文学大师，为什么遭冷遇，孤零零被埋葬在郊野呢？是自愿的还是被迫的呢？"从提问来看，学生已经有了批判性思维的雏形。

在形式上，也有个别学生发问："第2段4个'没有'的排比句中的拉丁语似乎和中文翻译重复，能否应删去？"她甚至关注到本文的翻译和编辑工作了，这不禁让人追问：茨威格原著是用什么语言写的？译者为何不删去这些拉丁语？是否体会到了作者的独具匠心？那么，茨威格这么写到底有何用意呢？为何突然用拉丁语呢？这些拉丁语是说给谁听的呢？仅仅是为了展示学养，还是为了满足表情达意的需要呢？由此而引发的一系列探究，是锻炼学生资料搜集、观点甄别、揣摩作者意图、着眼读者感受、鉴赏语言效果、关注文化背景等能力，进而实现学科融合学习的极好机会。

而从文本拓展来看，也有两位同学从托尔斯泰对作者的影响角度追问托翁精神的历史意义和思想源流，可谓有开阔的文化视野和主动建构知识体系的雄心。

最后，我将课前学生提问与课堂小组探究结合，从形式上的结构、抒情、修辞、对比、语言与内容上的读懂托尔斯泰的美、体会茨威格的情感、领会茨威格的崇拜方式等归并形成核心问题，以备后续的合作探究学习。

六大核心问题
（1）文中的坟墓表现出托尔斯泰什么样的美？
（2）文中茨威格对托尔斯泰饱含怎样的情感？
（3）茨威格是如何借本文向托尔斯泰致敬的？
（4）托尔斯泰对茨威格、托尔斯泰的思想对世界有过怎样的影响？
（5）本文与《跨越百年的美丽》相比，在形式和内容上有何异同？
（6）通过本次的学习，我们能否试着给托尔斯泰或居里夫人写墓志铭？

6个问题的难度不一，前3个问题立足文本精读，涉及形式分析、内容理

解，后3个问题为关联拓展、写作训练，整体上力求落实"读写一体"理念。

二、教学内容

（一）文本的特点或课文在教材中的位置

《世间最美的坟墓》一文为奥地利著名传记作家茨威格为纪念俄国文豪、思想巨擘列夫·托尔斯泰所作，篇幅短小，文体偏于悼念、游记式的杂文。它是沪教版高三第一学期第三单元的第一篇课文。而本单元的主题是"品位与格调"，所以如何通过品读托尔斯泰的坟墓的外在朴素美进而体现其内在人格美、境界美，如何通过文本的语言打通历史背景、文化脉络整体理解托尔斯泰思想的由来、价值和影响，帮助学生树立正确的三观和高远的志向，也许是短文深教的核心着力点；此外，在关注传主之余，还可以探究作者茨威格是如何读懂大师、如何理性崇拜、如何继承发展托尔斯泰的精神的。

（二）课文中可学习的点

基于学情分析与教材分析，可确定本课的教学内容是：

（1）品读托尔斯泰坟墓的外在朴素美，进而领悟其内在人格美、境界美。

（2）打通历史背景、文化脉络，整体理解托尔斯泰思想的由来、价值和影响。

（3）从作者角度，探究其读懂大师、理性崇拜、继承发展托尔斯泰精神的方式。

（4）通过对《世间最美的坟墓》和《跨越百年的美丽》的比较阅读训练墓志铭写作，积累议论文写作时"最美的论据"。

（三）教学内容确定

（1）品读语言，领悟墓主托尔斯泰的人格美、境界美。

（2）打通文史，理解托尔斯泰思想的由来、价值和影响。

（3）赏析文风、导读他作，探究茨威格崇拜托尔斯泰和发扬其精神的方式。

（4）互文比较已学课文《跨越百年的美丽》，尝试墓志铭写作。

三、学习目标

1. 语言目标

品文识人，领会茨威格对托尔斯泰的情感以及两位伟人"朴素"的人格追求；一材多用，掌握多角度应用课内论据的能力。

2. 思维目标

玩味语言，领会本文"朴素"文风的用意；互文阅读，进行墓志铭写作训练。

3. 价值目标

知人论世、打通文史，理解托尔斯泰思想的由来、价值和影响。

四、教学重点/难点

1. 教学重点

（1）领悟墓主托尔斯泰的人格美、境界美。

（2）赏析茨威格崇拜托尔斯泰和发扬其精神的方式。

（3）尝试给托尔斯泰与居里夫人写墓志铭。

2. 教学难点

（1）理解托尔斯泰思想的由来、价值和影响。

（2）比较《世间最美的坟墓》和《跨越百年的美丽》两篇课文在创作内容和形式上的异同。

五、课时安排预测

2 课时。

第一课时：理解托尔斯泰的人格美，体会作者的情感，赏析作者"朴素"的写作手法。

第二课时：梳理托尔斯泰思想渊源，比照《跨越百年的美丽》，练习为大师写墓志铭。

六、教学过程

（一）教学准备

1. 小组划分

题目认领：自愿原则，鼓励学优组认领难题。

分组原则：自愿原则，利于志趣相投、高效合作；兼顾性别、学力，均质分组，良性竞争。

各学习小组成立后：认领学习任务，选出组长、发言人等，细化组员分工；各组与导师探讨，导师追问，生成各个子问题，确定探究的方向和方法。

2. 提问收集与数据分析（见前文）

3. 学生学案预习，教师回收诊断（见前文）

（二）教学导入

―――――――――――― 第一课时 ――――――――――――

【学生学案】

学案一：搜集 1～2 张托尔斯泰的画像，分析作品中展示出的他的气质。

【教师引导】

托翁是谁?

(1) 本文写了谁的坟墓?

(2) 我们曾在本册教材哪里见过他?(联系教材课文)

(3) 第二单元课文《〈激流〉总序》的开头,巴金含泪读完《复活》,还写道"生活本身就是个悲剧",这说明《复活》是本什么样的书?托尔斯泰是个怎样的作家?巴金是如何向他致敬的?(三部曲对应三部曲,"五四"文学与"激流"精神)

(4) 请观察教材扉页的油画中托尔斯泰的眼神。(导向托翁的精神气质)

(5) 结合 PPT 展示列宾名作——油画《托尔斯泰在耕地》,以及托尔斯泰生平概况。(导向其自立、自足、朴素的人生观)

学习活动一:走进写作对象——知人论世:从墓主生平到文本内涵。

【学生学案】

学案二:文中的坟墓表现出托尔斯泰怎样的美?(试用思维导图的形式呈现)

【活动过程】

第一组

1. 问题生成

主问题:如何理解托尔斯泰的美?	
起始问题	建议追问
(1) 题目中的"美"怎么理解?	"美"在哪里?在原文中有何表现?
	是哪种"美"?能否用文中的词概括?
(2) 坟墓的"美"与墓主托尔斯泰有何关系?	这种"美"和全文开头的"远离尘嚣""孤零零"的景致是否矛盾呢?
	墓主托尔斯泰有何传奇的人生经历?
	这种"美"源于托尔斯泰怎样的人格底色和理想追求?

2. 探究路径

第一组同学从起始问题出发，不满足于搜寻文中坟墓朴素美的外在表现，而继续深挖墓主的人格和追求，从美的呈现去发掘人的内在品位与格调，是走近大师、读懂大师的不二捷径。在导师的建议下，他们做了以下工作来深入理解托尔斯泰的人生境界，进而解释托尔斯泰安葬自己、人生谢幕的这种方式，如下表所示：

活动	过程	成果
搜集画像	教材扉页的托尔斯泰半身坐像	托尔斯泰作为思想者的深邃的眼神
	列宾的《托尔斯泰在耕田》油画	托尔斯泰朴素而平易的劳动观、价值观
归纳生平	托尔斯泰一生反对宗教的狂热狭隘，被东正教开除教籍；反对沙皇暴政，他的学生被捕；反对暴力，宣扬人类之爱，被革命者讥讽；他要把财产分给穷人，遭到家人反对	托尔斯泰的追求：理性、民主、博爱、平等——恰好与本文托尔斯泰坟墓的远离尘嚣、冷静、质朴、亲近自然、回归童真、崇尚平凡相合
	托尔斯泰名言：幸福在于生活上要求少和为别人多做好事	

3. 板书设计

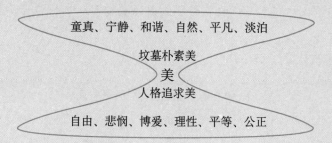

童真、宁静、和谐、自然、平凡、淡泊

坟墓朴素美

美

人格追求美

自由、悲悯、博爱、理性、平等、公正

学习活动二：赏析文本形式——品文识人：从写作特色到茨威格其人

【学生学案】

学案三：文中茨威格对托尔斯泰饱含怎样的情感？（可以副标题、全文结构、文中的排比句等来探讨）

_____

_____

【活动过程】

第二组

1. 问题生成

主问题：文中茨威格对托尔斯泰饱含怎样的情感？	
起始问题	建议追问
文中哪些语段透露了茨威格对托尔斯泰的情感？	文中有哪些直接和间接抒情的语段？
	课外考察作者和托尔斯泰是什么关系？
	副标题和全文的结构是否印证了茨威格对托尔斯泰的情感？

2. 探究路径

第二组同学发现直接抒情集中在开头与结尾，形成首尾呼应，多用副词、动词来表现作者内心的震撼以及对托尔斯泰的崇拜之情。而间接抒情多用比喻、拟人、排比等修辞，用朴实的描写来表达。从课外的探究可知，茨威格和托尔斯泰在现实中几乎没有交集。他们会是什么关系呢？是素未谋面的偶像与崇拜者的关系吗？

在导师的建议下，学生进而从副标题中探究作者的写作动机，得知：茨威格受苏联邀请，在托尔斯泰诞生百年纪念之际，出访苏联旅行考察。他看到了新生政权的朝气蓬勃，宏大辉煌，却不惜偏题，没有狂热歌颂，而是专注于挖掘偶像托尔斯泰——被誉为"俄国的良心"——的普世价值，不可不谓之匠心独具。

3. 板书设计

托尔斯泰：由来→照办→平民

墓地

茨威格：感受→保护→震撼

全文以坟墓为线索：一条线索是托尔斯泰坟墓的由来、以平民入坟的愿望、后人对坟墓的敬畏；另一条线索是茨威格感受坟墓的氛围、保护坟墓的愿望、游览之后的震撼，双线交织，印证了作者对托尔斯泰的崇拜，跨越了种族和国界。

【学生学案】

学案四：茨威格是如何借本文向托尔斯泰致敬的？（试用思维导图形式呈现）

第三组

【活动过程】

1. 问题生成

主问题：本文中，茨威格是如何向托尔斯泰致敬的？	
起始问题	建议追问
本文在行文（形式）上有什么特点？	抒情方式上，作者为何多用间接抒情？
	描写修辞上，作者是什么风格？
	表现手法上，作者用了哪些对比？
	语言特点上，作者有何倾向？ 第2段4个"没有"中，为何不把拉丁文删去？
为什么用这种风格？	这些作者的行文特点与托尔斯泰的朴素美有何形似之处？

2. 探究路径

以难点为例：

起始问题	建议追问
文章第2段"上面开满鲜花——nulla crux, nulla coroma——没有十字架，没有墓碑，没有墓志铭。连托尔斯泰这个名字也没有"，为何不把拉丁文删去？	这些拉丁文是在模仿谁的口吻？
	表达什么意味和情感？
	"没有十字架，没有墓碑"让你想到基督教历史上的哪位圣徒？
	译者为何保留拉丁文？
	我们读者也许不懂拉丁文，那么这句话还是说给谁听的？
	人与人之间用别人不懂的亲密的暗语互通，可能是什么关系？

在导师建议下，第三组同学从课内的用典、接受者（如读者、翻译者）角度去揣摩，结合课外的西方文化背景（如基督教、拉丁语、沙皇等关系），考察出了作者借此语表达了对托尔斯泰博爱众生又淡泊名利的褒扬，对教皇、沙皇好大喜功、贪名图利的讽刺，从中能体会到作者对托尔斯泰的仰慕。

3. 板书设计

文中出现的对比		
外界的尘嚣		此地的偏僻
环境的安静		内心的震撼
高大挺拔的树木		小小的土丘
开满鲜花	对比	奢华装饰
贵族身份		平民生活的追求
童年的游戏		饱经忧患的老人的愿望
莎士比亚等伟人墓		托尔斯泰墓
结论：能运用如此多对比的茨威格，一定也是理性、冷静之人		

本文的行文特点	
抒情	含蓄、克制（主体上）
描写、修辞	清新、凝练
对比	广博、理性
语言	质朴、玄妙
结论：作者的一切行文特点都与托尔斯泰的朴素美一致，是"以朴素致敬朴素"的"形似"	

学习活动三：互文阅读与写作铺垫——托尔斯泰主义思潮的演变与影响。

──────── │ 第二课时 │ ────────

第四组

1. 问题生成

起始问题：
在本文外的创作中，茨威格是如何继承和发展托尔斯泰精神的？
建议追问：
托尔斯泰的代表作有哪些？分别表达了哪些理想追求？
茨威格的代表作有哪些？分别表达了哪些理想追求？
两者主题内容上有何神似？

2. 板书设计

板书设计如下：

两者代表作主题归纳	
托尔斯泰	茨威格
《战争与和平》：人民战争、贵族精神	《人类群星闪耀时》：追慕英雄、人性闪耀
《安娜·卡列尼娜》：个性解放、旧制瓦解	《异端的权利》：批评专制、崇尚自由
《复活》：平民尊严、灵魂救赎	《昨日的世界》：反思文明、忧往伤来
结论：茨威格对托尔斯泰的致敬不仅仅表现在对其朴素美的行文形式的模仿，更表现为思想内核的神似——对人类的命运都抱有冷静沉思、博爱悲悯之心	

崇拜

读懂→致敬→继承

文笔的形似→创作的神似

【学生学案】

学案五：除了对茨威格的影响外，托尔斯泰的思想对世界有过怎样的影响？（试用思维导图形式呈现）

【活动过程】

第五组

1. 问题生成

起始问题：
除了对茨威格的影响外，托尔斯泰的思想对世界有过怎样的影响？
建议追问：
从本文看，在人类思想文化史上，托尔斯泰主义的源头可能是什么？
联系课内课外，他的思想和精神是如何影响巴金、甘地和马丁·路德·金的？
能否绘制出思潮流变图谱？

2. 探究路径

活动	过程	成果
教材注释拓展	托尔斯泰代表作：自传体三部曲《童年》《少年》《青年》，《忏悔录》； 巴金代表作：激流三部曲《家》《春》《秋》，散文集《随想录》	都有自省、民主精神
	Let us not seek to satisfy our thirst for freedom by drinking from the cup of bitterness and hatred. 我们不要为了满足对自由的渴望而抱着敌对和仇恨之杯痛饮。 Again and again, we must rise to the majestic heights of meeting physical force with soul force. 我们要不断地升华到以精神力量对抗物质力量的崇高境界中去。 ——马丁·路德·金《我有一个梦想》	有与托尔斯泰类似的宽恕敌人，以及和平维权的博爱精神
历史学科关联	An eye for an eye makes the whole world blind. 以眼还眼，世界只会更盲目。 ——甘地	有"非暴力不合作"的精神
课外典籍搜索	Whosoever shall smite thee on thy right cheek，turn to him the other also. 有人打你的右脸，连左脸也转过来由他打。 ——《圣经新约·马太福音 5：39》	博爱精神的源头

3. 板书设计

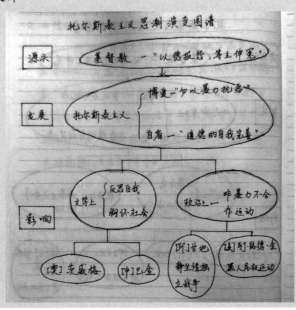

学习活动四：互文策略之群文联读——在异同比较中深化文本特色的理解。

【学生学案】

学案六：本文与《跨越百年的美丽》相比，有何异同？（试用气泡图形式呈现）

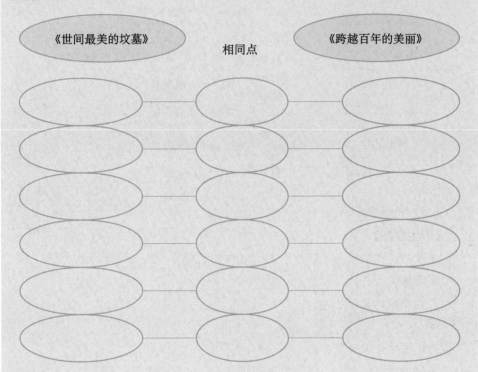

【活动过程】

第六组

1. 问题生成

起始问题：
本文与《跨越百年的美丽》相比，有何异同？
建议追问：
主题上有何异同？
写作对象有何异同？
文体和写作手法上有何异同？
语言风格和读者感受上有何异同？

2. 板书设计

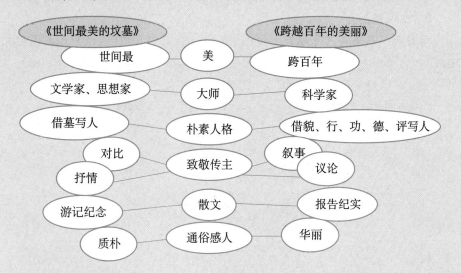

（四）作业布置

【学生学案】

学案七：从本文的学习中，我们可以积累哪些人生启示和写作素材？

基础练习：

（1）托尔斯泰的墓志铭。

_____

（2）居里夫人的墓志铭。

_____

（3）茨威格的崇拜方式。

_____

探究练习：

自读茨威格《三大师传》，为巴尔扎克、狄更斯、陀思妥耶夫斯基写墓志铭。

【活动过程】

1. 问题生成——基础型作业

起始问题：
如何写作墓志铭
建议追问：
墓志铭的定义；墓志铭的特点；如何写作更有个性

2. 探究路径

如何写墓志铭	
墓志铭的定义	原指存放于墓中载有死者传记的石刻。它是把死者在世时，德行、学向、技艺、政绩、功业等的大小，浓缩为一份个人的历史档案
墓志铭的写作特点	叙事概要，语言温和，文字简约。墓志铭的写作有两大特点：一是概括性，二是独创性
墓志铭的分类与写作视角	自己写：第一视角
	他人写：第三视角
名家的墓志铭引介	作家海明威的墓志铭："恕我不起来了！"
	作家司汤达："活过、爱过、写过。"
	汉朝大将韩信的墓联为："生死一知己；存亡两妇人。"
	诗人济慈的墓志铭："此地长眠者，声名水上书。"
	我，罗伯斯庇尔，长眠于此，过往的行人啊，不要为我哀伤，如果我活着，你们谁也活不了。
如何写得有个性化	设置情境、模仿口吻、勾勒神韵

3. 教师示范

多角度写作	
托尔斯泰的墓志铭	角度一：命运的抗争 葬在这里的是列夫·托尔斯泰。他出身沙俄贵族，因反对宗教的狂热，被东正教开除教籍；因反对沙皇暴政，他的学生被捕；因反对暴力，宣扬人类之爱，被革命者讥讽；他要把财产分给穷人，遭到家人反对。他孤独而勇敢，始终以博爱的人格与不公的制度和贵族的命运做抗争
	角度二：朴素的美丽 葬在这里的是列夫·托尔斯泰。他出身贵族，著作等身，为俄国文学巨擘，却抛弃爵位，永葆童真，回归自然，以此无名之墓明志
居里夫人的墓志铭	角度一：朴素的美丽 居里夫人，科学界泰斗，获两次诺贝尔奖，终其一身都没有被名利宠坏。她的朴素之美体现在外貌上的"清水出芙蓉，天然去雕饰"，也体现在诸多内在精神品质，如：十年如一日不屈不挠的钻研精神、把荣誉奖章给孩子当玩具的淡泊名利、用祖国波兰来为新发现的钋元素命名的爱国主义、把呕心沥血提炼的镭奉献给公益科研的普世关怀……
	角度二：深远的影响 镭元素放射终有期，玛丽·居里的科学精神永流传
自己的墓志铭	如果人格能雕塑，他曾试图当雕刻师；如果思想能生产，他曾试图当产婆；他今天躺在这里，以他那些直立自强的学生为荣

续表

多角度写作	
来自茨威格的启示	向偶像最高的致敬就是理性地思考，虔诚地传承和不懈地发扬其精神

4. 拓展型作业——学习任务群设计

一、制作"走近大师之托尔斯泰篇"文学沙龙宣传册

（1）看教材扉页托尔斯泰坐像，并在课外搜集他的画像，挑选出一幅最能展现大师精神气质的画像作为宣传册的封面

（2）在本册语文书中寻找与托尔斯泰相关的背景信息，并在课外搜集资料，撰写200字以内人物简介：涉及托尔斯泰的生平、成就、影响

（3）通过本文的学习，对托尔斯泰墓做一个景点介绍，突出其旅游看点

（4）从本文的学习与课外的积累，为托尔斯泰精神思想的源头和影响画一幅思维导图

（5）为托尔斯泰三部曲撰写推介书评，丰富托尔斯泰的成就影响

（6）选出对你最有启发的托尔斯泰的三句格言作为宣传册的尾页

二、走近大师之二

自读茨威格《三大师传》，分别为巴尔扎克、狄更斯、陀思妥耶夫斯基写墓志铭

5. 探究型作业

运用课堂所学玩味语言的技巧（艺术手法如对比……，表达方式如描写……，语言特点如凝练含蓄……，抒情方式如直接、间接……）

（1）品读茨威格《人类群星闪耀时》一书中的《滑铁卢的一分钟》，体会作者对拿破仑和格鲁希的复杂情感，阐释文中关于历史的偶然性和必然性的辩证关系。

（2）品读茨威格《三大师传》，选取其中一位大师，概括提炼其精神品质，解析作者对这位大师的情感和崇拜方式。

附：《世间最美的坟墓》学习评价表

"读写一体"自评与互评表如下：

小组合作交流			得分（100分）					
项目/组别			一	二	三	四	五	六
解读（60分）	内容（40分）	切合题意（10分）						
		思考全面（10分）						
		有新的质疑和补充（10分）						
		有文本依据（10分）						
	表达（20分）	清晰性、系统性（10分）						
		答疑有理有据（10分）						

续表

小组合作交流			得分（100分）					
项目/组别			一	二	三	四	五	六
写作 （40分）	内容 （20分）	全面、贴合传主（10分）						
		角度鲜明、有逻辑（10分）						
	形式 （20分）	符合文体特征（墓志铭/导引辞） （10分）						
		有艺术性（语言精练、手法新颖） （10分）						
总分（100分）								

"个人在小组合作学习中的参与度"自评与互评表如下：

组长：_____ 选题：_____	得分（100分）					
项目/组员						
寻找文本依据（10分）						
提供质疑、回答思路（10分）						
组织整理归纳（10分）						
发言表达（20分）						
写作呈现（20分）						
选题难度（30分）						

七、设计反思

（一）本节课设计亮点

1. 教材贯通提升关联意识

这样做旨在从认知上帮助学生融会贯通，从多元节点结构形成联系网状结构，将单点知识变成能够依靠知识体系灵活应变的技能，从而达到深度学习，提升思维品质的目的。

2. 思维导图串联整体思路

以本课为例，学生用思维导图式的投影标识了文章的结构，画出了托尔斯泰主义思潮的演变和影响，对托尔斯泰其人其事其精神、对茨威格理性崇拜方式有了整体的把握和理解，激发了走近大师的持久兴趣和梳理脉络的理性方法。

3. 学科交融共生问题情境

建议引导学生从知人论世角度，从课内文本、传主、作家、绘画、语言，课外文学史、政治史、文化史、思想史等诸多角度，打通分科知识模块。这样学生便能设身处地理解文本中茨威格在托翁"朴素美"的表象下，对于自由、博爱、公正、平等的人格追求的赞美。

（二）本节课的优点

1. 学情的定量定性分析助力教师的主问题设计

2. 通过学案、思维导图使思维结果外显

3. 师生的主次问题追问将思维过程系统化

4. 整合课内外语料，贯通文史艺思，促进"大语文观"落实

（三）本节课的不足

（1）设计中思维导图是否太多，而显得过于理性、枯燥，是否可将背景查阅换为简报形式，可以使课堂内容丰富多样。

（2）分组学习可能会变成分头学习，导致各自为政、组际学习割裂。活动中尽管有组际答疑、质疑环节，但他组对本组问题的思考往往不深入，难以切中高质量的质疑点。而且问题之间有逻辑顺序，前一问题的解决势必能为后一问题的解决提供便利，是否应当更注重课上的动态生成，而非课下的静态准备？

（3）小组合作学习的时效性问题：如何在学习小组中发挥每个成员的积极性，更科学、高效地分工协作，避免有些同学"搭思维之便车"的偷懒行为，以期每个人的思维品质都能得到相应提升。而要解决这一问题，需要在分组、分工、质疑、寻据、整理、发言、答辩等诸多环节进行长效训练磨合，非一日之功。

（4）如何将新媒体技术，如直播教室、平板电脑应用于常规课堂，发挥其能实时搜索信息、提高课堂探究效率的功用，同时又避免其分散学生注意力的弊端……这也将是笔者在今后教学实践中，更好贯彻立足学生核心素养、落实新课标精神的重要课题。

注：该案例中，《世间最美的坟墓》选自华东师范大学出版社于2008年出版的高中三年级《语文（试用本）》教材；《跨越百年的美丽》选自华东师范大学出版社于2007年出版的高中一年级《语文（试用本）》教材。

课例点评

这是个充满个性、充满张力的教学案例。这个课例告诉我们，充分的学情分析和研判对教学来说举足轻重。傅老师用检查课前阅读的方式，把学生提问的数量和内容做了归类统计，并以此作为教学设计的依据，使课堂学习有的放矢，任务明确。课堂分组讨论的六大核心问题，问题设置脉络清楚，推进层次合理，作业内容具体、逻辑性很强；课堂实操凸显了合作探究、层层拓展、深入研讨的特点，对培养学生的逻辑思维能力、激发学生的求知欲起到了切实作用。但是在小

组讨论环节如何杜绝"滥竽充数"，使 6 个小组能"协同作战""合作共赢"，让所有学生都取得进步，是需要进一步研究和解决的问题。

北京市语文学科带头人、国家级骨干教师、

清华大学附属中学语文特级教师，崔琪

傅老师的设计学情研判清晰准确，活动设计富有梯度，充分体现了以"学"为中心的教学观念。定量定性分析不但使课堂研讨的是学生感兴趣的真问题，而且能极大地拓展师生视野，发散师生思维。与之相比，传统的教学设计思路往往只会成为众多学生感兴趣的问题中的一个点。傅老师扮演了学习活动的组织者和学习材料的提供者的角色，需要在前期做大量的准备工作。实施过程中的难点一在于如何实时跟进学生学习，怎样给学生提供有效指导，甚至是个性化指导；二在于呈现方式需要如何评价，怎样让学生的研究结果不流于资料拼贴。傅老师在活动设计中给出了比较有效的策略，如思维导图支架、互文比对材料和质疑答辩。建议小组结合不必完全自愿，教师可以根据前期问题将学生定向划分。至于对他组任务思考不深入的问题，也不必担忧，完全可以在下一个学习活动中滚动解决。此外，教学目标的制定和表述还需要更精准些。

北京市骨干教师、北京市第五中学备课组长，张婷

四、"借鉴小说技法进行创作"教学设计案例

（一）题目解析

学科基本知识	借鉴小说技法进行创作
课前教学设计问题	专题学习：设计体现读写一体的学习任务/活动
课中教与学的问题	将学生在阅读阶段产出的学习结果转化为写作阶段的素材资源
课后评价问题	如何借助写作评价量表提升学生自改作文的能力

作家在创作小说时，所采用的能帮助作者更好地表达自身意愿的技法，被统称为"小说技法"。"小说技法"的相关教学在高中阶段可能更多地指向文学类阅读的作答，但作答时学生容易陷入单纯的技法记忆，难以真正理解作家使用技巧的意图。而"借鉴小说技法进行创作"，内容上指向由读促写，由写哺读的过程，相对于单纯的技法教学，让学生亲身体验写作与小说技法的融合，有助于学生从"知其然"升格为"知其所以然"，让创作反哺阅读理解。

体现读写一体的学习任务、活动，是操作性较强的专题学习模式。教师们在

特定情境中，通过一组甚至多组文章的阅读鉴赏和互文比读设计，找到学生思维层次提升的切入点，并最终通过某种方式呈现学生的思考成果。单一的、读写割裂式的教学设计，会将学生的"吸收"和"输出"限制在某个范畴内，可能不利于学生思维层次的有效提升。在专题学习中，学生自然而然地随着阅读理解的深入而进行思考，但这些思考需要被有效捕捉、成形、打磨，才能转化为可视的、能不断激发学生探究欲的成果。不同学生间的成果交流，又能不断提升学生的反省思维和批判思维，在参与下一次专题学习时，学生就能用更高层级的思维水平来理解文本，提出更具研究价值的研究论题，真正形成良性的、螺旋上升式的读写循环。

在设计读写一体的学习任务/活动时，不可避免的问题就是如何才能将学生在阅读阶段产出的学习结果转化为写作阶段的素材资源。很多学生在完成阅读类学习活动后，面对写作任务依旧感到无所适从，因为他们的学习任务和成果输出并不匹配。教师在设计读写一体的学习任务/活动时，一定不要以为教会了学生阅读，学生就会写作了。例如，在进行散文单元教学时，并不是鉴赏了几篇优秀散文后，学生就能完成高质量的散文写作了。如果在教学时只教读法而不教写法，教学内容和作业不兼容，就会出现这个问题，学生也许在阅读上有所收获，但在写作中依旧在"吃老本"。

学生在阅读阶段的学习本身就不能只停留在某部分技法表面，必须深入文本，走近作者，从创作的角度去体会作者的意图。这样，阅读和写作才有形成闭环的可能。技法其实属于工具，但优秀的作者会打磨工具，根据不同的写作对象来挑选合适的工具，还会根据写作的目的来决定使用哪种工具、突出哪种对象。在阅读阶段，学生如果能深入认识到作者在写作时的这些想法，在自己进行写作时，才会模拟这样的思考方式，自行选择合适的工具和对象，从而真正将自己阅读时学到的成果转化为写作阶段的素材资源。

大部分同学的惯性思维可能是，完成写作后交给老师批改，然后看看老师的评语，就可以了，如果老师没有评语只是打了分，学生可能也不会深究为什么自己的作文得不到高分，结果就是，会有一部分同学不重视写作成果，马虎了事。然而作为整个专题学习的成果，写作阶段必须得到更多重视，才不会让前期的投入白费。如何提升学生对写作成果的重视度，同时减轻老师批改作文的压力，最好的办法就是把评价还给学生，同时把评价量表的制定权也还给学生。

没有评价量表，成果产出在很多时候就成了空中楼阁。想要锻炼学生的写作能力，就得让学生知道自己的缺点何在，更要学生清楚什么样的作品才能称得上是好作品。否则部分同学在手捧范文阅读时总会不明白，自己写得好像与范文很接近，但是为什么自己的分数和范文差距如此大。只有让学生参与评价量表的制定，明白好作文在当时的学习情境中需要有哪些要素，他们在写作时才能主动向评价维度所要求的层次靠拢。教师在制定评价量表时不要大包大揽，可以在学生提出的量表的基础上进行一定的补充与修改，还需要和学生解释清楚自己这样制定量表的原因。

有了自己制定的、非常熟悉的评价量表，学生就可以自行对自己的作文或者同学的作品进行批改，在批改中明确自己作文的缺点。如果学生有时间，还可以重写作文，把修改前后的作文放在一起进行比较，更能帮助学生理解怎样的作文才是能在评价量表中获得高分的作文。至此，学生的学习成果才算真正落到了实处。

当然，老师们需要在充分了解学情的基础上去设计每一个学习任务，设计成果产出的方式。比如学生有美术特长，可以让他以"绘画＋解说"的方式来呈现自己的思考。重点在于使学生的思维层次得到提升，而不必过分拘泥于形式。

（二）教学案例及评析

《生一条凤尾——小说结尾读写训练》教学设计

梁诗咏　广东实验中学

一、学情分析

（一）学情前测

问题一：《项链》《药》《天罥》《促织》四篇小说的结尾有何不同？

问题二：四篇小说分别有怎样的艺术效果？

（二）前测结果

关于问题一，学生普遍不是很会总结结尾的不同点，基本只能将结尾复述一遍。虽然有部分学生能说出"意料之外"和"戛然而止"之类的关键词，但是不能与篇目对号入座；还有部分学生是从篇幅长短的角度来比较的。

关于问题二，在艺术效果分析上，普遍都能从主旨的角度入手分析，部分能从读者、情节的角度分析。但都只能笼统地说一些套话，没有结合文本深入分析。

（三）前测结果分析

从问题一暴露出学生对小说结尾类型不熟悉，他们只懂得一些套话术语，并没有真正理解这些表述的意思，以至于在分析时会犯"张冠李戴"的错。从问题二中暴露出学生对主旨之外的分析维度不熟练的问题，以至于他们将重心放在分析小说主旨上。

二、教学内容

（一）文本的特点或课文在教材中的位置

《项链》《药》《天嚣》《促织》四篇小说的结尾各有特点：《项链》是出人意料的结尾，《药》是悲剧结尾，《天嚣》是戛然而止的结尾，《促织》是大团圆结局。

（二）文本作为学习资源的价值

四篇小说的结尾类型截然不同，有的老师在指导学生进行高考复习时，涉及小说不同结尾的艺术效果这类问题的作答，一般只会让学生死记硬背，结果是，面对千变万化的结尾方式，学生总是难以作答。在如今破除套路的高考复习中，学生需要进一步深入思考：作者为何选择这样的结尾方式？只有明白了不同结尾的设定原因，才能更好地帮助学生作答。

基于学情分析与文本分析，可确定本课的教学内容是：小说结尾的阅读与写作。

（三）教学内容确定

1. 比较不同小说结尾的艺术效果

2. 探究作者设定小说结尾的理由

3. 自主设计小说结尾并说明理由

三、学习目标

1. 语言目标

（1）分析小说结尾的艺术效果，文从字顺、清晰明了地阐述自己的解读。

（2）依据小说结尾的评价标准，为小说设计一个情节合理、主题深刻的结尾。

2. 思维目标

（1）比较不同小说结尾的艺术效果，观点明确、有理有据地说明分析理由。

（2）将改编后的小说结尾和原结尾进行对比，分析二者在情节合理性和主题丰富性等维度上的区别，探究作者设计小说原结尾的原因。

3. 价值目标

理解不同作者的创作意图，提升学生观察、判断社会现象的能力。

四、教学重点/难点

教学重点：自主设计小说结尾。

教学难点：探究作者设定小说结尾的理由。

五、课时安排预测

2课时。（学生已提前阅读文本，完成前测）

教学过程以连堂两节课为例。

六、教学过程

（一）教学导入

展示学生关于四篇小说结尾类型的分歧，请同学们投票确定。提问：为什么在理解上会出现分歧？并请意见不同的同学说说自己的想法。

（二）学习活动

学生活动

与教师共同确定小说结尾艺术效果的分析维度，以小组为单位完成如下"小说结尾类型艺术效果"任务表。

小说结尾类型	艺术效果			
	情节	主旨	人物	读者
出人意料的结尾				
令人伤感的悲剧结尾				
令人喜悦的大团圆结尾				
戛然而止的结尾				

小说结尾艺术效果的分析维度（课上讨论得出）。

（1）小组成员在任务表中写下自己对不同结尾类型艺术效果的分析。

（2）对艺术效果的解读不一致时，由小组进行讨论，得出有理有据的结论，在班级展示小组结论。

（3）学生按分析维度给不同小组的结论投票，形成最终的任务表。

教师活动

展示学生已经提到的一些分析维度，带领学生整合并填写任务表。

学生活动

探究作者设计小说结尾的理由，整合出判断小说结尾是否合理的要素。

（1）根据阅读材料，对比新旧结尾。以小组为单位，讨论哪个结尾更合理，并说明理由。

（2）以小组为单位，探究作者是基于什么理由来设计小说结尾的，并填写下表。

篇目	设计原因
《项链》	
《天嚣》	
《药》	
《促织》	

（3）根据小组所说的理由，师生共同整合出判断小说结尾是否合理的关键要素和标准。

判断小说结尾是否合理的关键要素和标准，见下表（课上讨论得出）：

要素	标准

教师活动

提供修改后的小说结尾。

《项链》结尾修改为：

十年之末，他俩居然还清了全部债务，连同高利贷者的利钱以及利滚利累加的数目。

骆塞尔太太像是老了。现在，她已经变成了贫苦人家的强健粗犷而且吃苦耐劳的妇人了。乱挽着头发，歪歪地系着裙子，露着一双发红的手，高声说话，用大盆水洗地板。但是有时候她丈夫到办公室，她独自坐在窗前，于是就回想从前的那个晚会，那个舞会，在那里，她当时是那样美貌，那样快活。倘若当时没有丢失掉那件首饰，她现在会过什么样的生活？谁知道，谁知道？人生真是古怪，真是变化无常啊。无论是害您或者救您，只消一点点小事。

《天嚣》结尾修改为：

吃完瓜，大家才想起，送瓜人到底是怎样来的？好在队里的小白已经驻守几年，略懂几句蒙语，配合着手势，磕磕巴巴地和送瓜人聊起来，才终于知道了。因为这段时间沙尘暴活动过于频繁，首长担心试验队的安全，决定提前结束试验，等这次沙尘暴结束，他们就该跟着送瓜人回去了。队员们擦干手上的瓜汁，听着门外呼呼的风声，沉默笼罩了他们。

《药》结尾修改为：

过了一些时日，小栓也开始在茶馆招待起客人了。脸皮依旧是煞白的，但终归是不咳了。那馒头的奇异之处便传得更广。康大叔时不时地闯进茶馆嚷嚷，"如今可不止那点洋钱了，至少要这个数……"老栓提了茶壶，给他满上一壶又一壶。华大妈也高高兴兴地出来赔着笑脸。日子再苦，只要小栓在，终归是有盼头的，她想。茶馆外传来"喳喳"的叫声，喜鹊又来筑巢了。

《促织》结尾修改为：

未几，成归，闻妻言，如被冰雪。怒索儿，儿渺然不知所往。既得其尸于井，因而化怒为悲，抢呼欲绝。夫妻向隅，茅舍无烟，相对默然，不复聊赖。日将暮，取儿藁葬。思及后事，悲从中来，双双自缢而亡。时人伤之，然如成名者不知几何！

学生活动

（1）根据小说结尾评价标准，为欧·亨利的短篇小说《二十年后》（去掉结尾情节）设计结尾。

（2）全班讨论部分学生设计的小说结尾的优缺点。

教师活动

根据上一活动整合的关键要素，调节补充为小说结尾评价标准。

挑选部分学生的小说结尾，拍照展示在屏幕上。带领学生根据小说结尾评价标准表，评价他们设计的小说结尾。

关键要素	评价标准		
	基础标准	发展标准	
情节	合理利用已有信息	发展合理	
主旨	明确展现作者意图	立意深刻	主旨丰富
人物	特征突出	丰富立体	
读者	有吸引力	回味无穷	新颖奇特

注：此处为预设，最终由课上讨论并补充得出。

（三）作业布置

根据小说结尾评价量表，见下表，先给自己的结尾打分。每个具体标准10分，4个基础标准均达成就及格，满分100分。

关键要素	评价标准			评价赋分
	基础标准	发展标准		
情节	合理利用已有信息	发展合理		20分
主旨	明确展现作者意图	立意深刻	主旨丰富	30分
人物	特征突出	丰富立体		20分
读者	有吸引力	回味无穷	新颖奇特	30分

参考未能达到基础标准的部分以及分数较低的要素，重新设计或继续修改自己的小说结尾。

七、设计反思

1. 选文陌生感不够

有部分同学在自主阅读过程中已接触过《二十年后》这篇文章，因此对文本的原结尾比较熟悉，难以写出更好的结尾，或者难以跳出原结尾的桎梏来创作。如果安排一篇不太出名的、学生较陌生的文章，可能效果会更好。

2. 时间安排过长

两节连堂的读写结合实践课，对学生和老师提出了极高的要求。在进行最后的文本设计活动时，学生已经产生了疲倦感，时间上也显得比较局促，活动最后只能修改为"讲述"自己设计的结局，而这使学生参与感不佳，使设计活动没有达到预期的效果。如果中途适当休息一下，调整学生的状态，也许能更好地提升最后一个活动的参与效果。

课例点评

学科基本知识之"借鉴小说技法进行创作"的教学任务，是具有相当的难度和挑战性的。可以武断地说，即使通过学习也不是人人都能进行创作的。梁诗咏老师没有勉为其难，而是巧妙地设计了为名作续写结尾、对续写作业进行比较评价的课堂活动，把那些停留在字面上的"小说技法"和文学术语，变成学生的领悟，让他们在活动中领悟、思考、尝试运用，这样就把教学任务落到了实处。学生们在续写中绽放的思想火花和设计出的新情节，会增加写作的成就感，同时为自己的写作素材库做了扩充。

为小说续写结尾，是很多老师喜欢的做法，但无论怎样改写经典小说的结尾，都有狗尾续貂之嫌，除非改变作品的主题和写作意图。应该说，学生在经典阅读中只要理解作者这样写结尾的理由即可。如果硬要续写，则可以把陌生的作品删去结尾让学生练习，然后与原作进行评价对比，从中感悟小说的技法和艺术的魅力。

北京市语文学科带头人、国家级骨干教师、

清华大学附属中学语文特级教师，崔琪

梁老师针对真实学情，选择小说结尾作为专题突破口，以读促写，有一定的思维策略梳理意识。学生通过不断地分析、比较、归纳，使逻辑思维能力得以发展。读写结合的设计操作性强，教师设计了若干任务单，使学生在学习过程中获得了有效的学习支持。评价量表有梯度，"基础"和"发展"两级评价让不同层次的学生都能获得学习的成就感。课堂活动充分，学生积极性较高，可以有逻辑地表达、交流自己的认识。从教学目标看，比较阅读是教学设计的亮点与重点，因此教学中可加强对"如何比较""为何比较"等思维过程和方法的引导点拨，提炼出比较的思维本质，更切实地落实思维目标。可以从对比文本的环节切入；设置教学情境，使其作为任务引领，牵引起整个教学设计。

北京市骨干教师、北京市第五中学备课组长，张婷

附　录

挑战题目

一、第一阶段挑战任务题目主要内容

请从表 1 的四个类别中各选取一个关键概念或能力，仔细分析所选定的四个关键概念或能力，以选定的"学科基本知识"为主要教学内容，自行甄选教学材料，确定教学课型，按要求完成以下任务：

（1）请先界定或解释你在学科基本知识中所选取关键词的含义；之后请根据这个关键词所关涉的教学内容，择选学习语料或写作材料，并对其文本进行解读，详细说明解读视角及解读结论。

（2）请结合文本解读和你的学情调研，完成教学设计，教学设计要重点体现你在"课前教学设计问题""课上教与学问题""课后评价问题"中所选取的内容，让我们看到你是如何处理的。

表 1　语文学科知识与教学能力

学科基本知识	课前教学设计问题
1. 复述	1. 学情研判
2. 概括	2. 教学问题的设计
3. 改写	3. 教学板书的设计
4. 梳理情节	4. 微课的设计
5. 批注	5. 学生任务设计（学习活动设计）
6. 点评	6. 分层教学
7. 朗读	7. 根据课标和教学内容，确立目标及重难点
8. 默读与速读	8. 教学目标的规范表述
9. 联想与想象	9. 单篇教学设计
10. 非连续性文本阅读	10. 单元教学设计
11. 提取或筛选主要信息	11. 专题学习设计
12. 品味、欣赏文学作品语言	12. 以"学"为中心的教学活动设计
13. 多角度欣赏小说作品	13. 教学策略选取
14. 写作中综合运用多种表达方式	14. 教学流程设计

续表

学科基本知识	课前教学设计问题
15. 纪实作品阅读 16. 分析人物形象 17. 诗歌意象 18. 新闻报道立场 19. 古诗词鉴赏方法（知人论世、以意逆志） 20. 景物描写和人生思考 21. 古今汉语联系、差异 22. 论事说理技巧和表达风格 23. 借鉴小说技法进行创作 24. 建构阅读长篇小说的方法 25. 读写一体	15. 学习支架设计 16. 各类型任务单设计 17. 思维可视化工具的使用 18. 多媒体与网络教学资源的开发与利用 19. 教—学—评的一致性
课上教与学的问题	**课后评价问题**
1. 如何基于课型创设教学情境？ 2. 如何关注个体差异，开展分层教学，落实目标？ 3. 如何选取有效的课堂激励手段？ 4. 如何通过课前预习、课上学习、课后总结发展学生的元认知？ 5. 如何处理预设与生成？ 6. 如何把学生的反馈转化为新的学习资源？ 7. 如何帮助学生形成问题意识？ 8. 如何设计引发学生思考的问题和在实施过程中适时追问？ 9. 如何开展真实有效的小组合作学习？ 10. 如何指导学生阅读名著？ 11. 如何运用互文阅读策略？ 12. 如何体现单元人文主题和语文要素的融合？ 13. 如何通过专题学习提高学生语文自主学习能力？ 14. 写作教学中如何避免套作宿构？ 15. 如何在阅读中融入写作指导与练习？	1. 如何设计学段口语交际能力的评价量规？ 2. 如何进行定性评价？ 3. 如何进行定量评价？ 4. 如何设计分层作业（含达标、拓展）？ 5. 如何依据课程标准命制学业水平考试的阅读题？ 6. 如何根据你选定的课型设计评价？ 7. 如何设计有效的学生自评表与互评表？ 8. 如何在充分了解学情的基础上为学生定制个性化学习方案？ 9. 如何设计文学名著阅读的评价标准？ 10. 如何做好作文教学的过程性评价？ 11. 如何针对自己的教学进行反思与改进？ 12. 如何有效点评作文？ 13. 如何用评价促进单元整体学习？ 14. 如何用评价促进专题学习？ 15. 如何用评价促进写作水平的提高？

二、第二阶段挑战任务题目主要内容

导师团为你从四个类别中各抽取一个关键词，请仔细分析所选定的四个关键概念或能力，以选定的"学科基本知识"为主要教学内容，自行甄选教学材料，确定教学课型，按要求完成以下任务：

（1）请先界定或解释你在学科基本知识中所选取关键词的含义；之后请根据这个关键词所关涉的教学内容，择选学习语料或写作材料并对其文本进行解读，详细说明解读视角及解读结论。

（2）请结合文本解读和你的学情调研，完成教学设计并提交，教学设计要重点体现你在"课前教学设计问题""课上教与学的问题""课后评价问题"中所选取的内容，让我们看到你是如何处理的。

为各组选手安排不同主题的任务（见表2）：

表 2　挑战题目

组	学段	学科基本知识	课前教学设计问题	课上教与学的问题	课后评价问题
1	小学	复述	学情研判	如何处理预设与生成	如何设计口语交际水平表现的评价量规
2	小学	概括	学情研判	如何处理预设与生成	如何根据你选定的教学内容设计评价
3	小学	改写（或编写）	学情研判	如何关注个体差异，开展分层教学，落实教学基本目标	如何借助评价手段促进改写（编写）能力的提高
4	小学	批注（或批注与摘录）	批注问题的设计	如何处理预设与生成	如何针对课堂教学的生成进行反思与改进
5	小学	朗读：包括重音和停连，感情基调，语气、节奏	单篇教学设计	如何把学生的朗读成果转化为新的学习资源	如何设计评价学生朗读表现的评价量规
6	小学	联想与想象	体现联想与想象的教学问题设计	如何基于课型（复习课，新授课）创设教学情境	如何设计一套评价学生联想与想象力的测题
7	小学	提取或筛选主要信息	以"学"为中心的教学活动设计	"为何学生找不到主要信息"的教学难点	如何设计一套评价学生"提取或筛选主要信息"的能力测试题
8	小学	梳理情节	学生任务设计（学习活动设计）	如何关注个体差异，开展分层教学，落实目标	如何设计分层评价学生梳理情节的能力
9	小学	默读与速读	多媒体与网络教学资源开发与利用	厘清默读与速读的差异，提供相对应的学习支架	如何评价学生的默读与速读水平
10	小学	读写一体	学习支架设计	如何在阅读中融入写作指导与练习	如何设计评价写作能力进步的评价量规
11	初中	联想与想象	思维可视化工具的使用	如何把学生的学习成果，学习反馈转化为新的学习资源	如何对学生的联想与想象质量进行评价
12	初中	品味、欣赏文学作品语言	单元教学设计	如何运用以文解文、互文比读的策略	如何评价单元整体学习的成效

续表

组	学段	学科基本知识	课前教学设计问题	课上教与学的问题	课后评价问题
13	初中	品味、欣赏文学作品语言	分层教学	如何关注个体差异、开展分层教学落实目标	如何设计分层作业（含达标、拓展）
14	初中	通过品读人物形象领悟小说主旨	学习任务设计（学习活动设计）	如何处理预设与生成	针对特定的学习任务设计学生自评表与互评表
15	初中	小说中环境描写与人物塑造之间的关系	教学问题的设计	设计引发学生深度思考的真问题，以及在实施过程中帮助学生深度思考的追问策略	如何借助评价帮助学生辨识真问题和深度思考
16	初中	默读与速读	单元教学设计：学习支架设计	借助单元整体教学提高学生语文自主学习的策略	设计评价单元整体学习成效的量规
17	初中	新闻报道立场	多媒体与网络教学资源的开发与利用	树立新闻报道真实客观的意识	设计一套评判新闻报道真实客观的标准
18	高中	论事说理的技巧与风格	专题学习：建立逻辑思维的基本范式	基于学科基本知识及思维发展的学习材料的选择	如何设计评价判断学生"论事说理"时的思维类型与层级
19	高中	古诗词鉴赏方法（知人论世、以意逆志）	专题学习：促进形象思维的发展	学习材料的选择及互文比读策略	设计一个评价学习古诗词解读能力的自评表
20	高中	读写一体	以"学"为中心的教学活动设计	如何运用互文阅读策略	根据你选定的教学内容设计用于学生自评与互评的写作量规
21	高中	现代派小说的阅读策略	教学策略选取	在教学中，通过阅读方法的选择，引导学生辨析现代派小说与现实主义小说的一般差异	设计一套阅读理解题评价学生阅读现代派小说的能力
22	高中	借鉴小说技法进行创作	专题学习：设计体现读写一体的学习任务/活动	将学生在阅读阶段产出的学习结果转化为写作阶段的素材资源	如何借助写作评价量表提升学生自改作文的能力

编者注：部分组别的作品无 TOP20 选手入选。

[1] 柏章发．心理学与中学语文教学．成都：四川大学出版社，2017.

[2] 陈日亮．如是我读：语文教学文本解读个案．上海：华东师范大学出版社，2011.

[3] 陈孝全．朱自清传．北京：北京十月文艺出版社，1991.

[4] 崔新月．多重对话　深度批注：谈批注式阅读教学．语文建设，2016（1）.

[5] 翟翠敏．落实"批注"要素　助推深度阅读：以统编教材四年级上册第六单元《牛和鹅》为例．语文教学通讯・D刊（学术刊），2021（6）.

[6] 方智范．语文教材的选文及单元组合设计述评．语文建设，2008（3）.

[7] 贾文昭．中国古典小说艺术欣赏．合肥：安徽人民出版社，1982.

[8] 蒋成瑀．互文对读的理论、策略与方法．语文学习，2006（3）.

[9] 黎甜．结构化思维．北京：文化发展出版社，2019.

[10] 李华平．陆继椿："一课一得"的首倡者．语文教学通讯：初中（B），2017（12）.

[11] 李艳芳．古人说理技巧赏析．中学语文，2018（9）.

[12] 李镇西．听李镇西老师讲课．上海：华东师范大学出版社，2010.

[13] 刘涛．论"知人论世、以意逆志"的实践思路：以言志作品为例．汉字文化，2020（8）.

[14] 陆佳音．依语文要素路径培育言语想象力：小学统编教材"想象"语文要素的样态分析与实践路径．吉林省教育学院学报，2020（3）.

[15] 倪文锦．新编语文课程与教学论．上海：华东师范大学出版社，2006.

[16] 人民教育出版社　课程教材研究所　中学语文课程教材研究开发中心．义务教育教科书　教师教学用书　语文　九年级　上册　人教部编版．北京：人民教育出版社，2018.

[17] 人民教育出版社　课程教材研究所　小学语文课程教材研究开发中心．义务教育教科书　教师教学用书　语文四年级上册．北京：人民教育出版

社，2019.

［18］施正芳．不同学段下"读写一体"训练体系的构建及策略运用．华夏教师，2018（15）.

［19］孙立权．"语文教育民族化"的一个尝试：批注式阅读．东疆学刊，2005（1）.

［20］孙绍振．名作细读：微观分析个案研究（修订版）．上海：上海教育出版社，2009.

［21］王国维．人间词话．长春：吉林文史出版社，1999.

［22］王荣生．散文教学教什么．上海：华东师范大学出版社，2018.

［23］魏江北．促进思维发展与提升的语文课堂提问研究．上海：华东师范大学，2020.

［24］向瑞．统编语文教材"批注"的分析与教学．教学与管理（小学版），2020（2）.

［25］谢谦．国学基本知识现代诠释词典．成都：四川人民出版社，1998.

［26］于漪．有点新思考新作为．语文学习，2018（1）.

［27］余映潮．余映潮中学语文散文名篇教学实录及评点．武汉：长江文艺出版社，2017.

［28］赵国庆，黄荣怀，等．知识可视化的理论与方法．开放教育研究，2005，11（1）.

［29］赵国庆．知识可视化2004定义的分析与修订．电化教育研究，2009（3）.

［30］中华人民共和国教育部．义务教育语文课程标准（2011年版）．北京：北京师范大学出版社，2012.

［31］钟启泉．学会"单元设计"．中国教育报，2015‐06‐12.